HANYU YUFA JIAOXUE ERSHIJIANG

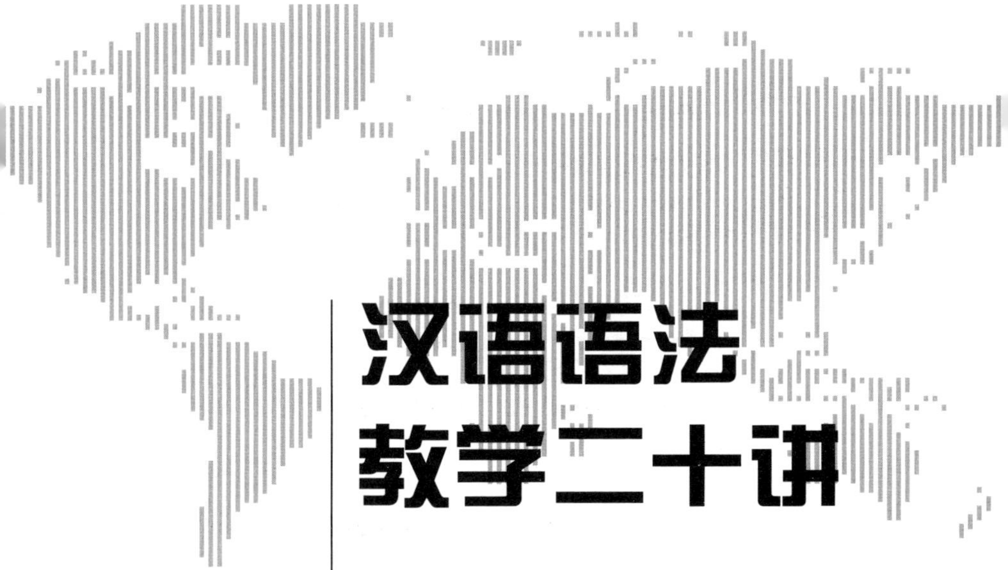

汉语语法
教学二十讲

齐沪扬 著

创于1897　The Commercial Press

图书在版编目(CIP)数据

汉语语法教学二十讲 / 齐沪扬著. —北京：商务印书馆，2024
ISBN 978-7-100-23922-6

Ⅰ.①汉… Ⅱ.①齐… Ⅲ.①汉语—语法—对外汉语教学—教学研究 Ⅳ.① H195.3

中国国家版本馆 CIP 数据核字（2024）第 087064 号

权利保留，侵权必究。

汉语语法教学二十讲
齐沪扬　著

商 务 印 书 馆 出 版
（北京王府井大街36号　邮政编码100710）
商 务 印 书 馆 发 行
北京侨友印刷有限公司印刷
ISBN 978-7-100-23922-6

2024年9月第1版　　开本 880×1230　1/32
2024年9月北京第1次印刷　印张 12
定价：78.00元

目 录

序一 / 1
序二 / 5

前言 / 1

第一辑　语法理论和语法教学 / 5

导读 / 5
第一讲　语法、教学语法和语法教学 / 7
第二讲　对外汉语教学语法研究面临的问题 / 22
第三讲　和理论背景相关的几个语法教学问题 / 37
第四讲　语法教学的两种研究方法：对比分析和偏误分析 / 52

第二辑　语法体系和语法教学 / 68

导　读 / 68
第五讲　教学语法体系研究的学术史回顾 / 70
第六讲　教学语法体系研究的思路、内容和路径方法 / 85
第七讲　建构以句子为中心的教学语法体系 / 100
第八讲　以学习者为中心是教学语法体系建构的
　　　　主要依据 / 115

第三辑　语法大纲和语法教学 / 131

导　读 / 131
第九讲　分级语法大纲的理论背景及主要特点 / 133
第十讲　语法项目的提取和分级依据、分级标准 / 150
第十一讲　分类语法大纲的编写需求和理论背景 / 170
第十二讲　口语大纲中虚词项目析出的原则和方法 / 185

第四辑　语法参考书和语法教学 / 202

导　读 / 202
第十三讲　教学参考语法书系的编撰背景、编撰理念与
　　　　　编撰特点 / 204
第十四讲　教学参考语法书系的编撰原则和内容体现 / 219
第十五讲　《助词"了"》的编写背景与内容框架 / 234
第十六讲　《宾语》的选题缘起与编写原则 / 251

第五辑　语法习得和语法教学 / 267

导　读 / 267
第十七讲　汉语词类习得问题思考和教学实例举隅 / 269
第十八讲　"把"字句的习得问题和教学建议 / 286
第十九讲　高级阶段语篇教学的若干问题 / 302
第二十讲　从标记理论谈语气词"吗""呢""吧"的
　　　　　习得和教学 / 320

参考文献 / 337
后　记 / 358

序一

我与齐沪扬教授初识于1998年12月一个温煦的冬日。那时由中国语言学会和中国社会科学院语言研究所共同举办的首届汉语语言学国际研讨会在上海师范大学召开，来自我国和世界各地的学者齐聚一堂，认真听取了梅祖麟、平山久雄、张斌、沈家煊、王士元等先生的主题演讲和大会发言，深受启迪，视野大开。

晚上会议招待大家观看节目，不巧，下起了雨。在淅淅沥沥的雨中，沪扬忙着招呼众人乘车前往，我记得他穿着一身略显宽大的黑色西装，已经淋湿了，那一刹的情景，至今依然如在目前。沪扬作为会议承办方负责人之一，显示出的组织才能和学术品位，给我留下难以忘怀的印象。会上我和沪扬提交的都是现代汉语语法方面的论文，品类相近，会后交换意见，切磋琢磨，十分投缘。

沪扬一直热衷于汉语语法研究，是汉语语法大家张斌先生的高足，曾在张先生的指导下，担纲《现代汉语描写语法》的执行主编，历时七载，与众多同行笔耕不辍，完成这部皇皇巨著，有理有据，内容详尽，描写翔实，堪称是供现代汉语语法学界研究参考的一部百科全书，开阔了人们的眼界，提升了人们对汉语语法的理解和认识。在定稿后，沪扬在后记中曾说："面对着桌子上堆积如山的纸质稿子，面对着电脑中从修改一稿到修改七稿，再到定稿的各个文件夹，我们看到了岁月的流逝，看到了写作的艰辛，我百感交集，热泪盈眶。"沪扬付出的辛劳，所取得的丰硕成果，为汉语语法学界广泛称赞，树蕙滋兰，嘉惠同仁。

人之相交贵在相知。共同的研究兴趣，对汉语研究与教学事业的挚爱，将我与沪扬紧密地联系在一起。上海师范大学对外汉语学院创办以后，因主管学院的教学与科研工作，沪扬把对语法研究的执著，投入到对外汉语教学特别是语法教学之中。在各种学术研讨会上，在学生博士学位论文的答辩会上，我与沪扬交换学术观点，探讨教学问题，时相过从，心心相印，很是愉快。

那时对外汉语专业在全国各地如雨后春笋，蓬勃发展，然而与课程设置配套的教材却严重匮乏。对此沪扬萌发了组织跨校合作，倾学界之力，编写一套对外汉语专业本科系列教材的想法。为做成这个巨大的项目，沪扬南北奔跑，协调各方，所付出的辛苦、所克服的困难，实不足与外人道也。

立项后我忝为主编之一，与沪扬一起跨校协商，通力合作，历时七年，22册教材基本出齐。这是对外汉语专业自1983年开始设置以来，我国出版的唯一一套成系列的教材，影响很大。

这里有件事不得不提一下。在教材付梓之前，我写了一篇"前言"，阐明事情的原委以及成书的经过，署上我俩的名字。当我给沪扬过目时，他却坚持不要署他的名字，推辞再三。我告诉他"这件事是你发起的，整个编写过程中付出了巨大的心血，对外汉语专业的发展壮大，你功不可没。你不要过意不去，署你的名是应该的"。这件事可见沪扬的虚怀若谷，谦虚退让，令我佩服不已。

沪扬是大事一件一件地做。从对外汉语语法研究，到对外汉语专业教材的开发，研讨的重点一直围绕着汉语作为第二语言教学的主体，即围绕着"教什么"的问题而展开。沪扬在转入对外汉语教学之后，一直对对外汉语教学语法牵挂于心，念兹在兹，不能忘怀。

研讨对外汉语教学语法大纲一直是学界关注的焦点，也是沪扬一直思考的问题。1995年王还先生主编的《对外汉语教学语法大纲》问世后，成为学界公认的语法教学指导性文件。多年以后，事过境迁，修改并完善大纲的呼声一直不断，但因存在问题太多，认识难趋统一，加之项目过于庞大，终究未能立项。经过多年的认真思考，在教学实践中对语法大纲的认识不断深入，沪扬已胸有成竹，决定承担这项艰难却急需的任务。

2017年沪扬执笔的"对外汉语教学语法大纲研制和教学参考语法书系（多卷本）"申报国家社科基金重大项目，同年获得批准。那是一份10万多字的申报材料，从构思到成文，个中甘苦，他人难以尽知。那年整个暑假，他一个人关在书房里，夜以继日，参考了大量的各种资料，绞尽脑汁，完成了大纲项目的全部申报材料。这是一份科学、客观、全面体现汉语作为第二语言教学语法大纲的雏形。

2018年4月召开了项目开题会，会上专家组完全同意项目的基本架构和主要内容，同时也提出一些建议和意见，认为在以后的操作中还有可调整和完善的余地。会上沪扬虚心听取意见，择善而从，显示了一个学者谦虚严谨的风范。五年之后，大纲项目完成，其最终成果与开题时的设计相比，更科学、更实用、更便于操作。

在研发过程中，沪扬与课题组成员就大纲研制过程中遇到的语法教学问题，不断探讨，反复磋商，对一些语法教学中的问题形成共识，于是陆陆续续有研究论文面世。我们面前的这本《汉语语法教学二十讲》就是这些成果的结集。

语法大纲本是为汉语语法教学和教材编写服务的，沪扬对语法教学所关注的方方面面的问题进行梳理，认真思考，提出有见地的建议与认识，诸如对语法教学中的语法理论依据问题、语法体系的建构问题、语法大纲中语法项目提取及分级问题、语法参考书中语法项目的分析与解释问题,以及如何习得汉语语法问题等,条分缕析,分析解释,给人以启迪,很有参考价值。

沪扬敬畏我们的母语汉语,孜孜以求。挚爱对外汉语教学语法,潜心研修。大作即将付梓,让我写一篇序,我回忆起这些年来与沪扬的相知相交,往事难忘。沪扬的为人与为学,值得我学习,令我佩服。

是为序。

赵金铭

二〇二三年冬月

序二

2023年11月3日晚,我的博士导师齐沪扬教授从美国波士顿给我打来微信电话,他告诉我,最近写完了一本名为《汉语语法教学二十讲》的书,即将由商务印书馆出版,并嘱我为该书写个序。作为弟子,给老师的书写序,学界并无多少先例;而作为弟子,研读老师的书一定会有所感所思,写下来与老师和学界同道交流,亦当合乎情理,于是我便欣欣然应承下来。

在接下来差不多两周的时间里,我闭门研读,细嚼慢品,对老师这部《汉语语法教学二十讲》倒也有了一些真切的体会,对老师的为人、为学、为事更是有了不同往日的认识。

齐老师作为项目负责人,于2017年11月获得了国家社科基金重大项目"对外汉语教学语法大纲研制和教学参考语法书系(多卷本)"的立项。经过五年的努力,于2023年1月初顺利通过结项鉴定。我以为,这部《汉语语法教学二十讲》主要是老师对这一重大项目的学术思想、学术成果以及项目进程所进行的简要介绍和深刻解构。因此,作为该项目的参与者之一,下面我所记录的所感所思,并不仅限于这部书本身,同时也是对这一重大项目运行的一些感悟。

一

齐老师作为张斌先生的高足,作为一名学者,在现代汉语语法研究领域所取得的成就，用"著述等身"来形容是毫不为过的；齐老师作为一名师者，仅就所指导的硕、博研究生而言，用"桃李天下"来描述也是名实相符的；而齐老师作为一名学术管理者，其资历之深、经历之丰富，在中国语法学界更是不可多得的。

  在齐老师的职业生涯中，他所做的各种学术上的大事接连不断：2000年，作为学科带头人，组织申报并成功获批上海师范大学语言学及应用语言学博士点，于2003年创办"现代汉语虚词研究与对外汉语教学"系列国际学术会议并延续至今；作为主编，2005年创刊的《对外汉语研究》刊行至今并成为CSSCI集刊；作为执行主编，协助张斌先生完成我国至今唯一一部篇幅达百万字的《现代汉语描写语法》；在对外汉语教学领域，他和赵金铭、范开泰、马箭飞共同担任总主编策划的国内外至今唯一一套对外汉语专业本科系列教材（共22本），从2008年起陆续出版发行；他还长期担任教育部自学考试委员会"现代汉语"专家组组长负责考试命题工作；2016年，齐老师从上海师范大学荣休后，受聘杭州师范大学国际教育学院院长之职，又在年近古稀之年承担起组织完成国家社科基金重大项目的责任。冥冥之中恐怕这也是命运之神的眷顾。

  我常想，是什么让齐老师在现代汉语语法研究领域、在对外汉语教学领域这样马不停蹄、不知疲倦地干着一件又一件的大事呢？近日我在前辈学者赵金铭教授给本书所作的序中找到了答案。赵老师说："沪扬敬畏我们的母语汉语。"我想，齐老师几十年如一日研究汉语、教授汉语，那一定是他出于对我们的母语——汉语最真挚的爱吧。在这个世界上，能有什么比一个人发自内心的爱而激发出的智慧、热情、勇气和力量更伟大、更坚定、更长久呢？像齐老师这样对汉语的爱，难道不是我们这些以汉语为生的学习者、研究者、教学者所应具备的基本品格吗？

二

让我把话题拉到《汉语语法教学二十讲》这本书的本身来。

2023年1月4日，齐老师带病坚持做完了重大项目结项鉴定会，便于2月底飞到美国波士顿，与师母及女儿一家团聚了。我猜想，齐老师在美国东海岸也该过过含饴弄孙、颐养天年的好日子了。而11月3日晚的微信电话真令我惊叹不已：齐老师不愧是上海市劳动模范，短短半年又写了一本书，太勤奋了！现在我可以设想，齐老师在美国这大半年的日子，是在文思泉涌、敲键（下笔）有神、废寝忘食、夜以继日的写作中度过的。令人欣慰的是，好在有师母和女儿一家人的照顾，齐老师的日子过得总比他独自一人在杭州师范大学的宿舍里辛苦操劳课题、一日三餐吃食堂要舒坦的。

认真读过《汉语语法教学二十讲》，我以为，这本"名师小书"（或曰"大家小书"），是齐老师作为重大项目的首席专家，对该项目最终所完成的成果——39本书（约700万字）的基本内容的简要介绍和重要理论、实践问题的深度阐述。无论是谁，要想在短时间内读完这39本书，恐怕都不是一件容易的事。因此，齐老师所写的这本书，就有点儿像我小时候在收音机里听的"电影录音剪接"，在半小时左右的时间里，就能把一部电影的故事梗概和精彩片段听个八九不离十，从而得到童真的快乐，关键是还省下了买电影票的钱呀。从这个角度讲，《汉语语法教学二十讲》称得上是一本好看的"大家小书"。

这本书共有五辑，每辑四讲，共计二十讲。大而言之，第一辑"语法理论和语法教学"算是介绍了研读本书所应预备的知识，串讲了一些基本的概念和语法理论知识；第二辑"语法体系和语法教学"切入本书及课题研究正题，讨论教学语法体系研究的相关理论和实践问题，特别是提出了"建构以句子为中心的教学语法体系"的思想，大致对应于《对外汉语教学参考语法研究论文集》的内容；第三辑"语法大纲和语法教学"讨论本书及课题研究的核心内容——"语法大纲"问题，就分级分类的四部大纲的研制及各自的特色、价值进行了详细的阐释；第四辑"语法参考书和语法教学"以及第五辑"语法习得和语法教学"，是对第三辑大纲研制内容的延伸，选取8本综述汇编及26本语法参考书中的部分章节内容，示例性地进行展示。这样看来，《汉语语法教学二十讲》所讲述的内容，基本映射到39本书的所有成果，其涉及内容之广而内在逻辑框架之严整，是自不待言的。由于本书已有二十讲的详细目录，每辑更有"导读"在先，读者诸君可以对书中的内容框架一目了然，这里我就不再多费笔墨了。

三

我以为，读书，不仅是要了解、掌握书中所给出的理论知识，更为重要的是，要能体味到书中所蕴含的作者的思想底色和内在精神。因此，在以齐门大弟子和课题参与者双重角色研读《汉语语法教学二十讲》时，我是用心体会齐老师在书中所描绘的思想底色以及他所希望表达的内在精神的。概而言之，大致有如下六点特别值得我们咀嚼、品味。

第一，立足汉语，融入世界。齐老师在书中不断强调，对外汉语教学语法大纲体系的建构，要真正坚持"立足汉语本质特点，融入世界二语教学"的研究方法。齐老师心里总有一个高远的理想和完美主义之梦，也就是用最高标准做事、做研究。这一点，也是支撑、引领重大项目高质量运行的灵魂所在。

第二，视野宏阔，三位一体。齐老师写作本书，把对外汉语语法教学纳入国际第二语言教学的范围加以审视考察,在邓懿先生所开创的对外汉语教学语法大纲先河中去寻踪探源,更是把汉语语法研究、汉语二语语法习得研究和汉语教学语法研究三者熔于一炉,做到三位一体,紧密结合,从而不同于过去的研究三者基本互不搭界的面貌。齐老师正是以他高瞻远瞩的学术视野、完备的对外汉语知识体系,全面规划、指导着重大项目的开展。

第三,问题意识,目标导向。齐老师组织实施重大项目,始终坚持"问题意识,目标导向"。无论是综述汇编,还是大纲研制乃至参考书系编写,齐老师都要求课题组成员必须先明确该领域所存在的现实问题,要求提出解决或改进问题的目标,而这个目标也不贪大求全,是有限目标。正是这种实事求是的态度和把两者有机结合的智慧,推动着重大项目各部分、各环节按计划有序进展,推动着课题研究成果的不断创新。这不能不说是得益于齐老师高超的学术组织管理能力。

第四,博采众长,兼容并包。为了研制好大纲,进而编写好参考书系,课题组先行完成了8本对外汉语语法教学相关领域的研究综述汇编;而在大纲研制和参考书系编写的过程中,齐老师一直强调:"理论上不拘泥于某一种语法理论,结构主义语法也好,转换生成语法也好,认知语法也好,没有哪一种语法理论贯穿始终,而是实用当先,对于某一个问题的阐释,哪种理论更简洁、更有说服力,我们就选择哪种理论。"因此我们看到,从结构主义到描写语法,从认知主义到功能语法,从对比分析、偏误分析到习得研究,从理论语法到教学语法,在课题的完成和本书编写的方方面面,各种理论当用得用,管用好用就是好的理论。

第五,体大思精,方法科学。重大项目成书39本,涉及理论研究、综述汇编、大纲研制和参考书系编写四个方面,它们相互关联、相互支撑，形成一个庞大的整体，不可谓体不大；而四个方面内部又再细分，像8本综述汇编分为两个系列：（一）教学语法指要系列下设词法篇（上、下），句法篇（上、下）；（二）语法习得研究系列下设理论与综合、语法（上、下）、词汇。像大纲研制又有分级分类两个系列共4本。这样的分工，不可谓思不精。至于方法科学，突出体现在分级分类大纲研制过程中大量运用大数据平台、语料库和现代统计学方法以及定量分析方法。还有，齐老师在书中一直强调研究方法的科学性、重要性。这是课题不断有高水平学术成果产出的有效保障。

第六，服务教师，服务教学。上述所讲五个思想底色或曰内在精神，归结到一点，就是"为教师服务，为教学服务"。齐老师在本书第七讲1.4节对此有系统的阐述，我这里就不重复了。我想强调的是，"两个服务"的思想观念，在课题的组织实施中，在这套书的编写中，不是用来忽悠的噱头，而是实实在在得到贯彻落实的根本理念。

以上所谈六点，是我研读《汉语语法教学二十讲》的真切感受，体会未必准确、到位、全面，算是我的一孔之得、一己之见。相信读者朋友们在读完这本书后，会有比我更深的认知体悟。

四

科学研究的根本价值在于创新。本书所映射的重大项目，经过5年的艰辛劳动，获得了怎样的创新成果呢？我想，以下几点当是明确的、能够得到学界认可的：

第一，提出了"建构以句子为中心的教学语法体系"的思想，它不同于以往的"句本位"语法教学思想，这一思想指导着大纲研制和书系编写的总方向。

第二，改变了对外汉语教学没有分类大纲的历史，研制出我国第一部《对外汉语教学语法口语大纲》和第一部《对外汉语教学语法书面语大纲》，可以说，这是具有填补学术空白价值的成果。

第三，改变了对外汉语教学分级大纲的编写样态：利用现代统计学方法，把初级大纲和中级大纲科学地分列开来；用教材式或词典式的内容体现方式一改既有的条目式语法大纲的脸孔，从而使语法大纲有了体温，更为好用管用。

第四，改变了对外汉语语法教学没有参考语法书系的历史，参照大纲根据"普及、实践、典型"三原则而有重点地编写出了26本直接服务于一线教学的参考语法书。

第五，综述汇编的8本著作，在几乎穷尽搜集近20年已发表文献的基础上，能做到既分目细致、易于查阅检索，又述评相间，更突出评论引导。这些都是胜过已出版的各类相关综述类书籍之处，有着重要的学术价值。

第六，课题组成员在不到五年的时间里，公开发表了100多篇语法教学问题研究的学术论文，后选编其中的40多篇而成《对外汉语教学参考语法研究论文集》，这是课题组集体的理论创新成果。

作为国家社科基金重大项目，其创新性成果当然不止于此，限于篇幅，我就不一一叙说了。不过，此项国家社科基金重大项目的结项成果"对外汉语教学语法系列丛书"，2021年6月以项目组提交的超过60%的完成书稿作为申报材料，获得2022年国家出版基金资助。这恐怕也是在国家层面对该项目所获创新成果的一种肯定吧。

五

写到这里，似乎是可以收笔了，不过我还是想把思路从课题和这本书本身拉出来，说个39本书所没能包含的题外话，这就是齐老师通过该课题的组织实施，在实践中对年青一代学人身体力行、言传身教的影响和培养的价值。

我至今清晰地记得，2023年1月4日课题结项鉴定会的最后，还在病中的齐老师作表态发言，他满含深情地说："是学科成就了我，是学生成就了我。"其实仔细想想，又何尝不是齐老师成就了学科，成就了学生呢？

众所周知，在重大项目真正运行的五年时间里，有三年是处于全国抗疫的特殊时期，课题运行难度之大不言而喻。2020年夏天，为了课题的进展，齐老师毅然独自一人冒着被感染的风险，从美国飞回上海。这种对事业的高度责任心，课题组成员无不看在眼里，记在心上。2017年夏天，该课题申报书写完，由于我是一子项目的负责人，需要盖我当时的所在单位——北京语言大学汉语国际教育学部的公章。为了这个章，齐老师亲自坐高铁，当日往返杭州北京。齐老师这样的亲力亲为，给我留下了难以忘怀的印象。齐老师不仅是课题的策划者、领导者，也是指导者、督导者。五年当中，围绕课题运行，齐老师组织了四次大型国际会议，每次都有课题组内外的百余位青年教师和学生参加，他还经常到各子课题的承担单位巡察，指导参与课题研究的青年教师，耳提面命、面授机宜。所有这些，齐老师都是在用自己的人格魅力影响、培养着新一代的对外汉语语法教学学人。我想，随着重大项目课题的顺利结项，一大批有志于对外汉语语法教学的研究者和实践者已经茁壮成长，他们是我国对外汉语语法教学学科建设的后继者和接班人。

齐老师所领导的重大项目顺利结项，就对外汉语语法教学领域而言，是一个重要的里程碑。它标志着我国对外汉语教学以语法大纲为核心的语法教学学科迈上了一个新台阶，同时，它也标志着这一学科将随着中国式现代化建设的不断进步而进入一个高质量发展的新阶段。我在为4部大纲所写的序中曾提出一个愿景，期待《对外汉语教学语法高级大纲》早日问世。今天我还想再增加一个愿景，那就是我国的汉语语法学界和对外汉语教学界，能在对汉语语法做出更为全面、科学、细致的观察、描写、解释的基础上，早日推出我国的《汉语语法大全》，以与我们的母语——汉语日益重要的国际地位和愈发崇高的文化价值相匹配。而就这一点来说，我想齐老师和我的心情是一样的，那就是寄希望于未来，寄希望于青年。我们也相信，经过齐老师重大项目锻炼和培养出的新一代青年学者，必定不负众望，勇担此任。

写下这些读书时的所感所思，不揣冒昧地与老师、学界同道们切磋。如果这些文字还有一些可读的价值，那就遂了齐老师的心愿，姑且算它是本书的一个序。

张旺熹

2023年11月19日于北京

前言

2023年年初那几天，我不幸生病发烧。1月4日，我发着烧，脸颊通红，嗓子嘶哑地参加了我主持的国家社科基金重大项目"对外汉语教学语法大纲研制和教学参考语法书系（多卷本）"的结项鉴定会，我要作的项目进展情况汇报也只好由别人代读。幸好最后这个项目顺利结项，我的身体几天后也恢复了健康。

这本书所讨论的问题，可以说都是跟课题的研发相关的，再说得确切些，很多思想都源自五年多项目研发时期的思考。但这么下结论又未免主观了些，因为大多数思考也是积淀多年，自然而然地形成的。我是汉语本体语法专业出身的，2004年由于工作的关系，我到上海师范大学对外汉语学院工作，自此在自己的研究方向——"现代汉语语法"之后，又添上了"对外汉语教学"。可以说，真正的思考也是从那时开始，算来也有20年时间了。

在2017年申报国家社科基金重大项目之前，很长一段时间，我担任上海师范大学对外汉语学院的负责人，当时看到的情况是，做汉语教学的单位在学校被边缘化，成为很多高校的常态。上海师范大学对外汉语学院硬是靠科研实绩，让这个学院成为一个"以文科见长"的高校中的"实力院系"，使这个学院在很长一段时间内"声名鹊起"。所以在那一段时间里，我思考过的理论问题，写过的一些理论文章，关心或涉及比较多的，还是对对外汉语教学这个学科的性质、特点，以及对对外汉语教学这个学科建设上的举措、方法等宏观方面的思考。而对"语法教学"这样具体的问题，则几乎没有认真地细想过。

及至2017年3月递交国家社科基金重大项目选题表时，我对"语法教学"这个问题的理解，仍然是十分肤浅的。2017年7月下旬，国家社科基金重大项目选题公布，我递交的选题有幸通过。那年整个暑假，我一个人关在书房里，夜以继日，终于在9月初递交终止日前夕，将10万多字的课题申报书填写完毕。当时认为自己的申报书写得不错，但今天再翻出来看，还是觉得对课题的认识没有涉及问题的本质，只是停留在表层，显得空洞。

按照我们提交的申报表，最终的成果包括：（1）教学语法大纲，（2）教学参考语法书系，后来又加上了（3）综述汇编。这三种最终成果最后成型应该是什么样子的，当时我作为项目的首席专家，心中也没有底。2018年4月重大项目召开开题报告会，专家组组长赵金铭教授作了发言，会议结束后，又就课题的研发特地找我谈了两次话，耳提面命，让我清楚了课题研发的目标，也才有了2023年元月的顺利结项。

2017年申请这个重大课题的时候，事实上也已经看到了以往研究的一些不如意的地方，这些"不如意"是促使我们申报这个课题的主要动因。当初的申报书中和后来的结项材料里，对这些所谓的"不如意"都有所涉及。但是，看到"不如意"和解决"不如意"是不同性质的两件事。三种最终成果互有联系，却又具有不同内容，课题的研发都是从零开始，基本上没有可以参阅的资料，难度之大可想而知。

从大纲研制来说，最终成果是两套共四册大纲：分级大纲（初级大纲和中级大纲）和分类大纲（书面语大纲和口语大纲）。分级大纲要解决理论上的认识问题，分类大纲要处理语法项目的提取问题，四部大纲还要共同面对形式上的表现问题。从教学语法书系共计26

本的研发来说，确定是一套"深入浅出"的普及性的小册子，这只是原则上的认识，至于具体的问题，则需一个一个解决，例如采取什么样的语法体系，整套书多大的规模，书名怎么选取，用什么样的方式撰写，作者怎么遴选，等等。而综述汇编两套《近20年对外汉语教学语法研究指要》和《近20年汉语作为第二语言语法习得研究》，着重考虑的是这套综述汇编在写法上的创新，与其他成果汇编不同，两套综述汇编不仅仅是"汇编"，里面有很多作者的评议和引导，是"编著"类的"汇编"。

本课题前后参加研究的人员有50多人，分散在全国及海外近30所高校。在课题研发的过程中，我和课题组同仁们的书信讨论、口头通话数以百计，我曾经自建过一个文档"布置工作"，几年里光在微信里给不同子课题组说的话，居然有40,000多字了。至于两两之间的通话、联系、商量，更是不计其数。有些想法较为成熟，也整理出文章在相关杂志上发表了。可以这么说，这本书的大多数问题，我和课题组的同僚们这几年都思考过、讨论过。

本书以"语法教学"作为书名，还是有我自己对"语法教学"的宏观层面上的认识的：

语法教学，特别是作为第二语言的汉语语法的教学，涉及的问题大致分为两类，往上的一类关涉的是"教什么"的问题，这些问题具体包括：指导语法教学的语法理论应该是什么，应该建构什么样的既能体现汉语特质、又能符合二语教学规律的语法体系，什么样的语法大纲才是语法教学需要的，等等。往下的一类关涉的是"怎么学"的问题，语法教学的研究成果怎么体现在学生的习得效果上，用什么方式体现最为合适，大纲和参考语法书系在语法教学和语法习得上能起什么作用，等等，大致上编织成"怎么教"和"怎么学"的联系。本书二十讲中讨论的，也就是上面所说的这些问题了。

本书共二十讲，分为五辑，每辑四讲。五辑分别为"语法理论和语法教学""语法体系和语法教学""语法大纲和语法教学""语法参考书和语法教学""语法习得和语法教学"。五辑的内容虽然各自独立，事实上还是有内在的联系的：语法理论是我们研究的指导思想，建构新的教学语法体系是我们研究的最终目标，语法大纲是语法体系的直接体现，语法参考书是对语法大纲中某些语法项目的详细分析和解释，服务目标人群的研究宗旨体现在学生语法习得效果的提高上。

这二十讲的内容，有针对跟语法教学相关问题的宏观层面上的理论思考，也有就课题研发过程中跟语法教学相关问题的微观层面处理上的具体方法和措施。以大御小也好，以小窥大也好，都可以从不同层次不同侧面了解到对外汉语语法研究，特别是语法教学研究的性质和特点，进而了解到研究的重点和困难所在。就我个人而言，作为国家社科基金重大项目的首席专家，要在规定的五年期限里，带领这么多研究者，按时完成如此繁重的研究任务，压力之大可想而知。这样的压力逼迫我要思考，要探索，要身体力行。所以，这二十讲的内容，也可以说是我多年来，特别是近五年来和团队所有成员一起思考过程的一个总结。二十讲中有一些内容曾作为结项成果递交，2023年以来相关成果也有陆续出版的，这部分内容的引述和摘录，参考文献中就不再一一列出，在此作一说明。

为方便读者了解每讲的内容，还在每辑之前，写了"导读"作为本辑内容的"导引"，希望这样的写作方式能发挥作用，能受到读者的欢迎。

我在国家社科基金重大项目结项鉴定会上的发言中曾经说过，能如期完成这么大的研究任务，是学科成就了我，是学生成就了我。在这里，我再一次感谢这么多年来与我同甘共苦的朋友和学生们，谨以本书的完成奉献给大家，奉献给这个项目。

第一辑
语法理论和语法教学

导　读

　　经过多年的发展，对外汉语教学学科建设虽然取得了颇多成绩，但在理论创新、模式创新、方法创新和实践创新等诸多方面仍有很多提高的空间。对外汉语语法应该包括三个层面：对外汉语教学语法、对外汉语语法教学和对外汉语语法习得。教学语法涉及"教什么"的问题，语法教学涉及"怎么教"的问题，而语法习得涉及的则是"怎么学"的问题，也就是说，对外汉语语法要研究的就是"教什么""怎么教"和"怎么学"的问题。语法教学体现教学语法的理论和思想，又直接影响语法习得的过程和效果，处于特别重要的地位，具有连接、贯通的作用。这样，《汉语语法教学二十讲》讨论语法教学的问题，也就必然会涉及教学语法和语法习得的各种问题。我们认为语法观、语法教学观以及语法学习观都是语法教学的指导思想，对语法体系的建构，对语法大纲的研制，对语法参考书的编撰，都是会产生很大影响的。

　　以往对外汉语教学研究，在"教什么""怎么教"和"怎么学"的问题上，缺乏相应的理论上的思考；在对待学界的纷争和不一致上，缺乏对既往教学和研究的检讨；在具体问题的探讨上，例如哪些项目是应该教给学生的,应该给学生教多少,如何分级和深化,等等,也缺乏对适合汉语特点的教学理论、教学模式和教学方法的深一层研究的成果。将"语法理论和语法教学"放在第一辑,也就显得十分自然和必要了。

本辑的四讲是这样安排的:前面两讲主要从对外汉语学科的角度,在宏观层面上讨论对语法理论和语法教学之间联系的认识和体会;后面两讲则分别从理论和方法的角度,对涉及语法教学的问题进行分析。

第一讲是"语法、教学语法和语法教学"。主要是从理论上对语法、理论语法、教学语法、第二语言的教学语法、对外汉语教学语法以及语法教学等术语和概念,在性质、特点、地位、原则、基本要求等方面进行分析,廓清互相之间的纠缠,以使读者对研究的对象有清楚的认识。

第二讲是"对外汉语教学语法研究面临的问题"。这一讲是第一讲内容上的延续,从研究的角度剖析对外汉语教学语法面临的问题,从三个方面展开分析和论述:目前汉语语法研究的状况;目前对外汉语教学语法研究的状况;作为第二语言的汉语语法研究面临的问题。

第三讲是"和理论背景相关的几个语法教学问题"。先总述语法教学的理论背景,然后再在宏观上分析了"语言共性和目的语个性的教学差异",介绍语法教学上"格局+碎片化"教学思想的具体运用;最后讨论"语言理论与语言教学之间的互动关系",从四个方面展开论述。

第四讲是"语法教学的两种研究方法:对比分析和偏误分析",具体介绍对外汉语教学语法研究中最常用的两种分析方法,既有从理论层面对对比分析和偏误分析的来源、发展和不足等问题的介绍,也有从具体的实例来展现两种研究方法在语法教学中的运用。

第一讲　语法、教学语法和语法教学

一　语法、理论语法和教学语法

1.1　语法

语法对于非语言学家而言有着广泛的含义，但对于语言学家来说，"语法"这个术语在语言学学科中是有准确的定义的，自然语言的语法是指该语言中的句子、短语、词等语言单位的语法结构与语法意义的规律，从本质上说，语法就是音义结合体之间的一种结合规律，这种规律会体现在不同的语言学层面上，除了体现在形态层面、句法层面上外，也会体现在语义层面、语用层面上。

而一般人对"语法"一词的理解，则会有两种：一是指语法本身，即人们说话的规则，或者说是组词造句的规则，它是社会约定俗成的，是客观存在的成系统的，也是每个使用者必须遵守的，也即上面所说的"语法"；二是指语法著作或者是语法学这门学科，即研究语法规律的各种理论。由于语法研究者所持有的理论背景、目的、视角和方法不尽相同，对语法现象的描写和解释也会有所不同，因此，就会形成不同类型的语法理论和语法流派。

一般而言，语法是指语言使用者在使用一种语言时所使用的规则。对于母语而言，语法的大部分内容都是下意识的过程中所习得的，而不是通过特殊的学习或观察其他语言使用者而获得的。大部分的语言习得过程在婴儿时期就已完成。而就第二语言语法习得而言，则需要有大量的语言学习和语言训练，要通过外界的指引获得并掌握这些语法规则。

1.2 理论语法和教学语法

1.2.1 理论语法、教学语法的分类,是从研究者教育目的角度作出区别的。

理论语法也称专家语法、语言学语法等,主要是对语法问题进行专门的探索和研究,揭示语言中尚未被认识或认识不够充分的语法规则,贵在创新,强调有所发现,大至方法论、语法体系的探讨和建构,小至具体理论、方法的应用,都属理论语法的范围。高校目前使用的《现代汉语》教材,其语法部分往往是理论语法的写法,阐述的是编著者的语法思想,体现出编著者的语法观,如胡裕树主编《现代汉语》、朱德熙《语法讲义》等都是。

1.2.2 教学语法有的也称规范语法、学校语法、课堂语法等。教学语法针对的教育对象主要是中小学生,根据不同对象的不同需要,研究他们学习中的语法重点和难点,以及解决重点和难点的方式方法。20世纪50年代中制定的"暂拟汉语教学语法系统",80年代初的"中学教学语法系统提要(试用)"等,就是教学语法的集中体现。

1.2.3 一般来说,教学语法大多是规定性的,而理论语法是研究性的。教学语法由于受到教学实际情况的限制,内容要求简明扼要、科学规范、稳妥贴切,往往会沿用旧的术语和体系,采用已有定论的或折中的说法。对一些理论问题、复杂问题或有争议的问题不作深入探讨。而理论语法往往借助于新的语言学理论和方法,对语言事实进行全面、细致的描写和解释,对语法理论进行广泛深入、多角度的研究探讨,往往不囿于成说,表现作者的独到见解。

理论语法和教学语法的联系也是十分密切的。理论语法是教学语法的基础,理论语法的研究成果和发展水平会直接影响和带动教学语法的研究和发展水平;教学语法是对理论语法研究成果的普及、推广和应用,也是对理论语法的检验。理论语法的新成果可以丰富教学语法,教学语法提出的新问题又进一步促进理论语法的发展。

1.3 教学语法的特点

1.3.1 规范性。无论什么样的教学语法,都是规范语法,即事先要有一个标准,告诉学生哪个是正确的、哪个是不正确的,什么是合乎语法的、什么是不合乎语法的。规范语法有两层意思:(1)教学语法不能只是一个语法流派或某一个人的语法理论、观点、方法,以及其对语言现象的描写和解释,而是根据当前语法研究的现状,对比较成熟的、已被多数人接受的语言现象的描写和解释,以及相关理论观点、方式方法的介绍,并对一些术语进行合理吸收;(2)由于教学语法要对各种语言现象加以规范,所以,对一些语法学界存有分歧或争论尖锐的问题,有时要采取折中的方法,甚至作出硬性的规定。这样做虽然有些武断,但这是语法教学难以避免的。随着语法研究的深入,有分歧的问题会逐步取得共识,教学语法中存在的问题也会随之得到修正、补充和完善。

1.3.2 稳定性。教学语法相对于理论语法的突出特点是稳定性。所谓稳定性,指的是按照教育学原则,教科书的内容应该是这门学科里已经有定论的东西。在汉语语法方面,要求教科书的每一个论点都是已有定论的,虽然有的语法问题目前尚无定论,不过,采用已经为大家所熟悉的一些讲法,总比采用还没有经过充分验证的新的讲法妥当些,这样可以使教学语法在一定的时期内能够保持相对的稳定。教学语法之所以要保持稳定是因为:教学语法面向的是广大的学生,影响广泛。在新理论、新观点、新方法层出不穷的今天,如果把一些尚未达成共识的东西写进教学语法,就会使教学语法显得比较混乱,而且也会使学生无所适从。

稳定并不等于不变。随着理论语法的发展,为了更好地适应语法教学，教学语法应该合理吸收那些已得到社会公认的成熟的研究成果，不断充实和完善；另外，对一些不恰当的说法，或者处理不妥的地方，要加以修订，当然这要充分考虑教学语法的稳定性，以免造成不必要的混乱局面。

1.3.3 可接受性。无论什么教学语法，都不可以把语法大纲、语法课本或者语法著作的全部内容原封不动地编进教材或搬入课堂。教学的双方是教师和学生，教学语法的可接受性应从这两个方面来认识。一是教师的可接受性。教学语法体系应该是广大教师所熟悉的、容易接受的。从这一点出发，教学语法的修订应该保持语法体系的稳定性和连续性，在语法体系基本框架变动不大的前提下，对某些不合理、不恰当的内容作出必要的修改，这样便于教师掌握教材内容。教师不仅要对整个教学语法体系、语法内容了如指掌，而且还要熟悉教学规律、教学技巧，才有可能提高教学质量。二是学生的可接受性。要使学生对语法教材中的内容容易接受，语法教材必须具有很强的科学性、系统性和层次性，内容要循序渐进、重点突出、繁简适当，语言通俗易懂，表达深入浅出、生动活泼，避免枯燥乏味的抽象化、理论化的说教。而运用于教学实践，必须把系统性很强的语法大纲、语法课本和语法著作的内容化整为零；根据教学的需要，依据一定的原则，将语法系统切分成语法项目或语法点，重新进行编排，有计划地安排到普通教材的课文中去。

二 第二语言的教学语法和对外汉语教学语法

2.1 第二语言的教学语法

2.1.1 第二语言教学是针对第一语言教学或者母语教学来说的。第一语言教学语法又称为本体教学语法或本体语法，一般意义上的教学语法都是针对母语学习者来说的。如果这个教学语法的使用对象是第二语言学习者，那么这样的教学语法肯定和前者有所不同。对外汉语教学语法是针对以汉语作为第二语言教学的语法，是应用性的教学语法。使用和学习的对象既可以是外国学生，也可以是从事或将要从事对外汉语教学工作的教师。第二语言的教学语法一般不追求系统性，只是尊重语言事实，尽可能做到描写分析详尽，把规则和用法一条一条地讲清楚。刘月华等编著的《实用现代汉语语法》就是一部第二语言的教学语法著作。

2.1.2 教学语法中的语法点和第二语言教学语法中的语法点不尽相同。以汉语为例，前者的重点，经常是中小学生母语学习时遣词造句中的语法错误，例如连词"和、跟、同、与"的用法异同，可能就是母语语法教学中的难点；后者的重点，尽管也有"和、跟、同、与"的用法问题，但对外国人而言，更难说清楚的是语气词"了、的、呢、吗、吧、啊"之间的不同，而中国人则没有这方面的问题。再例如，汉语量词的使用不会是中小学生的母语语法教学的重点；而第二语言学习者在习得汉语量词时，会碰到很多的问题，量词使用上的约定俗成，很难形成规律性的法则。可见外国人学习汉语的重点和难点，通常表现在学生的母语中没有的语法现象，或者是在意义和用法上存在较多差异的语法现象。

2.2 对外汉语教学语法的特点

对外汉语教学语法的特点，可以归结为以下几点。

2.2.1 编排的目的不同。编排本体教学语法的根本目的是使学生通过对该语法的学习，熟练地掌握语法知识，提高运用母语的能力。编排对外汉语语法的根本目的有两方面的考虑：其一是从二语学习者的角度考虑，要让学生通过对该语法的学习，掌握语法知识，理解语法规则进而理解目的语本身，并运用语法规则在交际中进行正确的表达，即从语法角度培养学生的语言能力和运用目的语进行交际的能力；其二是从二语语法教学者的角度考虑，编排对外汉语教学语法的目的，是使从事对外汉语教学的教师可以更熟悉对外汉语教学语法体系，把握对外汉语教学语法中的重点和难点，掌握对外汉语语法教学的理论和方法，从而更好地做好对外汉语语法教学工作。

2.2.2 学习的对象不同。母语教学语法的学习对象是以汉语为母语的人，而对外汉语教学语法的学习对象是二语学习者。前者和后者有以下两个不同点。

（1）学习的起点不同。以汉语为母语的学习者在母语语法学习之前，已经在社会交往和生活经历中掌握了基本的语言知识，具备了一定的言语交际能力，母语语法教学是在此基础上进行的学习语法知识、提高母语运用能力的教学；第二语言语法教学的对象，绝大部分对所学的目的语一无所知，没有第二语言的知识和言语交际能力，对他们的教学要从最基本的言语能力开始，从语法方面来说，就是要从最基本的遣词造句开始。

（2）以汉语为第二语言的学习者还要受其母语迁移的影响。作为第二语言教学，不可避免地要受学习者母语的影响。这种影响既有正面的、起促进作用的正迁移；也有负面的、起阻碍作用的负迁移。因而第二语言教学要充分利用第一语言的正迁移作用，加快学习进程，提高学习效率；也要注意减少、削弱或消除第一语言的负迁移影响，使学习者能较为顺利地掌握第二语言知识，提高第二语言的运用能力。

2.2.3 教学的内容不同。虽然两者都属于汉语教学语法，但在内容上不尽相同，表现在以下两个方面。

（1）重点和难点不同。汉语语法体系的基础部分，对两者来说都非常重要。但是，对于中国人，尤其是中小学生遣词造句时常犯的语法错误是本体教学语法的重点；而外国人学习汉语时经常出现偏误的语法点，则是对外汉语教学语法的重点。这方面的例子前面已经说过，这里再举个例子。"把"字句是汉语中常用的句式，第二语言学习者常会说出"我以前没有把汉语学过""衣服把他洗累了"这样有偏误的句子，所以"把"字句这个语法项目，一直是对外汉语教学语法的重点和难点，对外汉语在不同的等级里都会安排有"把"字句的教学。而汉语作为母语的学习者，大多数人在入学年龄之前就已经掌握这种句式的使用，自然"把"字句不可能是母语语法的重点和难点。

（2）安排和深度不同。一般说来，母语者是不需要特意学习语法的，语法知识是在平时的社会交往、生活体验和语文学习过程中习得的，语言运用能力的获得无须通过专门的母语语法的教学。因此，学习者在一定时期进行的母语语法的学习，语法知识的讲授往往更加注重系统性，让学生了解语法的性质、语法的结构，重在"辨正误、别异同"这种运用语言能力的培养。对外汉语教学语法在内容安排和深度上与母语语法是截然不同的，这表现为以下两点。首先，要充分考虑第二语言习得的阶段性问题。还是以"把"字句为例，"把"字句在对外汉语教学中一直是个老大难的问题，"把"字句在"语法等级大纲"中，从"甲级"到"丁级"都有，说明"把"字句的习得确实有一定的难度。一部好的对外汉语教学语法，就要在"把"字句的语法项目的选取和排序体现出针对性来，既要达到第二语言阶段性的习得目标，又能恰切地反映出汉语语法的本质性属性。其次，要充分考虑第二语言教学的效率性问题。对外汉语教学语法应该考虑到学习者不同的母语影响这个因素，要设计和归纳出不同母语背景的学生习得"把"字句时的规则，从而找到"把"字句偏误现象在认知上的共性，只有这样，才能大大提高教学的效率。

三 语法教学的地位和原则

3.1 教学语法和语法教学

一直以来,常有学者将教学语法与语法教学混在一处研究,"教学语法"与"语法教学"概念常常互换表述。20世纪末21世纪初,不少学者因此致力于厘清二者关系。大多数人的观点是,对外汉语教学语法与对外汉语语法教学属上下位概念,对外汉语语法教学属于教学语法的一部分。"教学语法主要指的是教学的内容部分(教什么),而语法教学则是教学的方法部分(怎么教)。"

可见,教学语法和语法教学是既有区别又密切联系的两个问题。教学语法是贯穿在语言教学过程中的语法,而语法教学指的是语法的教学过程。编写教学语法的目的是让教师教授语法和学生学习语法,语法教学的目的是让学生学会语法规则并能够很好地运用。总之,教学语法既面对从事教学的教师,也面对需要学习的学生;而语法教学则面对从事教学的教师。

3.2 对外汉语语法教学的地位

对外汉语语法教学是对外汉语教学中一个非常重要的组成部分。这是因为:

3.2.1 掌握所学语言的语法规则是培养语言交际能力的基础。语言是受规则支配的符号系统,由词组成的句子可以有千变万化,但是,这些组合的规则却是有限的,词正是通过这些有限的规则生成无限的句子。学习和习得一种语言的语法规则,对掌握一种语言可以起到以简驭繁、举一反三的作用,而且从某种意义上说,掌握了某一语言的结构和表达规律也就掌握了这种语言,否则,就不能算是掌握这一语言。

3.2.2 回顾第二语言教学的历史,绝大多数教学法流派都比较重视语法教学。从最初的翻译法，到后来的直接法、听说法、视听法，以至近些年兴起的认知法、功能法，都十分注重语法的教学。其中最早的翻译法，甚至把语法教学作为语言教学的中心内容。

3.2.3 成人学习第二语言更需要语言理论知识的指导。成人学习第二语言和儿童习得语言不同。成年人学习第二语言，已经超过了最佳语言习得的关键期（一般认为是1岁到14、15岁），可塑性已经非常弱了。这就要发挥成人的优越性：演绎推理、抽象概括能力强，在学习过程中，能够充分概括和归纳，综合处理语言材料。这些优越性对于学习语法来说，极其重要。人们正是通过对语法规则的理解和把握，通过演绎、归纳、推理等抽象的心智活动，才能运用有限的规则生成无限的、合乎语法的句子。

承认语法教学在第二语言教学中具有重要地位的同时，还必须明确语法教学不应占据教学的中心位置。因为对外汉语教学的目的是培养学生的语言能力和言语交际能力，语法教学只是培养这些能力的一种手段。

3.3 对外汉语语法教学的原则

3.3.1 合理安排语法教学内容，要考虑以下两个方面的问题。

（1）在教学中突出语言的重点和难点。一方面，要把握学习者的学习难点，有针对性地进行教学，例如"了"的用法、动补短语、"把"字句等；另一方面，对于虽非难点却是汉语中常用的基本句式，也要作为重点进行练习。

（2）先易后难，循序渐进地编排语法项目。语法项目的顺序包括结构序、语义序和用法序三种。结构序是从结构角度排列出的次序，例如从简单式到复杂式，从有标记到无标记，从基本式到衍生式等。语义序是从语义的角度排列出的次序，例如从基本义到引申义，从常规搭配到非常规搭配，从一般义到文化义等。用法序是从使用的角度排列出的次序，如从常用到非常用，从一般用法到灵活用法，从单个句到相关句的比较（在教学上表现为表达要求的提高），从结构、语义深入到语用。（吕文华，2002a）语法项目的编排主要体现在量的控制和难点的处理上。语法项目的教学含量直接影响着每一课的教学量和教学难度，因此要通过切分和分级把语法含量大的语法项目分散到不同阶段或同一阶段的不同课中进行教学。难点安排得是否得当决定了教学效果的好坏，因此安排难点时要讲究策略，例如"难易相间"，把难点分散开来；"化整为零"，把语法包容量大的语法项目切分为几个小点分散到几课中教；"明暗结合"，在编排新语法点这条明线时，有计划地重现和复习已经学过的语法难点等。

3.3.2 语法讲解要与语境相结合，教学中要注意两个问题。

（1）在语篇和话语中理解和掌握句子。在语法教学中，要把静态分析和动态分析结合起来。静态句是基础，体现了基本的语法规则。动态句有变化，总是和一定的语境相联系。要利用语篇和话语，对动态句进行语法分析，并注意句子之间的衔接与连贯。

（2）以任务为导向，将语法结构的教学与语义、语用和功能的教学相结合。语法教学的最终目的不是让学生掌握语法规则，而是使学习者具有运用语言进行交际的能力。因此在教学中，语法教学要围绕一定的交际任务安排语法点，将结构形式、语义和语用的讲解结合起来，为完成一定的交际任务服务。

3.3.3 重视练习，讲练结合，提高教学的效率，可以采取多种教学手段。

（1）从句型入手，将句型的操练与语法规则的归纳结合起来。句型教学一直在对外汉语教学中占据着重要的地位，通常通过句型展示、句型解释、句型操练、语法规则总结等几个步骤，完成语法教学。不过以往的句型教学局限于结构分析和机械练习，影响了教学效果。要充分发挥句型教学的优势，就必须将句型的结构、语义和语用分析结合起来，通过句型的操练，总结出句型的句法规则、语义规则和语用规则。

（2）精讲多练，以练习为主。对语法知识的讲解应该简洁而准确，避免使用大量的术语，而且语法课上要体现以练习为主的原则。练习主要包括三种形式：一是机械性操练，如替换、重复、扩展等；二是有意义的练习，如形式变换、复述、翻译等；三是交际性练习，如小组活动、模拟交际等。

（3）重视学习者的语法偏误。学习者学习过程中出现的偏误是系统性的，对偏误进行分析和纠正，有助于加深学习者对汉语语法规则的理解，更好地发挥语法学习过程中的认知作用。另一方面，将对语法偏误的认识转化到练习的设计中，练习将更具成效。

四　语法教学的基本要求

最后，我们对第二语言语法教学的基本要求作一些阐述，这样的基本要求主要是就从事对外汉语教学的教师而言的。

对外汉语语法教学的目的是让第二语言学习者快速、有效地掌握汉语组词造句、连句成篇的规则，培养其运用汉语进行交际的能力。因此，在对外汉语语法教学中对教师的基本要求有以下四点。

4.1　需要具有对外汉语语法教学的基本观念

对外汉语语法教学与一般语法教学不同，教学对象的特殊性决定了它的特殊性。因此，教师在进行对外汉语语法教学时首先要明确以下几个基本观念。

4.1.1　对外汉语教学语法是教学语法，不是理论语法，是教外国人的语法而非教本族人的语法。例如范围副词"都"，在理论语法中只需概括地介绍一下它的语法地位、句法功能及语义特征即可，而在对外汉语教学语法中需要详细地说明使用"都"的句法、语义和语用条件。

4.1.2 对外汉语教学语法主要是从意义到形式的组装语法，而不能完全是从形式到意义的分析语法。对母语是汉语的人讲语法，往往是从一个语法形式出发，说明它的语法意义，但是外国人学汉语是一个从意义到形式的过程，是一个根据交际需要选择合适的语言形式进行表达的过程，因此在对外汉语语法教学中，必须把句法分析、语义分析和语用分析结合起来。

4.1.3 对外汉语教学语法不仅是描写条件的语法，更是讲条件的语法。在对外汉语教学中，除了要对各种语法形式本身作出细致的描述和分析外，更要向学生说明它们的使用条件，要避免"这是一种习惯用法"的解释方法。

4.1.4 对外汉语教学语法注重语法对比，包括语际语法对比和语内语法对比。通过学习者的母语与汉语之间的语法对比，可以突出汉语的特点，预测学习的难点。通过汉语语法系统内相关语法项目的对比，可以揭示它们不同的使用条件。

4.2 能够深入理解并全面把握整个教学语法体系

对外汉语教学语法体系是服从于第二语言教学规律和学习规律的。

4.2.1 对外汉语语法教学的内容是有阶段性的，初、中、高三个阶段的教学各有侧重。例如初级阶段以句法教学为中心，着重讲解汉语基本的短语形式和句型。中级阶段在巩固、扩展结构的基础上，引入语义教学，着重讲解句中成分的语义关系和语义条件。高级阶段侧重于语用教学，着重讲解影响词语和句型选择的语用条件。又如在初级阶段对语法点的解释，要尽量淡化术语，突出句型模式。

而进入中、高级阶段，可将系统的基本的语法知识引入教学。

4.2.2 对外汉语教学中语法项目的安排是有顺序性的，通常由简到繁、由浅入深、由常用到不常用。例如，词语基本用法的学习在引申用法之前，陈述句的学习在疑问句之前，补语的学习在"把"字句之前。因此，教师应针对教学对象所处的学习阶段安排教学内容、设计教学方式，如果急于求成，只会适得其反。同时，教师在教学中还要有意识地复现已经学过的语法项目。

1958年出版的《汉语教科书》创立了对外汉语教学语法体系。目前影响较大的语法大纲有《对外汉语教学语法大纲》（王还主编，北京语言学院出版社，1995）、《汉语水平等级标准与语法等级大纲》（国家对外汉语教学领导小组办公室汉语水平考试部编，刘英林主编，高等教育出版社，1996）、《国际中文教育中文水平等级标准》（教育部中外语言交流合作中心，北京语言大学出版社，2021）等。

4.3 能够充分认识第二语言学习者的学习规律和特点

对外汉语语法教学的对象来自不同的国家，对母语不同的学习者来说，同一语法项目的难易程度可能不同，例如汉语是SVO型语言，英语也是SVO型语言，而韩语是SOV型语言。因此学习语序的难度对母语为韩语的学习者来说，就比与母语为英语的学习者大一些，在他们的练习中，常常会出现这样的句子：

①*我学生是。/*我图书馆去。

受母语影响的这种情况主要表现在初级阶段。

母语相同的学习者在运用某一语法项目时会出现带有普遍性的问题，这些问题往往与母语的表达方式有关。例如日本学习者常常误用"被"字句，这是因为在日语中表示一般的常识时，常用带有被动词的被动句。例如：

② *夏天是海狮的繁殖季节被知道。[（人们都知道）夏天是海狮的繁殖季节。]

了解了学习者的学习规律和特点才能有针对性地进行教学，收到事半功倍的效果。

4.4 能够灵活运用各种语言学的理论方法研究汉语语法的特点和难点

语言学和汉语语言学是汉语作为第二语言研究的基础，要善于借助各种语言理论和语言分析方法，对汉语的特点和难点加以解释。

例如变换分析方法是教学中常用的方法。在教学中可以通过变换后句式是否成立来揭示研究对象的使用规律。例如：

③ 这个房间比那个房间还冷。→这个房间比那个房间更冷。

④ 这个房间比南极还冷。→*这个房间比南极更冷。

通过变换可以了解到，比较句中的"还"和"更"的差异是："还"不仅可以用于比较，还可以用于比拟，而"更"只能用于比较。

又如教学中学习者会产生这样的困惑：为什么"我们打败了他们"和"我们打赢了他们"这两句话的意思都是"我们赢了"？我们可以运用语义指向分析方法，简明地说明这个问题：

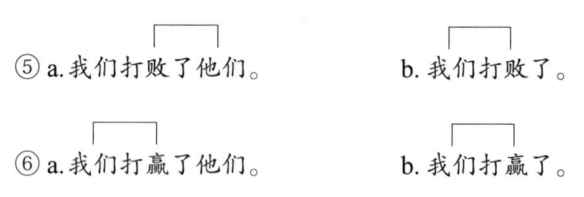

⑤ a. 我们打败了他们。　　b. 我们打败了。

⑥ a. 我们打赢了他们。　　b. 我们打赢了。

可见，"败"和"赢"做补语时，语义指向是不同的，"赢"的语义总是指向主语，而"败"的语义可指向宾语，也可指向主语，有宾语时指向宾语，没有宾语时指向主语。

再如母语为英语的学生在回答是非问句时常常在肯定和否定形式的选择上出错：

⑦ A：你不抽烟吗？

B：*不，我不抽。（比较：是的，我不抽。）

这种现象可以从认知语言学的角度加以说明：说汉语的答话人首先对问话人的主观想法表示肯定或否定的意见，然后再作进一步说明；而说英语的答话人首先就对情况本身作出肯定或否定的表达，根本不关心说话人的主观想法是怎样的。

  理论和方法只是分析问题和解决问题的工具，工具运用得如何，关键在教师。教师在面对问题时，必须要有全局观和系统观，要善于多角度、多方位、多层次地进行考察。在宏观上，要能够将句法、语义和语用三个平面结合起来，将动态研究与静态研究结合起来；在微观上，要注意观察与语法现象相关的各个句法成分、语义成分和语用成分，注意查找句内和句外影响语法现象的各种因素。只有这样，才能抓住语法现象的本质，对现象进行全面而准确的解释。（齐沪扬主编，2007）

第二讲 对外汉语教学语法研究面临的问题

一 目前汉语语法研究的状况

1.1 21世纪汉语语法研究会受到严峻的考验

经过整整一个世纪，汉语语法研究无论在理论体系的建构上，还是在语言事实的描写上，或者在研究方法以及研究手段的运用上，都有了很大的发展。

20世纪80年代以来，国外语言理论的介绍和运用，对汉语语法研究起到了极大的推动作用，语法研究的深度与广度都有很大的突破。过去的深厚基础与发展态势，为21世纪的现代汉语语法研究的发展营建了一个良好的环境。

但是，发展势必会遇到新的困难，21世纪汉语语法研究将会受到极为严峻的考验，这种考验究竟是什么呢？我们认为主要是理论上的合理解释和应用上的直接服务。正如陆俭明、郭锐（2000）所说的"汉语语法研究所面临的挑战主要来自理论和应用两个方面"。

1.2 理论上的重新解释

1.2.1 从理论上的重新解释这一点来说，21世纪的汉语语法研究，应该摆脱过去某一种语言理论一统天下的局面。20世纪语言研究形成了两大阵营：结构主义和功能主义。事实证明这两种理论和方法都存在一定的局限性，都不是完美的。也就是说，它们所提出的普遍原则其适用性都是有限的，即只具有相对的普遍性，不具有绝对的有效性，很难经得起语料的检验。20世纪末开始影响汉语语法研究的语言类型学派，给汉语语法学界带来了形式主义、功能主义和类型学三种理论平分秋色的感觉，其实是从另一方面证明了某一种语言理论一统天下局面的真正结束。

语法研究的终极目的是寻找语法形式与语法意义之间的对应关系，而探讨这种对应关系背后的认知心理机制，则应该成为21世纪汉语语法研究的中心课题。我们认为可以从以下两个方面做起：

1.2.2 建立功能范畴观。语言靠组合和聚合两根轴来运转。就聚合关系而言，不仅体现在词类、句法结构关系等方面，表达同一类范畴意义的不同手段也可以形成一个聚合。依据功能范畴的观点，研究同一范畴不同表达手段的结构特点和功能价值，对于认识相关现象背后的心理机制会有所帮助。如汉语的语气范畴，其表达手段不仅涉及语调和语气词的运用，也与语气副词、助动词的使用密切相关，目前汉语语法学界研究热点之一的情态范畴，重点就是放在语气副词、助动词的使用上。除此之外，甚至某些相对稳定的结构，如动词的肯定否定重叠，都与语气的表达相关。（齐沪扬，2002）

传统的研究都认为量的范畴主要涉及的是数量词，或者是某些形容词、副词以及词的重叠形式等，随着对量的研究的不断深入，近年来汉语语法学界从不同角度提出了汉语中众多的量的类型及其表现，如物量、动量、性状量，确量、约量，定量、不定量，客观量、主观量，主观大量、主观小量，显性量、隐性量，非语言量、语言量（情态量），等等，从而也将量的多种多样的表达手段揭示出来，认为汉语在语音、词汇、语法、语用等各层面都有表量的形式，包括显性形式和隐性形式。（赵国军，2008）

1.2.3 对语用因素进行句法处理。语言现象是句法、语义、语用的统一体，过去所总结的语法规则实际上是包含了句法规则和语用规则的。结构主义的语法分析基于句法结构体中某一成分在组合和聚合方面所具有的特点。根据结构主义理论，对于现代汉语中的"句中语气词"，由于它们出现的位置是句中主语和谓语之间，以此认为这类词在句子中主要起停顿、舒缓语气的作用；但从功能主义角度看，句中语气词则是说话人对句子心理结构切分的一种手段，是一种功能标记，而非句法标记。

上述两种分析方法，尽管在全面揭示、解释"句中语气词"的作用和功能上只能显现出某种侧重，可是后一种分析方法做到了句法和语用的"剥离"。这种"剥离"对于语法规则的总结以及提高语法规则的有效性，是十分有益的。但"剥离"可以看作一个颇为棘手的"双面剑"，随之而来的问题是，语用因素的范围有多大，语法分析中如何处理此类语用因素、语用成分及其形式特征是什么，语用成分有何句法地位等，都是需要下功夫思考的。很多学者在这方面作过研究和探索，（范开泰，1985；张小峰，2003）但语用因素的句法处理一直是没有很好解决的问题。20世纪80年代起被广大学者所接受的"三个平面"的语法思想，也在语用平面的形式化上接受着极大的挑战。（齐沪扬，2004）

1.3 应用上的紧密结合

1.3.1 从语法研究的应用层面上说，就目前情况看，基础研究与应用研究的脱节依然是比较突出的现象。这种脱节现象的产生有多方面的原因，如语法研究的水平、计算机技术的状况等，但目的性不明确也是形成这种现象的原因之一。这一问题的解决有待两个学科甚至更多学科研究者的深层次的合作与沟通。应用需要语法理论的支撑，但更应该强调可操作性，另外还要清楚地了解两种应用对语法理论和语法知识的要求是不一样的。从语法研究的应用角度看，在为对外汉语教学和汉语信息处理服务上，还可以考虑以下两个问题。

1.3.2 作为第二语言的汉语教学。在对外汉语教学上，要打破共时现象与历时现象、共同语与方言、本族语与外族语之间的界限，关注语言共性、类型学研究的人将会增加。

对外汉语是一个新兴的学科，就目前对外汉语教学的情况来说，针对不同国别、不同民族的具有差异性的教学应该是最有成效的，"对韩汉语教学""对日汉语教学""对英汉语教学"这样的提法也就可以理解了。上述有针对性的教学在教材建设上可以体现为编写"本土化"的教材，编写面向某一地区、某一民族的教材；在教学方法上可以看作一种最为直接的、最有成效的"任务型"教学法。但是作为第二语言的汉语教学中的支撑语法教学，仅仅思考眼前的问题显然是不够的。

建立一个完整的具有普遍语法属性的语言系统，是现代语言学所确定的理论目标。作为第二语言的汉语教学为汉语语法研究提供了一个广阔的背景，在这个广阔的背景下，重新审视汉语语法学中的若干问题，诸如词类系统中介词、方位词、语气词以及某些助词的功能性质以及词类归属问题，寻求更为合理的解释，这在对外汉语教学中有特别重要的作用。通过和其他语言的对比，可以为现代语言学理论目标的实现作出贡献：可以增强普遍语法原理的普遍性，增强语言理论的解释力；可以发现在一种语言中不易发现的具有普遍语法意义的东西，丰富普遍语法的理论内容；可以更多地找出意义的特异处，使普遍原理的参数化更加概括和优化，扩大理论覆盖范围；促进语言类型学（typology）的研究。

1.3.3　汉语信息处理服务。自然语言与人工语言相比，在四个方面存在重大的差异，由于自然语言的独特性质，使得自然语言处理成为人工智能的一大难题。（冯志伟，1996）汉语信息处理研究的实践表明，汉语分析碰到的问题要比印欧语系的语言，如英语、俄语等要多一些，主要的原因同汉语的语法特点有密切的联系。汉语的自然语言理解还有许多特殊的困难与问题。

与以往的语法研究相比，面向汉语信息处理的语法研究，其特点是更加注重语法规则的形式化和精密化，更加注重从计算机自动理解和自动生成句子的角度来提取语法规则，换句话说，研究的重点和方法应该是：抓住计算机可以理解的"形式标记"，对显示句法结构功能类别的标记词（语）、功能词（语）进行语法属性的精细描写，对由这些功能词（语）构成的语法结构框架进行精细描写。

　　例如以往的虚词研究，着眼于为语言教学服务，侧重于对教学难点的分析和个别现象的探讨，大致上处于分散的、非系统的状态，还不能解决为汉语信息处理服务的系统问题。事实上，虚词的语法信息的描写十分重要，当汉语信息处理从词处理阶段进入句处理阶段时，虚词研究更是一个"瓶颈"。面向汉语信息处理的虚词研究必须为计算机处理提供有关现代汉语虚词的语法功能和语法属性的全面、系统、精细而详尽的描写，为提炼汉语信息处理用的形式化规则，包括短语结构规则和句子构造规则，提供科学依据。

二　目前对外汉语教学语法研究的状况

2.1　对外汉语学科的定位

　　2.1.1　关于对外汉语学科的定位，学术界已经有很多学者对之发表见解。邢福义先生有过精辟的论述，作为一门学科，应该具有"两属性""三要素"，即"学科以汉语为主，以对外教学为用。汉语是学科的本体属性，是学科构成的第一要素。对外教学是学科的应用属性，'对外'是学科构成的第二要素，'教学'是学科构成的第三要素。两属性、三要素的相互制约，形成学科的内在机制，编织成学科的自身系统。这一学科的发展与成型，有赖于两属性、三要素的有效结合"（转引自张德鑫，2000；赵金铭，2001），所以，在讨论"第二语言的汉语语法研究面临的问题"之前，我们首先要搞

清楚什么是"作为第二语言的汉语语法",也就是说,要把研究目标对象的含义搞清楚。下面这种认识目前已经成为学术界的共识:

(1)作为第二语言的汉语语法是教学语法,不是理论语法。

(2)作为第二语言的汉语语法是教外国人的语法,不是教本族人的语法。

2.1.2 科学知识按照"前科学—常规科学—危机—科学革命—新的常规科学"的程序发展。什么叫常规科学?常规科学有两个主要的特征,一是它们足以从相竞争的科学活动方式中吸引一群持久的支持者,这是前所未有的;一是它们足以提供各式各样的问题给不同组别的实践者去解决,是开放性的。具有这两个特征的科学成就称为"范式"(paradigm)。从前科学到常规科学的标志就是范式的出现。上述这种科学思想证明了科学探索是一个不会终结的过程。

经过几十年的努力,对外汉语学科无论在学科理论研究上,还是在教学实践研究上,都有很大的发展,取得了瞩目的成绩,有了属于这个学科的范式,真正做到了从前科学向常规科学的突变。作为这个学科中重要的一个研究方向,第二语言的语法研究受到重视,达到前所未有的高度。

2.2 作为第二语言的汉语语法的研究成果

这些年的研究成果,主要体现在以下几个方面。(孙德金主编,2012)

2.2.1 理清了理论语法和教学语法的关系。以下的认识为学术界所接受:理论语法是教学语法的来源与依据;教学语法的体系可灵活变通,以便于教学为准;教学语法在不断吸收各种语法研究成果中迈步、发展,并不断完善。

语法本体研究的成果在教学中的应用是很重要的。汉语语法研究已经有了不少成果,已经挖掘出不少语法事实,总结出很多规则化很强的语法规律,但遗憾的是,有些有用的成果没有能够及时吸收到对外汉语语法教学中来。例如,"一人一个"这种配比句,规则很清楚,功能也很确定,是一个难度不高且很有用的语法项目,但无论是语法大纲还是教材,都看不到它,这种局面需要尽早打破。

2.2.2 对汉语作为第二语言的教学语法进行了科学的界定。什么是教学语法,许多前辈学者的研究,从本体出发,做到为教学服务,为后来学者作出了榜样,王还先生早在20世纪50年代(1956,1957)发表的论文,对于指导教学非常有帮助。半个多世纪过去了,对外汉语学界对汉语作为第二语言的教学语法进行了科学的界定:教学语法主要侧重于对语言现象的描写和对规律、用法的说明;教学语法应具有规范性;教学语法应服务于对外汉语语法教学,以方便教学为主;教学语法应从对外汉语教学中发现问题,然后研究、解决这些问题。

2.2.3 积极建立汉语作为第二语言教学的汉语教学参考语法。教学语法体系是语法教学的基础。20世纪50年代《汉语教科书》建构了对外汉语教学语法的基本框架,几十年来虽有一些调整和变化,但总体格局基本没有改变。近十几年来,对教学语法体系的宏观思考是对外汉语语法教学研究中的一个重要内容。在建构新型的教学语法体系方面,很多学者进行了有益的探讨,(柯彼得,2000;李芳杰,2000;李泉,2003)但教学语法体系的建设还需加强。教学参考语法应有语法条目的确定与教学顺序的排序,教学参考语法是制定教学大纲、编写教材、从事课堂教学、备课、批改作业等一切教学工作的依据。

2.2.4 针对不同母语背景的教学对象,努力排列出不同的语法点及其教学顺序。对不同母语背景的教学对象来说,语法教学的重点和难点有所不同。事实证明,很难排出适用于各种母语学习者的共同的语法要点及其顺序表。汉语传统语法教学中的重点难点,在第二语言教学中是缺乏普遍性的。因此,语法项目的分级与排序直接关系到教材的编写,而教材如果无从创新,教学效率的提高也就无从谈起了。近些年来,随着对外汉语语法教学研究的不断深化,关于语法点项及其难易度的确定、语法点项的分级与排序等的研究已经有了若干成果。(邓守信,2003)

2.3 面对不同对象的两种汉语语法研究

将作为第二语言的汉语语法研究与作为母语的汉语语法研究相比,在以下几个方面存在差异。

2.3.1 在研究目的上。前者是为了"怎么让一个从未学过汉语的外国留学生在最短的时间内能最快、最好地学习好、掌握好汉语"(陆俭明,2005);后者是为了"让汉语更好地为我们的交际活动、创造活动服务","指导我们的语言实践,并推动相关学科的发展"(陆俭明,2003)。

2.3.2 在研究方法上。前者要"特别注意研究'彼无我有'或'彼有我无'的语言现象"(赵金铭,2001),着重于"别同异""辨正误"的应用层面的分析上;后者则更注重理论和方法上的创新,更注重如何将研究的成果在应用层面上加以运用。

2.3.3 在研究手段上。前者在解决"教什么"的问题后,就要考虑"如何学"和"怎样教"的问题,除了依靠语言学的研究手段外,还会借助许多教育学、心理学的研究手段,还会结合现代科技手段进行研究;后者主要依靠语言学本身的研究手段。

2.3.4 在研究内容上。对外汉语研究既然定位于应用语言学研究范畴之内,那么它应该是语言学、心理学、教育学、计算机科学及现代教育技术等的交叉地带,它研究的基本框架是"本体论、方法论、认识论、工具论"(赵金铭,2006a),语法研究的内容也应该在这个基本框架内；后者主要是语法理论和语法应用的研究，从理论上说，作为第二语言的汉语语法研究一部分内容应在后者语法应用研究的范围内，后者更关心的是作为第二语言的汉语语法的本体研究。

三　作为第二语言的汉语语法研究面临的问题

这样，从对外汉语教学研究的基本框架出发，作为第二语言的汉语语法研究应该关心如下问题。

3.1　从本体论角度出发

3.1.1　结合对外汉语教学可以进行下列课题的研究。

（1）汉语词类的次范畴研究，如动词的次范畴研究，形容词的次范畴研究，助词的研究，方位词的研究，等等；

（2）汉语虚词研究，如虚词的语义和功能研究，虚词的隐现规律研究，虚词的语篇功能研究，虚词的比较和辨析研究，等等；

（3）汉语的短语结构研究和句法成分研究，如动趋结构和动介结构的研究，数量结构的使用规律研究，介词结构的语义及功能研究，可能补语的意义和使用规律研究，定语和状语的语序排列研究，等等；

（4）汉语的句式、句型研究，如"把"字句的句法语义研究，受事主语句的研究，存现句的研究，主谓谓语句的研究，反问句的语义与表达研究，固定搭配形成的句式（如"一……就"句、"连……也"句、数量配比句、主宾易位句等）的语义与表达研究，等等。

3.1.2　《世界汉语教学》曾经发表过论文《带处所宾语的"把"字句中V后格标的脱落》（齐沪扬、唐依力，2004），缘由就是教学中的问题。

在北京学习汉语的学生，到了方言区后会问到这样的问题：

①把车翻在路边上——把车翻路边上

②把瓜子扔进嘴里——把瓜子扔嘴里

脱落后在语义上与原式没有差别，同时也丝毫不会影响"把+O+V+L"句式中动词的配价关系等。是什么原因造成这种脱落呢？

经过研究，我们发现是下列原因造成格标的脱落：（1）动词的移动性功能的大小；（2）格标R本身的虚化程度的高低；（3）处所宾语L和"把"后宾语的语义特征；（4）动词、处所词、"把"后宾语、状语的音节长短；（5）与完句成分相关。

3.1.3 本体研究与教学结合的一个表现，就是通过留学生的语感和留学生的偏误发现问题。齐沪扬（2010）一文，在200万字语料的基础上，运用认知语法、语法化等理论，对句子中的处所宾语L在一定条件下发生的脱落和移位现象进行分析，找出造成脱落和移位现象的制约因素。

3.2 从方法论角度出发

3.2.1 要探求对外汉语教学语法的体系，寻找语法教学的模式和语法教学的方法，可以在以下几个方面展开研究。

（1）教学语法体系的研究，如教学语法体系的建构研究，教学语法体系的特点研究，教学语法体系中子系统的研究（如补语系统、句型系统等），母语教学语法和作为第二语言的教学语法的对比研究，等等；

（2）语法教学的模式研究，包括语法课程的设置研究，语法教学的规范研究，语法教学的教学大纲研究，不同阶段的语法教学模式研究，等等；

（3）语法教学的方法研究，包括汉语虚词的教学方法研究，汉语特殊句式的教学方法研究（如"被"字句的教学、"把"字句的教学、主谓谓语句的教学等），汉语疑问句的教学方法研究、祈使句的教学方法研究，等等；

（4）语法教学的技巧研究，包括语法教学的切入点研究，语法教学中对比及比较方法如何运用的研究，语法教学中如何体现"讲练结合"的研究，等等；

（5）语法教材研究，包括语法教材编写原则研究，语法教材评估研究，等等。

3.2.2 孙德金（2006）认为决定语法教学的两个因素是"语法的本质""第二语言教学中语法教学的根本任务"。语法的性质要求语法规则可扩展或者可类推；而第二语言教学中语法教学的任务则对语法教学的范围加以限制。

在论述两个原则的基础上，文章认为属于词汇范畴的、属于共知范畴的，都不是对外汉语语法教学的对象。

首先，词汇和语法在语言学习过程中的作用不同。现有的语法大纲中有许多词汇的内容。例如"看得起/看不起""实事求是"（固定搭配、固定短语），"光（光辉、光明、光荣……）""打（打算、打倒、打针……）"（构词语素），"报仇""操心"（离合词）。词汇是一种语言的表义单位，在量上往往是开放的，语言学习者需要一个一个地从词表或词典中去认读、记忆、运用；语法不具有开放性，规则是稳定的，语言学习者要掌握的规则是有限的、概括的、抽象的。

其次，在目前尚不能肯定地拉出一张"共知范畴"的清单情况下，可以讨论甚至确定在某些点上的"共知"。所谓的共知范畴，即承认人类有共同的认知基础，人类的思维和语言具有普遍性或者是共性。共知范畴的不教可以优化教学资源，避免学生产生心理上的反感。杨素英、黄月圆、孙德金（1999）认为在诸如静态和动态、状态和活动、瞬时和持续等语义方面，不同民族、不同国家的人有着共同的认知基础，会在时体标记的习得上表现出基本一致的顺序。

3.2.3 刘月华（2003）认为应该在以下一些方面加强研究：（1）对外汉语教学语法和理论语法的关系；（2）对外汉语教学语法的基本内容和特点；（3）对外汉语教学语法体系；（4）语法在对外汉语教学中的地位；（5）对外汉语语法教学的原则方法；等等。

这些年来，这方面的研究正在加强。（郑懿德，1991；赵金铭，1994；陆俭明，1997，2000；张旺熹等，1999；李泉，2003）

3.3 从认识论角度出发

3.3.1 要立足于习得与认知研究，解决学生"如何学"的问题，可以研究如下课题。

（1）汉语语法习得过程研究，包括不同阶段学生语法习得研究，不同国别学生语法习得研究，汉语虚词的习得研究，汉语句式的习得研究，汉语特殊语法现象的习得研究（如趋向补语的习得顺序研究、语体标记"了、着"的习得研究等），等等；

（2）汉语语法偏误的研究，包括不同阶段学生语法偏误分析研究，不同国别学生语法偏误分析研究，语法偏误句的等级序列研究，汉语代词使用的偏误研究，汉语虚词偏误研究（如汉语副词的偏误分析、汉语助词的偏误分析、汉语语气词的偏误分析等），等等；

（3）汉语语法项目的研究，包括语法项目分级的研究，语法项目选取的研究，语法项目排序的研究，与特殊语法现象相关的语法项目研究（如比较句的语法项目的选取和编排、"把"字句的语法项目的选取和编排等），等等。

3.3.2 汉语作为第一语言被动句的习得研究和汉语作为第二语言被动句的习得研究都已经有很多成果。前者如朱曼殊主编（1990），周国光、孔令达、李向农（1992），周国光（1994；1997），李宇明（1995）；后者如鲁健骥（1994），李大忠（1996），程美珍主编（1997）。

3.3.3 张旺熹等（2005）在以往第一语言被动句的习得研究和第二语言被动句的习得研究已有成果的基础上，从"汉语中介语语料库"和高年级作文答卷中搜集语料，对中高年级的欧美学生进行测试，从及物性的角度对偏误问题进行分析。

论文对"被"字句偏误的分析和讨论主要在三个方面：（1）从动词的及物性反映了"被"字句的泛化；（2）从被动范畴句型系统的及物性反映了"被"字句的泛化；（3）补足语的及物性是造成"被"字句偏误的主要原因之一。通过分析得出以下结论：（1）"被"字句的教学应以动词选择、句型选择和补足语成分的完善为基本点；（2）汉语被动范畴的表达，重要的是把握不同句型的及物性差别，要为学生的习得提供一个具体的路径；（3）要充分认识到补足语在"被"字句中的句法和语义价值。

3.3.4 对语法项目的选择和排序的研究，在对外汉语学界是一个比较新的研究课题，国内吕文华、周小兵等作过理论上的探索。例如吕文华（2002a）认为语法项目的顺序包括结构序、语义序和用法序三种；周小兵（2003）指出语法点的选择要考虑四个因素，语法点的排序要遵循五个原则。

陈珺、周小兵（2005）比较了《对外汉语教学语法大纲》等五个大纲，对不同大纲中比较句语法项目的选择和排列情况作出比较，选定17个包括各种比较方式的句式，以这些句式对留学生进行测试，统计正确使用频率和偏误相对比率，得出相关语法点的选取和排序。

以后的研究可能有两个问题需要进一步重视和加强：（1）在汉语事实的观察和分析上要更加精确；（2）在被试样本的取样和选择上要更加广泛。

3.4 从工具论角度出发

3.4.1 要解决如何将现代科技手段应用于语法教学和语法学习

上的问题，可以在以下几个方面展开研究。

（1）汉语信息处理与语法教学研究，包括汉语信息处理与语法教学结合的研究，数字化汉语语法教学方法的研究，语料库的建设研究（包括中介语语法语料库、句型语料库等），语料库的检索研究，等等；

（2）汉语计算机辅助语法教学研究，包括计算机辅助语法教学的设计及评价研究，计算机辅助语法教学的课堂教学模式研究，多媒体汉语语法教材制作研究，远程语法教学的设计研究，等等；

（3）现代教育技术与语法教学研究，包括影视技术在语法教学中的应用研究，网络汉语语法教学的研究，"虚拟词语空间"在汉语语法教学中的运用研究，等等。

3.4.2 无论教材还是工具书，就其所包含的内容来说有两个方面：一是语言知识本身（内容），一是语言知识表达（形式）。长期以来，对前者的研究较为重视，对后者的研究比较少。

计算机多媒体技术为提高汉语教学的效率带来了一些新的契机，电子词典和在线词典在一定程度上体现多媒体技术，但这远远没有达到令人满意的程度。构造虚拟词语空间是现代词典编撰技术追求的目标。语言知识表达方式的研究成果，可以应用于汉语教学与学习，汉语教材编写，汉语学习词典编纂，汉语多媒体和网络教学软件系统的研发。

3.4.3 郑艳群（2007）一文做到理论与实践结合、研究与应用结合，为对外汉语教学提供了有价值的语言知识表达的理论框架和可操作的具体表达方式，把语言知识的表达尽可能合理地安排在一个可视化的框架中。

论文从建立"词语空间"开始，然后到语法空间和文化空间。词语空间既包括概念和词语，也包含规则和应用实例，以及它们之间的关系。虚拟词语空间则是一种集成化的、具有多层网络关系和人工智能的汉语知识系统。虚拟词语空间中的微观形态关系到汉语知识表达的底层操作。论文以汉语的三大实词为研究对象，探讨了汉语名词的事物特征表达、动词的动态特征表达、形容词的性状特征表达，以及表达的规律。以名词—量词搭配为例，探讨了汉语知识中搭配问题和搭配的表达方式；以程度副词为例，在分析汉语中介语语料库中程度副词使用的具体情况的基础上，探讨了偏误类型和表达方式的关系，并总结归纳了有关语法解释的九种形式化表达方式。

　　从宏观上考察，词语空间表现为上细下粗的树型结构，它有着时代分段、地域区间、行业和学术的分支，并且和其他的语言词汇空间存在渗透和交错关系。在微观上，构成空间的基本元素如概念、词语、形体、语音等，都具有多方面的属性和纵横交错的关系。语言是文化的载体，如果继续扩展这个系统，就会由"词语空间"经"语法空间"进入"文化空间"。

　　上述四个方面的研究，很多时候是交织在一起的。总之，作为第二语言的汉语语法研究的前景非常广阔。

第三讲　和理论背景相关的几个语法教学问题

一　语法教学存在的问题和带来的思考

1.1　结构主义语法和功能主义语法

1.1.1　20世纪语言研究形成了两大阵营：结构主义和功能主义。结构主义认为研究语言就是研究语法或语法知识，句法是语法的基石，句法的解释基本上是建立在具有普遍有效的规则之上的。追求语言描写的形式化，对语言的实际运用和社会功能则较少考虑。而且由于规则的抽象性，难以从正面来证明规则的存在。功能主义认为语言研究的中心问题是透过语境和功能来解释形式，句法不是自足的系统，而是由语义、语用、篇章、功能等因素构成，并可从这些因素中推导出来。但功能与形式之间的关系很难建立，功能解释中涉及的许多概念也常常会有不同的解释。总之，结构主义和功能主义在理论上都不是完美的，它们所提出的普遍原则其适用性都是有限的，即只具有相对的普遍性，不具有绝对的有效性，很难经得起语料的检验。

1.1.2　在对外汉语教学界，受语言学结构主义理论和心理学行为主义理论的影响，语法教学成为语言要素教学中的一部分，讲解的主要内容就是从词到短语再到句子的结构规则教学，句型教学法曾经深刻地影响过对外汉语教材的编撰。听说领先、反复操练、以句型为中心、通过语言对比确定教学重点和难点这一些教学原则为学界所接受；在语法项目习得的操练上，遵循"词语—句型—会话"的顺序展开，语法项目限定在句子范围内。这一切都可以看到结构主义语言理论的影响。这种从结构主义生发出来的"基于规则"的教学理论,(李先银,2020)虽然比之前的"基于规定"的教学理论有所进步,但要改进和突破的地方依然很多。

功能主义,特别是认知理论的传入,面对对外汉语教学的实际状况,学界的很多争论都和理论背景相关,例如,如何看待句法、语义、语用之间的关系,对外汉语语法教学中,三者是同步教授还是分级教授?篇章概念是不是要引入对外汉语教学中来?等等。进入新世纪的对外汉语教学,自觉地接受多元的语言学理论的指导,这应该成为学界的共识。

1.1.3 所谓的语法,就是从众多的语法单位里抽象出其中共同的组合方式、类型及如何表达语义的规则;而语法学的任务则是描写、解释那些组成词、短语和句子的规则和格式。语法具有抽象性、概括性、生成性、递归性等特点。长期以来,在语言学众多子学科中,语法一直是研究的重点和教学的重点。第二语言教学中,语法的地位更为重要。对外汉语教学语法体系的建构,应立足于汉语的本质特征,既不排斥某一种理论,也不盲从某一种理论;既采用结构主义的研究方法,也采用功能主义的研究方法。是基于大规模语料基础上的、有实证数据支持的一项研究。

1.2 语法教学研究存在的问题

现阶段对外汉语语法教学研究存在三方面的问题。

1.2.1 教学语法理论和语法教学理论存在脱节。教学语法和语法教学是对外汉语语法的两个层面。前者研究的内容主要是对外汉语教学语法体系建构和阐释,解决语法"教什么"的问题;后者主要研究的是对外汉语语法教学过程中"怎么教"的问题,研究的内容主要是对外汉语语法教学的模式、方法、手段、效果等。

教学语法理论和语法教学理论存在脱节现象,表现为语法教学基本上发展到"基于用法"的阶段,教学语法体系受结构主义的影响太深,依然停留在"基于规则"的阶段;而语法教学在外语学界的带动下,在教学上自觉地引进许多认知语法的理论,例如任务型教学法的兴起,教学实践中通常会在"操练"环节之后增加"运用"环节,一定程度上促进了语法能力的培养。但是两者的脱节多少还是延缓了语法教学研究的更新和发展。

1.2.2 语法教学中"理论"和"实践"存在脱节。纵观近20年的研究成果,学界在对外汉语语法教学方面的研究,更多的是个案分析。特别是随着汉语二语习得研究的进一步拓展与深入,从汉语学习者出发,通过对学生在习得过程中造成的各类偏误以及各类语法项目的习得顺序、习得规律等情况的考察与分析,从而获得切实有效、有针对性的语法教学方法与策略的论文,正在逐年增多。与此相反,在理论层面、在宏观层面对语法教学作出阐述、分析的论文较为少见,甚至可以说是罕见。这种理论和实践倒挂的,或者至少说"不平衡"的现象,成为在"语法教学研究"问题上,对外汉语学科落后于外语学科的主要原因。

1.2.3 语法教学实践中"教"和"学"存在脱节。语法教学的"怎么教",除了和"教什么"有联系,事实上跟"怎么学"也有联系。"怎么学"是针对学习者的。以往的结构型语法大纲蕴含的学习观影响是巨大的,但语言学习的任务远远超出了语言形式,语言形式的掌握程度也远远不能充分地描写第二语言学习者的语言水平。要达到促进学习者生成交际能力这样的教学目的,受"教什么"的影响,语法教学这个"怎么教"的环节是无法完成的,这是造成"教"和"学"脱节的根本原因。所以,这些年虽然对外汉语语法教学方面的论文很多,但真正能解决教学问题的实效依然没有体现出来。

1.3 建构新的教学语法体系带来的思考

1.3.1 自20世纪70年代以来,语法教学一度受到冷落,许多研究者认为有意识学到的语法结构无法转变为无意识的语言能力。然而,目前许多有关第二语言习得方面的研究,使人们对第二语言教学中语法教学的作用进行了重新思考。

首先,有研究者从心理学、心理语言学、认知语言学角度证明,有意注意是语言学习活动中的一个必要条件,语法教学虽然改变不了语法习得的顺序,但可以加速对语言形式的掌握。其次,国外学者通过母语为其他语言的英语学习者进行实证研究发现,虽然语法习得顺序改变不了,但是语法教学可以加速某些结构的掌握,如果语法教学与中介语发展阶段恰好吻合,将极大地推动学习者中介语的发展。再次,语法的概念有了新的扩展,语法不仅仅限于固定的结构形式,语法是变化的、语篇的,语法与意义形成有机的统一。(戴炜栋、陈莉萍,2005)

1.3.2 总之,对外汉语教学语法体系的建构,既要有理论上的思考,还要有更多的具体问题的操作。从理论上来说,对外汉语教学语法大纲体系的建构,要真正坚持"立足汉语本质特点,融入世界二语教学"的研究方法:既强调建构具有汉语特色的教学语法体系,又坚持国际化的研究视野,和世界二语教学理论发展同步,以实例为世界二语教学理论的完善提供支持。从具体操作上说,语法项目的提取,语法项目的分级,编撰具有特色的分级教学语法大纲,都有很多问题需要思考,上述讨论的也只是诸多问题解决过程中的一些思考。

二 语言共性和目的语个性的教学差异

2.1 以往的教学语法体系存在的问题

2.1.1 以往的教学语法体系,集中体现在《汉语水平等级标准与语法等级大纲》(简称《HSK大纲》)、《高等学校外国留学生汉语言专业教学大纲》(简称《专业大纲》)、《高等学校外国留学生汉语教学大纲(长期进修)》(简称《进修大纲》)等三个代表性的教学/考试大纲中;当然在一些教学语法专著中也有体现,但各不相同。我们认为,所谓的教学语法体系最为直接的表现形式就是教学/考试大纲,而教学/考试大纲,必须是在完善的教学语法体系建立的基础上得以产生。因此,梳理现有的教学语法体系,并加以修正、补充和完善,是目前体系建构的第一步。

2.1.2 以往教学语法体系秉承的是结构主义的观点,语法教学内容局限于句式、格式和虚词等语言形式。结构主义的观点可以说是一种"分立"的观念,这种分立影响到对外汉语教学,最明显的就是"汉语要素教学",区分语音要素、词汇要素、语法要素、文化要素等,从而对语法教学的发展造成了许多阻碍和限制。例如前面说的将固定短语作为语法点进行教学,词汇和语法的界限不清楚,导致语法教学的地位有所动摇;"分立"观念也忽视语法在发展的事实,与语法紧密相关的一些重要因素,在教学实践中长期被忽视,如语用、语体、韵律等。语体语法大纲的问世,是教学语法体系发展提高的一个明显标志。

2.1.3 传统教学语法体系呈现的语法知识属于"显性知识","显性知识"不容易直接转化为"隐性知识",这也是很多学习者语法题目做得好,但言语交际能力不足的内在原因。我们不能奢望语法教学中列了一个语法点,教师讲授了这个语法点,学习者就能具备正确使用这个项目的能力。但是,我们可以在充分考虑语法知识这一性质的基础上,对教学语法体系内容的编排和描述加以创新。使用条件式来描述语法点,有利于学习者掌握相关语法点交际的意义与目的,促进语法知识从显性转为隐性,进而转化为学习者的语言能力。从这个角度看，语法点的取舍还必须考虑语言应用的问题。例如，汉语的名词是否在体系中要分为可数名词和不可数名词？似乎没必要，因为这个知识点对名词的使用几乎没什么实质影响。

2.2 《汉语作为第二语言教学语法：格局+碎片化》

2.2.1 语言特征的揭示是语言研究的基本问题，也是语言学发展、进步的前提条件。对外汉语教学语法体系的建构，有助于对汉语特征和规律的清楚认识。如何在现有零散研究的基础之上，建构起一部将汉语放在世界语言的大背景下的，科学、系统、全面的对外汉语教学语法体系，这是检验汉语作为第二语言教学的语言研究水平的重要标志，对建立汉语语言体系也具有重要的理论价值。

2.2.2 赵金铭的《汉语作为第二语言教学语法：格局+碎片化》（2018）给教学语法体系的建构以很大的启发，对语法教学则具有具体的指导作用。对汉语学习者来说，汉语语法的基本框架，可以称作语法格局；而支撑这个语法格局的是大量的语法事实，这些语法事实则为碎片化语法。

2.2.3 语法碎片化，就是将系统完整的语法体系拆分为多个碎片化的语法知识点，亦即将系统知识分割为较小的单位，以便于学习领会。建构教学语法体系重要的环节就是语法项目的提取，这个提取的过程也就是"拆分为多个碎片化的语法知识点"的过程。语法项目的提取并不是对系统知识的打散，而是在系统之下的科学分解，是对局部语法问题进行更为深入细致的解析。语法点是语言学习的要点，也是语言教学的要点，以语法项目作为教学的切入点，更符合学习者的认知规律，更适合现代人的生活节奏和学习习惯。赵金铭认为"碎片化语法是对语法格局的不断补充和丰富，碎片连缀，逐渐融入格局之中"，同样，语法项目即语法点是语法体系建构的主要内容和基本框架。

2.3 语法格局的教学和碎片化的教学

2.3.1 语法格局包含着语言共性的教学。"一个了解自己母语语法的汉语初学者,在学习汉语伊始,接触到一个简单明了的汉语语法格局时,从语言共性的角度思考,会发现一些语法规则与自己母语语法规则是相同或相近的,当然,也会有些是完全没有见到过的。……总的来说,一个初学汉语者,在教师的讲解下,是有可能了解并接受一个全新的简明第二语言汉语语法格局的。"(赵金铭,2018)

2.3.2 碎片化语法要体现出汉语语法的特点。碎片化语法并不考虑教学的难易顺序,而注重使用频率。在研究方法上既注重对基本语言特点的描写,同时兼顾语义、语用分析,并吸取了语言研究的最新成果。

2.3.3 孙德金(2007)认为决定语法教学的两个因素是"语法的本质""第二语言教学中语法教学的根本任务"。他认为属于词汇范畴的、属于共知范畴的,都不是对外汉语语法教学的对象。孙德金的想法和赵金铭(2018)的论述相近:"第二语言学习者……接触一种新语言语法体系时,不应是一个零散破碎的语法架构,而应是一个完整简明的语法架构,要言不烦,一目了然,以为日后的语法规则的展开,以及语法事实的学习作整体的铺垫。"可见,语言共性的教学要简明、"格局化",而目的语个性的教学则要具体、"碎片化"。

2.4 教学语法体系中的语法格局和语法碎片化

2.4.1 从理论上说,构成教学语法体系的所有语法点,不仅是语法形式,还包括依托于语法形式的语义特点、语用功能。一个好的教学语法体系应该是多维的,它综合体现了一个语法点句法、语义、语用之间内在的联系;同时一个好的教学语法体系,还要顾及作为母语语法和作为目的语语法在教学上的差异。正如李泉（2016）所说，对外汉语教学语法核心标准是"详尽、实用"，这是需要且值得重视的。"详尽"要求语法项目（形式）的齐备，"实用"要求语法项目要满足表达的语义、语用要求。

2.4.2 在语法格局和语法碎片化的问题上，我们认为，教学语法体系是服务于有计划的语言学习过程的，它不应局限于碎片化的语法项目，而应是碎片化与整体化的有机统一，这样才能以较为理想的方式促进语言学习活动。离散的语言点使得语言面貌"碎片"化，大大削弱了大纲"纲举目张"的意义。我们希望能够找到一个恰当的语法形式的描写"平台"，可以把离散的"语法点"整合起来，将语法教学建立在一个简明的汉语语法框架基础上，从上而下地逐步促进学生汉语能力"内部系统"的生成。

2.5 突出符合教学规律的第二语言"碎片化"的语法教学观

2.5.1 编撰教学语法参考书，是对外汉语教学语法体系的一个直接体现。教学参考书以语法项目作为书名，这些语法项目的本体研究都有很多年的历史了，积累了丰富的研究成果，其中有许多观点已被学界广泛认可和接受。对于这些成果，我们应总结、整理和归纳，将其作为规律性的语言点固定下来，并在课堂教学中加以应用。对于本体研究中存在分歧和争议的问题，依据以下两条基本原则进行甄别和取舍：一是确保所选取的内容和表述，能够被包容在现有的汉语语法体系里；一是所选取的观点和理论比较符合二语教学的实际，容易被一线教师理解和接受。这样的原则解决了理论语法与教学语法的接口问题。

2.5.2 语法教学的根本任务在于通过情境化的语法规则讲解和操练，教导学生理解和应用语法点，从而逐步建构起学生的知识结构和能力结构，培养并提升学生的语言运用能力。语法教学与语法研究是不一样的：首先是研究目的的不同，语法研究强调语言规则的系统性、完整性；语法教学则不追求系统性，注重所教语法点的典型性和常用度，并通过"碎片化"的积累不断丰富该语言点的知识和技能。其次是教学策略的不同，语法研究是从形式到意义，先进行句法分析，再进行语义分析，最后是语用功能分析；语法教学则是从意义到形式，即从具体情境入手，通过语义、功能感知和理解，再用具体的语言形式表达出来。我们赞成这样的语法教学观，即语法规则不是教出来的，而是通过众多具体的实例概括和归纳出来的。这样的教学观正是搭建参考语法书系结构框架的基础。

2.5.3 针对二语者的语法教学，基于类型学理论和方法取得的研究成果可以说是对症之药，更为行之有效，因为这类成果更能反映一种语言的类型特征，而目的语的类型特征往往是二语者最容易出现偏误的方面，同时二语者母语的类型特征又是造成负迁移的重要原因之一。所以，教学语法参考书中不同语法项目的很多内容，力求从类型学视角切入。这也是目的语语法个性教学"碎片化"的一种做法。例如汉语名词也表现出一定的类型特征，一些属于"共知范畴"的如形态上的"数"范畴特征，可以少讲或者不讲；而汉语独有的韵律上的双音节倾向，构词上的前、后缀反映出的主观性，以及与其他词语组合上的意合性等"碎片化"问题，则是要着力体现和具体讨论的内容。

2.5.4 对于外国学生二语习得状况的考察和分析的结果，也证明了"碎片化"语法在问题设计上的重要性。二语学习者有关语法项目的习得与偏误状况，相关研究虽然已经取得了一定的成果，但是，目前的习得和偏误分析依然存在这两方面的问题，一是我们只能从学生的语言产出发现他们已经习得或尚未掌握的语言点，却无法掌握学生刻意回避以及完全没有习得的部分；二是学习者来源多样,母语各异,也给我们分析偏误原因、确定习得顺序造成困难。因此,在选择偏误类型、确定语法项目难易度时,"碎片化"语法就发挥了作用。

三 语言理论与语言教学之间的互动关系

在搭建新的教学语法体系的过程中,阐述语言理论和语言教学之间的关系上,提出基本观点,廓清学界长期难以处理的问题,是十分必要的。我们认为语言理论与语言教学的互动,主要体现在以下三个方面。

3.1 语言理论对语言教学有直接的影响

3.1.1 语言教学的模式、方法,会受到语言理论的直接影响:语法教学的冷落和语法教学再度兴起都和语言理论的发展有直接的联系。新的二语习得理论认为交际教学法效果不理想,过分强调意义的交流,忽视语法的形式,虽然学习者接触了大量语料,但仍然不能正确使用某些语法形式。因此很多学者认为,要提高学生使用语法形式的准确率,最有效的方式是正规教学。对外汉语教学语法体系的研制,对对外汉语教学会产生深远的影响。

3.1.2 在理论学界,第二语言的教学深受教学法流派的影响。所谓的教学法流派,是指在一定的理论指导下,在教学实践中形成的一种教学体系,包括理论基础、教学目标、教学原则、教学内容、教学过程、教学形式、教学方法、教学技巧、教师和学生的作用及评估方法等,有认知派、经验派、人本派和功能派的区分,教学法流派都有其语言学理论和心理学理论的支撑。事实上,对外汉语教学方法和教学理念,也受到国外理论的影响。例如近年来盛行的"基于任务的教学方法",就是来源于功能派的交际法。在研究新的教学语法体系的过程中,坚持实事求是的原则,不囿于某一种理论或流派，要有以下的学术思想理论：（1）影响汉语作为第二语言教学的因素很多，立足于汉语的特点，是搭建新的教学语法体系的根本；（2）重视语料的可靠性、有效性和时代性，依靠语料研制进行研究，避免空谈理论；（3）重视实证性研究，尽量用定量分析的方法来代替过去用得较多的定性分析方法；（4）以本体研究已有成果为引领，以指导教学实际应用为目标。

3.2 语言教学检验语言理论，并为语言理论提出新的课题

3.2.1 "所谓使语法系统碎片化，就是将系统完整的语法体系拆分为多个碎片化的语法知识点，亦即将系统知识分割为较小的单位，以便于学习领会。……其中涉及的语法事实，则到碎片化语法中去寻求解释。"（赵金铭，2018）可见，对外汉语教学对现代汉语语法研究起着挑战作用，同时也起了促进作用。关键在于我们要善于发现问题。18、19世纪之交的对外英语教学的发展大大促进了英语的研究，诞生了很多有影响的语言理论。我们应该高度重视教学中提炼出来的各种问题，加以梳理，从中发现理论研究的线索，推进中国语言学的发展。

3.2.2 我们设想和设计的新的教学语法体系尽管还是能看出结构主义的影响，它仍然是由按照一定顺序排列的语法项目组成。但是，这个教学语法体系的出发点不再是语法知识本身，而是更为关注学习者汉语交际能力的培养。H.H.斯特恩（2018）认为："我们可以把第二语言能力或语言水平看作是一个内部的系统、结构、网络或图式。它最初具有相对灵活性，简单、无组织、无效率，在语言学习过程中，逐渐变得更加有组织、更有区分性、更复杂，且更有效。"新的教学语法体系不仅要充分体现与汉语语法理论相适应，促进学生汉语语法知识系统的形成；更应强调的是，体现与学生学习过程相适应，比体现与汉语语法理论相适应更重要，学习过程中如何促进学生汉语能力"内部系统"的生成，会成为语言理论新的研究课题。

3.3 语言教学展现了对语言理论的实践过程

3.3.1 新的二语习得理论在推动语法教学的再度兴起的过程中起到了引导的作用，大量课堂教学实证研究证明课堂内语法教学极大地影响第二语言的习得。人们普遍认识到，虽然课堂教学不能改变二语习得的顺序，但教学能加强习得且能提高二语水平。在新的理念指导下，研究者们研究出一系列新的教学模式，如过程性教学、反馈性教学、任务型教学等，教师应从新的角度去看待语法、教授语法。上述这种观点，事实上也从另外一个角度论证了教学语法和语法教学的区别。

3.3.2 语言能力并非铁板一块，语言能力的发展是有阶段的，也就是说，初级学习者和高级学习者所接触的教学材料、教学内容应该是不同的。这个不同不应是"多/少""难/易"的不同，也不应是根据主观经验来判定教材的编写与改编。首先应该对语言能力进行分级描述；其次根据语言能力描述总结出一个教学内容（知识点、技能、任务、学习目标）的分级大纲；最后根据教学内容的分级大纲编写合适不同水平学习者的教材。"分级"意味着对于所要教的内容（知识点、技能、任务、学习目标）归纳为一个依照时间、进度可以逐步获取的大纲，这才是教材编写的灵魂。也就是说，所要教的内容（知识点、技能、任务、学习目标）必须是可以量化的、细分的。

3.3.3 崔永华（2015）认为汉语语法教学的重点，指反映汉语基本结构的语法点（如主谓宾结构、四种谓语句、连动句、兼语句等）和表现汉语特点的语法点（如量词、形容词做谓语、补语、状语的位置等）。而汉语教学语法的难点，指学生不易理解运用的语法点（如各种补语、"把"字句等）和学生容易发生错误的语法点（如"了""的"的使用、状语的位置等）。这样的认识是建立在语言理论的建树和语言教学的积累上的。教学重点体现语法格局+碎片化语法的教学任务，也就是说，教学重点要讲，但不一定都要细讲，有语言共性的地方可以简略些；而教学难点主要体现的是碎片化语法的教学任务，体现的是汉语的个性化的特点，难点是需要细讲的。

3.4 新的教学语法体系具有的回答"互动关系"的问题意识

新的教学语法体系的直接体现是教学语法大纲和教学参考书，这两方面的成果都具有回答"语言理论和语言教学互动关系"的问题意识，研究过程中，形成了一些新的见解，主要体现在以下两个方面。

3.4.1 解决语言理论和语言教学的结合问题。

（1）解决汉语作为第二语言学习阶段初级中级的分界问题。长期以来，分级大纲中所谓的初中级一直是模糊的概念，给对外汉语教学以及相关的教材编撰、语言能力测试工作带来很多不便。我们研制的分级大纲中，确定以语法点为核心指标，以词汇量和汉字量作为关联指标，以典型二语学习环境中的学习时长作为参考指标，将初级大纲项目限于复句以内的句子单位，而将中级语法大纲项目拓展至大于复句的句群、篇章，甚至加入话语标记的内容，这就在内容框架上，把初级大纲和中级大纲作了较为明确的区分。基于对已有教材、大纲语法项目的大数据分析，从而科学而合理地解决了初级大纲和中级大纲在语法项目选择上的分段与衔接这一带有根本性的问题。

（2）研制出汉语作为第二语言学习高级阶段分语体的大纲。迄今为止，学界尚无分语体的语法大纲问世。随着这些年语体语法意识的觉醒，学界对分别开展书面语和口语语法教学的要求愈加迫切。

编写书面语和口语的分类语法大纲，不仅是语体语法意识增强的体现，更是时代的召唤、历史的必然。两部大纲从传统的结构主义视角中走出，更多地考虑语境、语篇、语用、敬语等因素，利用语料库和教材库的相关语料，参考外国学生实际教学输入的情况，在对外国学生习得状况作出统计分析，对外国学生实际需求作出调查分析的基础上，将这两个大纲中语法项目的某种用法和功能的重要性等级、难易度等级和语体等级作出标注。从编写者说，这种类似语法词典的编写方式会使工作量增大；从使用者来说，这种"好用、管用"的编写方式会受到欢迎。

3.4.2 解决语言理论普及和发展的问题。

（1）搭建第二语言语法教学观。教学语法的研究与应用必须建立在理论语法研究的基础上。二语中语法教学的根本任务在于通过情境化的语法规则讲解和操练，教导学生理解和应用语法点，从而逐步建构起学生的知识结构和能力结构，培养并提升学生的语言运用能力。语法教学与语法研究是不一样的：首先，语法教学不追求系统性，注重所教语法点的典型性和常用度，并通过"碎片化"的积累不断丰富该语言点的知识和技能；其次，语法教学是从意义到形式，即从具体情境入手，通过语义、功能感知和理解，再用具体的语言形式表达出来。二语教学中，语法规则不是教出来的，而是通过众多具体的实例概括和归纳出来的。这样的教学观正是搭建教学参考语法结构框架的基础，也是研制教学语法大纲的基础。

（2）规定性语法和描述性语法的结合。具体的语法分析方法有很多种，规定性语法和描述性语法是其中最基本的两种分析方法。规定性语法要明确规定出什么是正确的，什么是不正确的；而描述性语法则着重于描述和解释人们实际运用语言的方式，力图避免作判断。也就是说，描述性语法学家在研究语法的过程中，关注描述语言是如何被人们所使用的，而不是规定语言应当如何使用。杰弗里·利奇、简·斯瓦特威克（1987）曾用英语的例子来说明两种语法分析方法的区别。从对外汉语教学的需要看，以规定性语法分析方法为基础学习汉语，有利于为学习者提供一个正确的语言范本，尤其是在初级阶段。描述性语法更注重一种约定俗成，更关注语言的变迁，但这种语言变迁与文化息息相关，密不可分，具有很强的时代性。而这种时代性又正是汉语学习者所需要的，特别是高级阶段的学生。在这样的理论背景下编撰出版多卷本的教学参考语法书，必须做好这两种研究方法的结合，也就是以规定性语法分析为基础，以描述性语法分析为参考；作为教师，应以规定性语法分析法为基础，但也必须不断学习了解描述性语法分析方法，了解语言的变化，继而提高分析汉语、教授汉语的能力。

第四讲　语法教学的两种研究方法：对比分析和偏误分析

对比分析和偏误分析是第二语言语法教学常用的两种研究方法，本讲主要讨论两种分析方法的理论来源、适应范围、长处和不足等问题，具体展示这两种方法在教学中的运用。

一　对比分析的来源和性质

1.1　对比分析和语言迁移理论

1.1.1　语言迁移理论是二语习得领域首个占据主导地位的核心理论，该理论早期关注语言差异，"对比分析假说"是该理论的主要观点，即认为母语负迁移是造成外语学习困难的唯一原因，通过对比母语和目的语的语言差异，就可以预测学习者的学习难点。因此，语言迁移研究的第一阶段通常被称为"对比分析"阶段，所预测的错误基于语言差异，认为母语对二语学习的影响主要是干扰。

对比分析的理论和方法主要是从"教"的角度比较两种语言的异同，而不是从学习者的角度，从学习者的实际错误出发考察两种语言之间的相互作用关系。很多实验表明学习者的错误只有一小部分来自母语的影响，（Corder，1967）而且不同的母语对不同的目的语的干扰比例也不同。有些实验的结果也并没有出现预测中的难点，学习者可能回避使用了某些二语学习难点。

1.1.2　由于对比分析假说的缺陷，语言迁移理论在发展过程中一度受到质疑。研究者们逐渐认识到语言学习受特定的心理结构制约，母语迁移并不是学习者错误的唯一来源。母语对目的语的影响不仅有正迁移、负迁移和中性迁移，而且目的语规则本身也会对中介语产生类推、泛化等负面影响。另外，目的语结构对母语概念模式也有一定作用，这可以叫作"反向迁移"。

如果是负迁移则对学习产生干扰，这种干扰可以分为两种类型：一种是阻碍性的干扰（preclusive interference），指目的语中需要学习的某一语言项目是第一语言中所没有的，第一语言中所缺少的东西在学习时就要受到阻碍；另一种是介入性干扰（intrusive interference），就是第一语言中的某一语言项目虽然在目的语中没有，但在学习过程中仍要顽强地介入。

1.1.3 对比分析的操作通常有"操作""描写""对比""预测"四个步骤，有一套严密的方法和程序。从语法研究的角度考虑，通过对不同语言语法特点的比较，特别是通过对语法现象的详细描写，找出不同语言的语言特征，促使语言研究的深入，从而丰富了普通语言学、具体语言学和翻译学的理论；从语法教学的角度考虑，通过目的语与学习者母语的对比，从两种语言的差异中发现了学生母语给第二语言教学带来的干扰，从而为第二语言教学提供了十分重要的信息：发现了学生学习的难点，揭示了教学的重点，加强了教学的针对性，便于更有效地制定大纲、设计课程、编选教材和改进课堂教学与测试。

1.2 对比分析的实质

1.2.1 第二语言的学习是在本族语与目的语之间建立相应的关系，是在本族语的基础上逐步建立一套新的符号系统。（邓恩明，1998）二语习得中与学习者母语的对比分析尤为重要，因为有些偏误可能最直接的原因，就是受到母语的负迁移。（齐沪扬，2023）对外汉语教学语法要根据特殊的学习对象及其学习的实际需要，根据与其母语相比较而显现的汉语独特的区分世界的范畴和语言特点，根据第二语言习得应该遵循的规律，确定语法体系、教学内容和教

学方法。（卢福波，2003）

对比分析的出发点，是一旦学习者知晓两种语言体系，就能够通过把握共性、理解差异，在求同存异的基础上掌握该语法点。例如在汉语补语的习得上，理论上来说，母语为日语的学习者，在学习汉语"V在/V到"结构后，应该能够理解汉日可能补语在形式化表达上的区别和差异，应能较为顺利掌握汉语补语的结构、语义和用法。但事实上学生习得的效果并非和理论上的理解相似，因为汉外对比涉及多个层面。虽然汉语的补语大部分与日语的连用修饰语对应，但不能反过来认为日语的连用修饰语与汉语的补语能够基本对应。（杨诎人，1996）汉外对比分析并非简单的一对多、多对一的关系，也不是有对无、无对有的关系，而是一种复杂的不同层面的交叉对应。

1.2.2 对比分析的本质在于简化。通过尽可能地简化汉外语法体系，使学习者获得一种简单明了的语法观。（赵金铭，2018；齐沪扬、韩天姿、马优优，2020）例如，赵金铭（2016）通过考察动结式的历史来源以及留学生共时偏误情况，从教师教学、教材编写及教学大纲处理三个角度出发，指出将动结式词组作为复合动词，较符合对外汉语语法教学实际情况。从形式上看，汉语动结式词组既可对应于英语的复合动词，也可对应于英语的复合结构。将一部分动结式词组处理为复合动词，将一部分抽象的动结式词组处理为复合结构，同时在词汇层面、语法层面帮助学习者建立汉语补语知识体系。这种处理方法是基于一线教学实践的折中做法，可能会有损于汉语语法知识体系的系统性、严密性，但却有利于帮助学习者建立汉语简明的语法框架。

1.2.3 汉外对比分析研究要重视简明语法框架的建构，而不能立足于语法事实的详尽对比。（孙德金，2006）赵金铭（2018）提出建立"格局+碎片化"的教学语法体系。语法格局指的是，用最简单的方法，基于汉语语法本身的特点和汉语与印欧系语言语法的对比而建立的、给学习汉语的外国人揭示出的简明汉语语法基本组织与结构。碎片化语法指的是，自然语言中可能出现的无尽的语法事实。

1.3 对比分析的不足和局限

1.3.1 语言迁移是第二语言学习的核心过程之一，也始终是第二语言研究的重要课题。目前研究者越来越认识到语言迁移是个多种因素综合起作用的现象，既受到学习者母语特点的影响，也与目的语语言特点、学习者的语言水平、认知能力以及外部环境如语言训练任务的特点和难度等相关。因此，语言迁移研究从最初的形式层面的现象描述逐渐转到意义层面及认知层面的深度发掘，对迁移发生的认知机制及各种影响因素更全面的解释将是以后努力的方向。

1.3.2 对比分析很重要，但研究文献相对较少。这是因为，对比分析的结果基本还原了偏误分析的面貌，而研究者能获得的研究主线却少之又少。主要原因在于过于重视碎片化的语法事实的对比，忽视语法格局的建构。例如，以趋向补语为例，汉语有的动词不能跟趋向补语搭配，外语中可以；有的动趋结构在汉语和外语中形式相同，语义却有差异；有的动词外语需要加趋向补语，汉语中却不需要；有的动词汉语中需要加趋向补语，外语中却不需要。对比分析主要呈现了语言事实的客观对应。并且，这种碎片化的语法事实的详尽对比会导致一种观念：如果介绍清楚补语的结构、意义和用法，学习者自然而然就能够掌握补语，并能够正确使用补语。显然，这并不符合对外汉语语法教学研究的客观情况。

1.3.3 从研究现状来看，尽管对比分析对教学、习得非常重要，但却并没有受到研究者的青睐。（李泉、金允贞，2008a）柯彼德

（1991）指出，汉语的语法体系是从母语的角度建立起来的，这一体系不但不重视汉语作为外语教学的一般特点，而且忽略各国汉语师生在教学中也要采用对比方法的专门要求。

另外，仅仅基于两种语言体系的对比分析研究远远不够，对比分析的目的在于建立两种语言的简明对应框架，而非碎片化的语法事实的对比。研究者已经意识到，仅仅有对比分析远远不够，还要从对文本语料、言语交际、即时加工等多角度探索学习者补语习得情况，只有这样，才能建构真正的以学习者为中心的对外汉语补语教学语法框架。

二 对比分析在语法教学上的运用

2.1 从补语的教学看对比分析的作用

2.1.1 外国人学习汉语的重点和难点，通常表现在学生的母语中没有的语法现象，或者是在意义和用法上存在差异的语法现象。（赵金铭，2001；齐沪扬，2007、2023）补语在对外汉语教学中占有重要的地位。补语出现频率高，使用范围广，既是对外汉语教学的重点，也是难点。（吕文华，1995）由于补语形式多样、意义复杂，且在印欧语中也很难找到完全对应的形式。对补语的系统深入研究可以为建构对外汉语教学语法体系奠定坚实基础。

2.1.2 汉语补语的难教难学主要在于以下几点：

首先，不同语言补语的内涵和外延跟汉语并不一致。例如，汉语补语用来补充说明动作，基本位于谓语之后，它们在成分上与主语、宾语没有任何关系。英语中的主语补语、宾语补语的共同点在于补充说明主语、宾语的意义，表明主语、宾语的属类、性质、特征等。它们的位置（指宾补）都在宾语之后，在成分上与谓语没有任何关系。（尚敏锐、郁婷婷，1998）

其次，汉语补语在其他语言中很难找到完全对应的形式。从形式来看，汉语补语和日语中的补语最为接近。汉语的补语中，除动词加动词形式的结果补语以及趋向补语和可能补语外，其余大部分与日语的连用修饰语对应。（杨诎人，1996）述补结构在蒙古语中主要以四种形式表达：用状述结构表达有中心语转移与不转移两种；用动词谓语表达，与整体性述补结构的词化有关；用分析形式表达，与补语的虚化有关；用并列谓语形式表达，取决于补语的语义指向。（德力格尔玛，2005）汉语动结式在英语等语言中对应的表达方式，可归纳为"以词对应结构"和"以结构对应结构"两种替代方式。（郝琳，2019）

再次，对比分析能够帮助理清汉外补语语法知识点的差异。例如，杉村博文（2010）从汉日对比的角度分析了可能补语的结构和语义，指出汉语对于行为A及结果R均进行了形式化表达，日语则重视对结果R进行形式化表达，而选择省略对行为A进行形式化表达。李恩华（2009）讨论了"V到""V在"两类结构在汉韩翻译中的特征，指出汉语"V在"表示动作的结果性处所，侧重表达结果；而"V到"表示动作的趋向性处所，比"V在"多了移动过程义。

2.1.3 就补语而言，汉语补语形式和语义均较为特殊，很难在其他语言中找到对应形式。对比分析的出发点在于找到共识。在对外汉语语法教学中，必须且急需教给学生的，应该是汉语和学习者母语的补语语法框架的基本对应关系。在教学过程中，应强调共性而非个性，应首要教授二者的共同点，预测二者差异之处可能会导致的语法偏误，以及可能产生的难点。（陆俭明，2018）

2.2 两种对比分析用法例举

2.2.1 进行对比分析是加强语法教学针对性的重要途径，有助于我们从教学的角度出发,合理地安排语法项目。对比分析原本是对两种语言系统进行共时比较,以揭示其相同点和不同点的一种语言分析方法。这种分析方法引入对外汉语语法教学,在范围上有所扩大,不仅要进行语际对比,即汉语与学习者母语的对比,还要进行语内对比,即汉语语法体系内部相关的语法项目的对比。

2.2.2 语际对比分析,有助于我们发现汉外语法的差异,预测第二语言学习中可能遇到的难点和易产生的错误,是有针对性地选择和描写语法项目的理论基础。在进行语际对比时,会出现以下几种情况。

(1)两种语言语法项目相同,例如英语和汉语都是"动词+宾语"的语序。

(2)有的语法项目在母语中是分开的,在汉语中合成一项,例如英语中的系动词有am、is、are等多个,而汉语中只有"是"一个。

(3)有的语法项目母语中有,汉语中没有,例如日语句子成分后面有标记词,而汉语没有。

(4)母语的某些语法项目虽然在汉语中有相应的项目,但是在项目的形式、分布和使用方面有差异。例如汉语和英语中都有被动句,但是汉语中除了带有"被""叫""让"等有标记的被动句外,还有大量的无标记被动句。而英语中的被动句都是有标记的。因此母语为英语的学习者常常将"被"字句与被动句等同起来,在不该用"被"字句的地方使用"被"字句。

(5)有的语法项目汉语中有,母语中没有。例如汉语中有量词和补语结构,很多语言中是没有的。

(6)有的语法项目在母语中是一个,在汉语中分成了几项。例如,汉语中"按照"和"根据"是两个词,日语中相对应的却是一个词。

上述几种情况的教学难度是逐渐增大的。教师应根据教学对象的不同，预测教学难点，有效设计说明和练习方式。

2.2.3 语内对比分析，有助于我们发现汉语系统内语法项目之间的异同，探寻汉语语法项目的语法功能和使用条件，也是描写和解释汉语语法现象的基础。在教学中，从教师的角度来看，进行对比分析有时是主动的，即根据以往的经验，针对学生的学习特点和难点，选择一组相关的语法项目进行说明。有时是被动的，即就学生突然提出的一组相关语法项目进行分析说明。在主动的情况下，要求教师能够根据学生的学习阶段和学习特点，确定对比对象及对比说明的范围；在被动的情况下，要求教师能够了解学生的问题所在，找准突破口，对语法项目的相关之处进行有效的分析。

在教学中，要进行对比分析的对象主要包括以下几种情况：

（1）形式相近的语法项目的对比。例如"以至"和"以致"，"一面……一面……"和"一方面……一方面……"。

（2）功能相近的语法项目的对比。例如表示否定的词"不"和"没"，表示语气的词"吗""呢"和"吧"，表示比较的句式"……跟……一样……"和"……有……那么……"。

（3）用与不用某个语法项目的对比。第一是比较用与不用有什么不同。例如把使用某个虚词的句子跟不使用这个虚词的句子进行对比：你昨天去哪儿了？/你昨天都去哪儿了？第二是比较用哪一个更好。这类对比主要涉及语用问题，分析时要与具体的语用环境联系起来。例如对同义句式的对比选择：我们踢球去。/我们去踢球。

三 偏误分析的产生和发展

3.1 偏误分析的产生

3.1.1 随着认识和研究的深入，对比分析的缺陷逐渐显露出来，研究者在理论和实践两个方面对其提出了批评。比如Chomsky（1965）认为，刺激反应、模仿强化等以动物实验为基础的行为主义概念并不能说明人类学习语言的真实情况。儿童习得母语、成人运用语言以及母语之外的语言学习都是一个由规则支配的创造性的过程，而不是不断模仿强化的习惯形成的过程。另外，对比分析的理论核心——语言差异和学习难点的对应也受到质疑，前者是不同语言结构形式上的不同，而后者是学习者的主观感受，受到生理、心理、环境等因素的影响，学习难度的等级并不仅由两种语言的差异等级推定。从实践的角度看，对比分析的方法首先在学习者母语和所学目标语对应语言项目的选择方面就会遇到困难，因为母语和目标语之间存在"决定相似度（a crucial similarity measure）"的语言点，需要不断深入地研究，才能准确地进行判断和选择。另外，大量的学习者偏误实例表明，只有一部分偏误来源于母语的负迁移，还有相当多的偏误内容无法用迁移理论解释。因此，针对对比分析理论和方法的局限及不足，一种新的语言学习理论逐渐形成，就是偏误分析。

3.1.2 偏误分析理论将学习者的语言系统看作独立于母语及目标语之外的动态变化的过程，这是二语习得研究理念的根本转变。通过对学习者过渡语言系统中出现的偏误进行描写、分类、分析、说明，反映学习者不同阶段的语言状态，论证包括心理机制、认知策略等因素在内的学习者的学习过程。可以说，偏误分析是第二语言习得研究重要的理论基础和基本的研究方法，特别是中介语理论的前身和有机组成部分。

3.1.3 偏误分析理论在产生之后的近20年中被广泛接纳和应用，发展出了较为成熟的分析步骤，对偏误分类和来源的理论探讨也较为全面深刻。尽管在进入21世纪之后，偏误分析理论不再居主导地位，但其研究理念和方法对新时期的二语习得研究依然有重要的指导意义。比如，偏误分析的代表专家Corder（1967，1971）就多次强调，在偏误的认定过程中，对学习者语言形式的解读都有可能与学习者的意图或初衷并不一致，在处理的时候要非常慎重。这对研究者保持严谨的研究态度和科学的验证方法是一个非常好的警示。另外，偏误分析对偏误的认定、描写及分析也是二语习得研究不可绕过的一项基本工作，要研究学习者中介语不同阶段的特征，必须考察其具体的语言表现，而偏误分析的方法仍然是值得利用的。

3.2 偏误分析的局限

3.2.1 与任何一种理论一样，偏误分析也存在一定的局限性，并会在研究的深入过程中被更替或得到修正与发展。偏误分析明显的缺陷是学习者如果对某一语言点采取回避策略（avoidance），那么收集的数据就无法反映这一"不存在"的偏误现象，学习者对这一语言点的真实习得状况也就不得而知。语言教师对这一点深有体会，比如汉语的"把"字句，在课堂教学和测试中，汉语二语学习者对这个语法点的掌握或许还差强人意，但在自然交际状态下，"把"字句的使用频率非常低，可以推知学习者是回避了这一语言点或还没有完全习得这一语言点，没有达到自动化的程度。另外，偏误分析实际操作中主要关注学习者的错误用例，但要以全面反映学习者的学习过程、系统描写学习者的语言系统为目的，必须也要关注学习者的正面习得。而偏误分析恰恰忽略了大量的正确用例，这就使它对目的语习得的描述和解释不够完整，研究结果也会失之片面和不可靠。

3.2.2 总的来看，偏误分析是对比分析的翻版。研究者将目的语中的母语者语料作为标准，将学习者语料作为向母语者语料不断发展、不断靠近的动态化的中介语系统，缺少了学习者母语这一中间环节作为衔接。事实上，学习者第二语言的发展应始终遵循着

"母语—目的语—中介语"的循环对照。如果将学习者母语剔除出去，直接观察学习者的中介语系统，反而不利于找到影响中介语习得偏误的客观原因。

由于研究者在选取研究对象时的个性化处理，使得相关研究结论之间难以横向对比、难以互相参照。并且，考虑到不同母语、不同汉语水平学习者本身存在的差异，模式化研究反而并不利于了解学习者中介语系统中语法知识体系的具体面貌，自然也不利于建构客观、清晰、明了的对外汉语教学语法体系。（齐沪扬、曹沸、刘亚辉，2016）

3.3 国内汉语二语的偏误研究

偏误研究引入国内至今30余年，取得了丰硕的成果和长足的发展，其整体特点及不足大致有以下几个方面的表现。

3.3.1 国外的偏误研究自Corder开始，理论上就涉及中介语变化状态的研究，把学习者的语言看作一个独立的系统，以描写此系统的不同阶段性特征为目的，但在实际操作过程中并没有做到，仍是参照目标语的规则来进行学习者的偏误分析。因此，国内反映学习者中介语动态变化过程的研究就更为薄弱。汉语要素的偏误研究有长足的发展，语用表达、篇章照应等语言使用方面的偏误研究也得到关注，但在研究内容上，静态的语法项目的分析居多，动态的学习者中介语变化特征及阶段性状态的研究较少见到。研究的力度还有待加强。

3.3.2 在研究方法上，偏误分析应该有一个"从经验总结到定量研究再到质化研究"的线性发展，但汉语语法习得仍以经验总结的偏误分析为主。（梁德惠，2012）从教学层面看，经验总结的偏误分析十分必要，有实用价值。定量研究方法在偏误分析中也有使用，以调查类研究居多，包括语料库统计、问卷调查等。实验研究、数据分析等由于汉语习得研究者的专业背景限制开展得不多，或者实验报告的分析、结论等还存在较多的问题。个案调查和追踪等质化研究方法也有研究者尝试，（孙德全，1995；赵立江，1997；施家炜，2002）对习得过程有一个较深入的了解和分析，在某种程度上比泛泛的实验研究价值更大。其他质化研究方法如访谈法、有声思维法等以及最新的神经认知研究法等，在语法偏误和习得领域还非常少见。

3.3.3 对学习者偏误用例的判定和分析往往从母语者的角度出发，实际上，学习者的语言使用可能有多方面的促发因素，因此，偏误分析中可能会出现偏离学习者汉语表达之意的情况，造成偏误的归类出现谬误。这也说明偏误分析凭借经验的总结与科学化、规范化还有很大距离。另外，偏误分析的流程较为模式化，找出偏误、进行归类、探求原因、提出教学对策，而大多数论文的数据或结论有相似之处，缺乏理论价值。可见，在分析模式和研究结论上，静态的语法项目的分析有表面化的倾向，所谓的偏误归类带有经验的、主观的意味。

四 偏误分析方法中用例的选取和分类描述

4.1 偏误分析的用例选取

在进行偏误分析之前，首先要确立标准，口语具有多变性，因此应以普通话的标准书面语作为检验的标准，然后再依次进行选材、分类描述和分析解释。

4.1.1 选取同一学习阶段的用例，以反映学习者某一阶段的语言能力。

例如在学习了"怎么……呢？"这一反问句形式之后，可以从同一班级的不同学习者的作业中收集到以下句子：

① *我借了钱，怎么（不）还给人家呢？

②*你中午吃得那么多,现在怎么[不]会饿呢?

第一句中少用了否定词"不",第二句中多用了否定词"不"。可见,学生对"否定句用肯定形式表示否定意义,用否定形式表示肯定意义"这一规则还没有熟练掌握,必须反复操练。

4.1.2 选取不同学习阶段的用例,历史地动态地反映学习者学习的过程。

例如一个学习者在不同阶段造的两个句子:

③*上课快迟到了,我(要)快点儿走。

④*又过了几天,我们班的一个韩国同学来我的房间,告诉我明天她也(要)回国了。

第一句是学习者上初级班时写的,遗漏了助动词"要",第二句是其上中级班时写的,仍然遗漏了助动词"要",由此可知,这一偏误在其学习中已经具有"化石化"倾向,必须及时有针对性地加强这方面的练习。

无论是纵向选材还是横向选材,在实际操作中,都要注意区分失误和偏误。如:

⑤*闯红灯是一种违反交通规则而且具有危险性(的行为)。

例⑤是句式套用造成的宾语中心语的遗失,母语为汉语的人因疏忽也会出现这样的"成分残缺"现象,不具有普遍性,因此不应选为偏误分析的材料。

4.1.3 学生在学习过程中产生的偏误是纷繁复杂的,对这些偏误进行整理归类是描述的重要环节。根据分析的需要,分类可以从不同的角度进行。

(1)从分析学习者认知过程的角度分为遗漏、误加、误代、错序等。例如:

⑥*即使你们不同意,我(也)要买这本书。(遗漏)

⑦ *这辆车又［很］好又［很］便宜。(误加)
⑧ *尽管采用了最好的技术，我们仍然不能修（修不好）这台机器。(误代)
⑨ *我好几次遇到过（遇到过好几次）令人吃惊的情况。(错序)
（2）基于各级语法单位和句子成分，将偏误分为不同的语法项。例如：
⑩ *明天早上八点我们出发学校（从学校出发）。(不带宾语的动词使用不当)
⑪ *我不太知道中国（了解中国）。(带一个宾语的动词使用不当)
⑫ *他借给图书馆（借图书馆）一本书。(双宾语动词使用不当)
⑬ *他在朋友的帮助下进行研究人口问题（研究人口问题/进行人口问题的研究）。(带动宾的动词使用不当)

无论采取哪种标准，都应该注意分类的一致性，一方面，如果把不同类别的偏误放在一起，就不能清晰地反映偏误产生的本质原因；另一方面，如果不把同类的偏误放在一起，也不能看到问题的全貌。

4.2 偏误用例的分析

4.2.1 学习者的母语不同，或者学习阶段不同，或者使用语言的环境不同，将产生不同的偏误。偏误产生的原因是多样的，偏误的形式也是多样的，在进行偏误分析时，特别是解释偏误的原因时，应遵循三个基本原则：（1）解释必须合乎语言规律；（2）应尽量从最能说明问题的角度进行分析；（3）分析力求深入浅出，尽可能少绕弯子。

4.2.2 语法偏误分析的目的是指出偏误，解释规律，因此分析必须符合语言规律。例如汉语中"一下子"常常用在动补短语前做状语，但是有时可以加"就"，有时不能加"就"：

⑭ *他的病很重，一下子就好不了。

⑮ 里里外外都干净了，心情一下子就舒服起来。

⑯ 房间很小，一下子就收拾好了。

从句法形式上看，例⑭和例⑮、例⑯的最大不同是：例⑭动词后是可能补语，例⑮动词后是趋向补语，例⑯动词后是结果补语。但是，我们不能因此就用"在用'一下子'做状语的句子中，可能式动补短语前不能加副词'就'"这一规则来解释第一句的偏误。再比较：

⑰ 他骑得很快，一下子就看不见了。

例⑰也是可能式动补短语做谓语的句子，动词前同样可以加"就"。可见前面选取的例子是不全面的，解释是不完善的。所以，要合理地、准确地解释偏误，我们必须进行全面深入的考察。

4.2.3 偏误分析的目的是使学习者认识正确的规律，并能造出正确的句子。因此在分析时应该抓住偏误，揭示规律，并给出正确的句子。例如：

⑱ *老师告诉今天下午的课不上了。

⑲ 老师说今天下午的课不上了。

⑳ 老师告诉我们今天下午的课不上了。

例⑱的偏误在于双宾动词"告诉"后面遗漏了指人的宾语。所以，虽然例⑱可以改为例⑲，但是不如改为例⑳，因为后者才能体现出"告诉"的使用规则。

4.3 容许度的问题

4.3.1 学习者使用的句子存在可能与不可能（即对与错）、好与不好之分，在进行偏误分析时应掌握好尺度。例如汉语中有名词谓语句和形容词谓语句，可以由名词或形容词充当谓语。可是，学习者在刚刚接触这两种句型时，常常添加动词"是"。例如：

㉑ 今天是星期几？

㉒ 她是很漂亮。

在一般情况下例㉑和例㉒的可接受程度较低。例㉑是与日期、时间有关的问题，汉语用名词谓语句"今天星期几"来表达，没有必要加"是"。例㉒说话人的本意只是描述她的特点，此时应该用形容词谓语句"她很漂亮"，如果加上"是"就增加了肯定的意味，常用于特定的语言环境中。例如：

㉓ A：她很漂亮吧？

　B：她是很漂亮，不过比小王差远了。

答话中加上"是"表示对对方的话的肯定。

4.3.2 进行偏误分析时，还要从交际的角度出发，例如：

㉔ A：黑板上的画是谁画的？

　B：（用手指着站在面前的老师）他画的。

这段对话合语法，合语义，但是表达得不得体——在指称的社会性方面有问题。在有尊长同在的谈话现场，不能用第三人称代词指称尊长，而要用尊称，如用职业、职务等进行指称。所以在分析和纠正学生的偏误时，不能简单地停止于是否合乎语法这一层面，应该对偏误的性质进行剖析，采取不同的纠正方式。

第二辑
语法体系和语法教学

导 读

　　理论语法与教学语法存在脱节现象，语法阐释和语法教学也存在脱节现象。要贯通教学语法和语法教学之间的连接，首先就是要确定教学语法依据的理论背景和展现的基本理念，在这种理念的指导下，再来架构语法的组织模式、语法阐释的方式和语法教学的方法。而这个组织模式和阐释方式的体现，就是对外汉语教学语法体系。这是将语法体系的问题放到第二辑论述的主要原因所在。

　　那么，应该建构一个什么样的对外汉语教学语法体系呢？学界自20世纪80年代末至今，不断地探讨教学语法体系问题，有很多真知灼见。归纳起来有以下两点：以往的研究已具有问题意识，提出许多值得学界思考的问题；以往的研究已具有改革意识，建构新的语法体系是学界共识。因此，建构将汉语放在世界语言的大背景下的，科学、系统、全面的对外汉语教学语法体系，这是检验汉语作为第二语言教学的语言研究水平的重要标志，对建立汉语语言体系也具有重要的理论价值。同时，在研究方法上既注重对基本语言特点的描写，也要兼顾语义、语用分析，并吸取近些年来语言研究的最新成果。建构新的全面而实用的教学语法体系，能够面对当前汉语二语教育的挑战，在语言理论和语言学习理论上都有建树，满足学科发展本身的需要。

语法体系是理论的、原则的、刚性的,语法体系的体现则是应用的、具体的、柔性的。我们研发重大项目的具体成果:大纲、参考语法书系和综述汇编,都是我们对建构的教学语法体系的一种贯彻和一种展现。

本辑也有四讲。前两讲先从过往的教学语法体系研究的现状分析开始,渐次展开新的教学语法体系研究的思路方法和内容体现等问题的论述,从建构体系的外围谈起。后两讲涉及体系建构的具体理论背景,在教学语法体系的内核上作出论述。

第五讲是"教学语法体系研究的学术史回顾"。主要介绍自20世纪80年代末开始的对建构对外汉语教学语法体系的讨论和建议,特别是21世纪以来语法体系研究的发展情况。了解教学语法体系研究的发展过程,才能更清楚地理解建构新的教学语法体系的重要性和必要性。

第六讲是"教学语法体系研究的思路、内容和路径方法"。在前一讲的基础上,在了解了新的教学语法体系建构的基础后,讨论建构的理论背景、研究思路、内容体现和路径方法就显得十分必要和自然,初步展示了国家社科基金重大课题研究的三项成果。

第七讲是"建构以句子为中心的教学语法体系"。在指出以往教学语法体系存在的问题和不足后,论述建构新的教学语法体系的迫切性和现实性,最后提出建构以句子为中心的体系架构,从"句子是语法形式描写的整合框架""句子是语法分析与综合的有机结合体""句子是语言交际能力的直接表现"三个方面分析了"句子"的重要性。

第八讲是"以学习者为中心是教学语法体系建构的主要依据"。讨论三个问题:学习者语言能力的培养是语法教学的主要任务;学习者因素会影响汉语语法规律的掌握;对目的语的全面了解是掌握语法规律的关键。这是从学习者的角度,展现语法体系建构过程中的一些思考,可以说是第七讲的补充和继续。

第五讲　教学语法体系研究的学术史回顾

一　对外汉语教学语法体系的初步建立

1.1 《汉语教科书》初创体系

1.1.1　国内对外汉语教学界开始建构"对外汉语教学语法体系",可以从20世纪50年代初开始算起。1952—1955年,朱德熙先生作为中华人民共和国第一批派往国外任教的汉语教师之一,在保加利亚索菲亚大学任教期间编写的汉语教材中包含的语法点,可以看作这个教学语法体系的一种雏形。

1.1.2　1958年出版的《汉语教科书》(上下册)确立的语法体系,是对外汉语教学界公认的第一个对外汉语教学语法体系。《汉语教科书》的语法体系由以下几个部分组成:词的分类,句子的分类,句子成分,时间和情貌,几种动词谓语句,复合句,表达。该教科书对语法项目的选择、切分、解释、编排等,基本上沿用至今。德国柯彼德(1991)指出:"除了美国一些学校编写的具有独特语法体系的汉语教材以外,其他国家的汉语班恐怕都采用北京语言学院的教材和语法体系,这样,50年代在北京定型的对外汉语教学语法体系……从当时到现在沿用于一代一代的汉语教科书,也遍及了全世界。"由此可见,《汉语教科书》所确立的语法体系,在时间(一直影响到今天)和空间(不仅影响了中国,还影响了全世界的汉语教学)上都具有深远的影响。

1.2 一系列对外汉语教学语法参考书是对《汉语教科书》的继承

1.2.1　20世纪80年代以来出版的一些对外汉语教学语法参考

书，如李德津、程美珍《外国人实用汉语语法》（1988；修订本，2008），刘月华、潘文娱、故铧《实用现代汉语语法》（1983；增订本，2001），房玉清《实用汉语语法》（1992；修订本，2001；第二次修订本，2008），齐沪扬主编《对外汉语教学语法》（2005），张宝林《汉语教学参考语法》（2006），陆庆和《实用对外汉语教学语法》（2006），卢福波《对外汉语教学实用语法》（1996；修订本，2011），等等，其基本框架和主体内容与《汉语教科书》的基本格局没有太大的变化，主要是对《汉语教科书》及其以后出版的基础汉语教材语法内容的修正和调整、深化和细化、扩充和增加。以《实用现代汉语语法》为例，该书共分五编：（1）现代汉语语法概述；（2）词类；（3）句法（上）句子成分；（4）句法（中）单句；（5）句法（下）复句和篇章。当然，与《汉语教科书》的语法系统相比，《实用现代汉语语法》的格局及主要内容虽没有根本性的变化，但内容及其表述无疑更加丰富和完善，阐释更加准确和科学。（李泉、金允贞，2008b）

1.2.2 可见，对外汉语教学语法体系建构的理论基础依然是从《汉语教科书》来的。对外汉语教学语法体系的建立，经历了如下的基本历程：由邓懿等的《汉语教科书》（1958）初创体系，到李培元等的《基础汉语课本》（1980）进一步完善，再到赵淑华等的现代汉语句型的统计与分析（1997），形成汉语教学语法体系的基本格局，王还先生主编的《对外汉语教学语法大纲》（1995）可以说是一个阶段性的总结。在这之后，并无新的教学语法体系问世。

1.2.3 应当承认，王还先生20世纪90年代主编出版的《对外汉语教学语法大纲》（1995），代表着对外汉语教学最为完整的教学语法大纲体系；刘月华、潘文娱、故铧编写修订的《实用现代汉语语法》（增订本，2001），则是目前使用最多的对外汉语教学参考语法工具书。但是不可回避的是，这两部著作中所展示出来的对外汉语教学语法体系，并没有打破汉语母语语文教育的体系，因而未能充分体现作为成人所使用的第二语言学习者所具有的成熟的认知能力的特点，也未能体现对外汉语教学所必须的跨语言比较的特征。这一体系应当说是有一定的局限的。

1.3 《汉语教科书》对汉语教学和语法大纲的影响

1.3.1 《汉语教科书》所创立的语法系统在后来的各个时期所编写的主干教材中得到了继承和发展。据吕文华（1994）和李泉、金允贞（2008a）考察，1971年以后正式出版的《基础汉语》（1971）、《汉语课本》（1977）、《基础汉语课本》（1980）、《实用汉语课本》（1981）、《初级汉语课本》（1986）、《现代汉语教程》（1988）、《新编汉语教程》（1996）、《新实用汉语课本》（2002）、《发展汉语——初级汉语》（2006）等，与《汉语教科书》的语法点都是大同小异（重合率低的达79%，高的达93%）。

1.3.2 不仅如此，20世纪90年代以来所产生的一些重要的考试或教学大纲也都受到《汉语教科书》的语法体系的深刻影响。其中影响最大的三个大纲分别是《汉语水平等级标准与语法等级大纲》（1996）（简称《HSK大纲》）、《高等学校外国留学生汉语言专业教学大纲》（2002）（简称《专业大纲》）、《高等学校外国留学生汉语教学大纲（长期进修）》（2002）（简称《进修大纲》）。以《HSK大纲》为例，其甲级语法点为：词类，词组，句子成分，句子分类，几种特殊句型，提问的方法，数的表示法，强调的方法，动作的态，复句。基本框架跟《汉语教科书》没有大的区别。另两个大纲的语言点的设置也都大同小异，没有本质的不同。

1.3.3 2021年7月1日起执行的《国际中文教育中文水平等级标准》（简称《国际中文教育标准》），是国家层面颁布的一部新的教学考试大纲。可以这么认为，就教学语法体系来说，《国际中文等级标准》就是20多年前《HSK考试大纲》的修订版。王鸿滨、王予暄（2023）探讨了这两个大纲在语言点的数量、比例、层级划分、重合度与等级分布等方面的异同。通过文章的分析，可以很明显地看出，同是大同，异是小异，《国际中文等级标准》在体系的建构上，依然可以看出《汉语教科书》的影响：两个大纲"在语言点的选取与等级比例的分配上具有一定的相似性"，"具体来说，……语言点重合度较高，可见二者在语言点的选取上具有极高的一致性"；同时，两个大纲"在语言点的等级排序上并不完全匹配，但是从整体上看二者具有一定的对应性"。

二 学术界对语法体系的讨论与评价

2.1 对语法体系整体的评价和改善意见

2.1.1 对于《汉语教科书》语法体系的贡献和影响，学术界给予了充分的肯定，认为其既有系统性又有针对性。切分后的具体语法点及其编排体系，成了此后各个版本教材编写语法部分时的主要参考依据。由于时代的局限，《汉语教科书》也存在一定的缺点和不足。比如：语法知识的介绍过于烦琐，宾语提前问题，词的兼类问题，句法分析不尽合理，有些提法不够确切，等等。

2.1.2 对于《HSK大纲》《专业大纲》《进修大纲》等三个代表性的语法大纲以及通用教材，在语言点的选取、分类及其分级上存在的诸多问题，虽然自20世纪90年代初以来，批评与改革之声不断，却一直只是停留在呼吁层面，未见实际的实施。吕文华（2002b）指出："自上个世纪90年代初，中外学者开始强烈呼吁语法体系的改革，转眼10年已经过去，我们还在呼吁，究竟何时才能实现语法体系的改革呢？"一转眼又过去了多年，但语法体系的改革仍然停留在呼吁上。

2.2 一些具体的批评和改革意见

2.2.1 学界的老一辈学者，如吕必松、程棠、赵淑华、赵金铭、范开泰、刘珣、吕文华、崔永华及中青年学者，如周小兵、张旺熹、李泉、孙德金、丁崇明、徐子亮、吴勇毅、杨德峰、吴中伟、高顺全、徐晶凝等都对教学语法大纲或体系提出过看法。下面对学界的批评与改革意见摘要举例。

2.2.2 赵淑华（1992）指出：在目前还没有成熟条件去建立语义、语用分类系统的情况下，从对外汉语教学的需要出发，只能先考虑怎样建立一套科学而又简明、实用的结构分类系统。文章还认为状语和补语应该纳入句型分类系统，其实这是将句式并入了句型，未尝不可。

吕必松（1993）认为，对外汉语教学语法体系最突出的问题是：语法教学主要集中在初级阶段，中高级阶段的语法教学缺乏计划性和系统性；仅仅把词和句子作为语法教学的基本单位，不重视语素和词组的教学，语段教学几乎还是一片空白；仍然以形式结构分析为主，不重视语义结构分析，更不注意跟语用分析相结合；对有些语法现象的解释既不科学，也不实用；语法点的切分和在教材中先后次序的编排也不尽合理。

吕文华（1994）主张要重新确定初级阶段、中级阶段、高级阶段的语法教学内容，并论述了中高级语法教学在初级阶段基础上如何衔接贯通、循环递进以及深化和扩展的具体构想。但时至今日，这种设想并未得到很好的落实或实践。

吴中伟（2000）建议主语和主题并用有利于语法教学，可以避免内部的矛盾，可以取消主谓谓语句。

赵金铭（2002）指出，赵淑华研究了大量的教材认为，目前基础汉语教材在语法点的选择上普遍存在的问题：（1）宁可多选十项，不可漏掉一点；（2）互相攀比。她认为这种求全的思想应予纠正，在基础阶段，应捡"必须学的""最重要的""最基本的""比较简单的"语法项目入教材。她举出八项在基础阶段不需要介绍的语法点，如：名词谓语句，主谓谓语句，可能补语，隐现句，复指成分，短语（只讲动词短语、主谓短语、介词短语），感叹句，表存在的"是"字句。我们认为这要看这个所谓初级要达到何种目标。"今天星期一，他十八岁"（名词谓语句）、"我身体好"（主谓谓语句）、"校门口有个麦当劳"（存现句）、"好看！"（感叹句）等交际中经常要用的语法项目，初级阶段需不需要教？成人的外语学习存在思想丰富而语言能力不足的矛盾，所以似乎很难要求将实际交际中迫切需要又高频出现的语言项目延后输入。

张旺熹（2003）主张汉语教学语法系统的建构应当以句子为核心。他指出无论是教学参考语法还是教材中的语法编写，总体来说没有脱离汉语母语教学语法体系的基本框架。在探讨、建构对外汉语教学语法体系时，对语法项目的选择、等级切分等用力甚多，但对建立教学语法体系的目标及这个体系的核心问题却思考不周。此外，以结构形式为主体的语法体系，不能满足学习者从句法到语义再到语用的立体化要求。唐曙霞（2004）也指出了结构为纲的语法体系的不足，但也注意到其无法取代的地位。

2.3 以往的研究已具有问题意识和改革意识

2.3.1 以往的研究已具有问题意识，提出许多值得学界思考的问题。提出这些问题的教师，大都具有本体语法研究的经历，从事对外汉语教学多年，在理论上和教学上都有造诣，提出的问题具有针对性、启发性，对对外汉语教学语法大纲的研究很有帮助，使研究可以很快地面对问题、解决问题。

例如对于"教什么"的问题也有争论，也就是教师教给学生的应该是哪些项目，例如句型和句式，要不要作出区别，句式的范围、种类都包括哪些，句式到底有没有确切的数量，一共有多少句式，句式应该怎么分级，等等，这些问题正是对外汉语教学语法大纲研制要重点考虑和重点解决的，同语法项目的提取和语法项目的分级有直接关联。

再如怎样对待学界的纷争和不一致，这也是需要争论和研究的问题。教学对象的不同决定了教学语法和理论语法的差异。过于"精细"的分类并不适用于教学，但所谓的"粗略"又应该怎么加以控制？本体研究中许多不一致的看法如何取舍？比如兼语句、连动句、双宾句、主谓谓语句的范围各家不一等等。这些讨论对对外汉语教学语法大纲研制，特别是语法项目提取的过程中如何处理一些中间状态现象，很有帮助。

2.3.2　以往的研究已具有改革意识，研制大纲是学界共识。20世纪90年代初以来，对外汉语学界不少学者呼吁，现有的语法体系存在明显不足，需要改革。尽管有学者认为这种改革之声，只是停留在呼吁层面，未见实际的实施，但是从发表的论文和其他专业会议上的发言上看，专家们还是就现有教学语法体系的方方面面，提出了许多需要改革的建设性意见；尽管认识不同，看法也不一致，但希望研制新的大纲成为学界的共识。

有的学者是从建构体系的角度指出现有体系的不足。例如赵淑华、刘社会、胡翔（1997）就认为，在目前还没有成熟条件去建立语义、语用分类系统的情况下，只能从教学的需要出发，考虑建立简明、实用的结构分类系统。吕必松（2010）认为，对外汉语教学语法体系将语法教学主要集中在初级阶段，而中高级阶段的语法教学，则缺乏计划性和系统性，这样的安排是不科学的。

也有学者就教学语法体系中具体的语法项目设立，语法项目具体的实施等问题提出建议。例如郭熙（2002）认为："第二语言的教学语法则应该是多角度的、综合的，可以不追求系统的一致性，其教学需要的规则和解释也可以是局部的、临时的、不完善的、就事论事的，甚至是片面的。这样做有不少好处。"张旺熹（2003）主张汉语教学语法系统的建构，应当以句子为核心。应着重研究句子与短语的关系、句子与句子的关系、句子和语境的关系。肖奚强等（2008）认为现有大纲和教材中对句式选取面较窄，教学分级不够科学，中高级阶段的句式编排较为粗疏。新的教学语法体系或标准应该对句式系统给予扩充，句式需要重新分类和分级，高级阶段应该着重安排句式的篇章功能教学。

三 教学语法高层论坛上的发言和后续的研究

3.1 教学语法高层论坛

3.1.1 2015年12月中旬北京语言大学主办的教学语法高层论坛上，周小兵、肖奚强、李泉、孙德金、吴勇毅、杨德峰、吴中伟、高顺全、徐晶凝等对大纲的修订从原则、句式的分级、语体教学、教材与大纲的关系、语篇该不该纳入语法教学体系、口语大纲的编制原则等都提出了自己看法。（论坛上宣读的论文大多在2016年、2017年陆续发表。）

高顺全梳理了现有大纲的分级，给出了三等六级的分级建议，并认为语素、语篇都不必包括在教学语法中。吴中伟认为教学语法可分为三个层面，一教学语法体系，二教学语法大纲，三教学语法详解，三者相互配合。

肖奚强指出对外汉语教学中的句式的选取、确定和教学分级是一个很大的系统工程，需做专门的研究，不可能一蹴而就。它应该随着整个教学语法体系的完善而完善。现有大纲和教材中对句式选取面较窄，教学分级不够科学，中高级阶段的句式编排较为粗疏。基于习得状况的考察发现，从句法、语义上看留学生在中级阶段已基本习得常用句式。新的教学语法体系或标准应该对句式系统给予扩充，句式需要重新分类和分级，高级阶段应该着重安排句式的篇章功能教学。可从句式的标记、结构、语义及其篇章功能的特殊性等角度确定句式的范围和种类，并对其进行适当的分类和教学分级。对句式之间的纠葛要仔细梳理，对句式的存废要慎重，对汉语本体研究的成果要结合教学实际予以取舍。

吕文华指出修改"语法体系"是一项系统工程，需要语言学和教育学理论的支撑、对汉语语言事实的分析和描写、对中介语语料的收集和分析、对研究成果的梳理和转化等，这都是我们目前的薄弱之处。

3.1.2 孙德金在会议总结中指出：首先要明确语法的边界，词汇和语法存在模糊词汇语法边界的现象，有关语篇、语段的内容不应包括在教学语法之内。而李泉则力主语法大纲应包括篇章教学。孙德金在大会总结时指出，教学语法体系究竟应该是怎样的，至今没有达成共识，需要进一步探讨。

我们认为教学中的讲解可以是不全面甚至不完善的，但如果说教学语法可以如此甚至是片面的，则并不合适。教学语法和语法教学不是一回事，教学语法必须有自己的完善的体系，而不应是零散的甚至片面的。所以教学语法要明确：

（1）教什么？——哪些项目是应该教给学生的，比如句型句式尤其是句式的范围种类都包括哪些？到底有多少句式？目前没有确定的数据，需要研究。

（2）怎么教？——教多少，如何分级和深化？比如句型句式的种类确定以后，各句型句式的下位分类如何？要不要分下位类，分多细为好？教学分级又该如何展开？有无那么多分级的可能？教学中（包括教材和教师）是否将现有的分级落实到位了？据我们的考察，中高级教材几乎没有按照所谓的考试大纲或教学大纲来安排教学。

（3）如何对待学界的纷争和不一致？——教学语法对学界的研究成果如何吸收扬弃？过于精细的划分并不适用于教学，但粗略到何种程度？学界的不一致的看法如何取舍？比如兼语句、连动句、双宾句、主谓谓语句的范围各家不一，这也需要汉语语法专家和对外汉语教学专家的合作研究。

3.1.3 2015年12月中旬的教学语法高层论坛上专家的发言，可以视为"问题意识"的集中表现。例如"语法的边界问题"就是一个争论颇多的问题，"语法"到底管到哪里，边界在什么地方，是恪守"语法研究到句子为止"的结构主义观点，还是吸收"语法研究还要考虑篇章"的功能主义观点，这涉及教学语法体系的结构和范围。专家的发言和对外汉语教学语法大纲研制研究的理论来源和研究方法都密切相关。

3.2 国家重大项目的研发

3.2.1 2015年12月教学语法高层论坛之后，学界对教学语法体系研制的呼吁日渐迫切。在这样的背景下，杭州师范大学齐沪扬教授于2017年领衔申报了国家社科重大招标项目"对外汉语教学语法大纲的研制和教学参考语法书系（多卷本）"，当年11月15日由全国哲学社会科学规划办公室正式颁发"2017年度国家社会科学重大项目立项通知"，开始了长达五年的教学语法体系的研究。

3.2.2 课题组在2018年4月14日召开的课题的开题报告会上，根据到会专家的意见，特别是专家组组长赵金铭教授的两次谈话精神，按照全国哲学社会科学规划办公室立项通知书上的要求，国家重大项目的研究应牢固树立问题意识、创新意识和精品意识，立足学术前沿，体现有限目标，突出研究重点，注重研究方法，符合学术规范。在对课题组研究人员和研究任务作适当调整的基础上，至2023年元月初，项目组50多位研究者，齐心协力，加强合作，克服困难，按时、顺利地完成项目的研发任务。

3.2.3 五年多时间，课题组召开线下、线上学术研讨会、课题协调会100余次，微信、网络联系信息千余条，发表作为阶段性成果的论文100余篇，著作近10部，作为最终成果的"对外汉语教学语法系列丛书"，共39册，700余万字，包括：

（1）对外汉语教学语法大纲4册，为分级大纲2部（初级大纲、中级大纲），分类大纲2部（书面语大纲、口语大纲）；

（2）对外汉语教学参考语法书系分为6辑，共26册；

（3）近20年与对外汉语教学语法相关的资料汇编2套，为《近20年对外汉语教学语法研究指要》和《近20年汉语作为第二语言语法习得研究》，各4册，共8册；

（4）研究论文集1册，为《对外汉语教学参考语法研究论文集》。

3.2.4 国家社科基金重大项目"对外汉语教学语法大纲研制和教学参考语法书系（多卷本）"（17ZDA307）的结项成果"对外汉语教学语法系列丛书"，2021年6月以项目组提交的超过60%的完成书稿作为申报材料，由北京语言大学出版社提交申报书，通过专家评审，国家出版基金管理委员会批准，获得2022年国家出版基金资助。

四 语法体系对语法教学和语法习得的影响

4.1 和体系相关的语法教学的建议

4.1.1 综观20世纪最后20年的相关研究论文、论著和教材，对外汉语教学语法的研究要比语法体系和语法教学的研究发展得相对成熟些，研究成果也更多些，但也存在将教学语法与理论语法研究混为一谈，并未突显其应用性与可操作性的缺憾。同时，不少学者往往将教学语法研究与语法教学研究放在一处讨论，不少论文或著述都是语法描写与研究比较细致、深入，但联系实际对外汉语语法教学的实际，所提的建议、方法等所谓探讨，常常泛泛而谈，针对性、实用性不强。

研究中存在的这些问题引起了学界的重视。从20世纪90年代开始，特别是进入21世纪以来，不少学者从理论与实践出发，尝试探讨对外汉语教学语法与语法教学的关系，力求通过理论层面的探讨与宏观分析，来厘清对外汉语语法教学的研究方向与研究思路，从而深化对外汉语教学实践，提高对外汉语教学质量。《近20年对外汉语教学语法研究指要》中有到位的揭示和分析。

4.1.2 例如，对于现有教材从二年级起大多没有系统的语法教学这个问题，孙德金（2006）曾有所论及。他指出：长期以来，对外汉语教学的主体部分是一年左右的基础汉语教学，而不是四年的完整教学，因此在安排语法教学的时候，基本都把语法压在一年以内。另外，对汉语语法的整体系统也缺乏本体研究的支持和应用研究的系统思考。这就造成了二年级以上"语法不够词汇来凑"的局面。教师就不可能系统地进行教学，为何是如此现状，值得思考。

4.1.3 句法、语义、语用三者是同步教授还是分级教授？也就是说，某一句式是集中说明各下位句式的异同还是难点分散地分级教授？学界意见不一。赵金铭的一系列论文（2008、2011、2012、2014、2018）从各个角度论证了语法语义语用应在初中高不同阶段有所侧重。而冯胜利、施春宏（2011）则认为应该语法语义语用三者合一，同步教授。孙德金（2015）详细分析了刘月华、潘文娱、故辫著的《实用现代汉语语法》(1983),认为该书某些语法问题的理论基础并不一致,例如在"主谓谓语句"问题上是传统的看法,而在"兼语句"问题上完全是以形式为标准的。这一问题需要学界在充分讨论的基础上达成共识。有人认为兼语式是一个纯粹的形式类,应该打散,按照所表达的意义和功能,分属不同的范畴;也有人认为兼语句不纯粹是形式类,有其区别于其他句型的语义基础。

4.1.4 还有一些学者认为单句、复句、篇章应该随着水平的提高而分级逐步教授。中高级阶段宜安排篇章规则及对句式选择性的教学。比如"把"字句、"被"字句在初级阶段的教学中往往进行变换练习,"因为……所以……"也会与"之所以……是因为……"进行变换练习,这对于学生了解同义句式或格式的变换关系无疑是有好处的。但这也带来一个问题,即学生以为这些同义句式或格式是可以随意互换的。所以随着水平的提高,有必要说明篇章对相关句式或格式的制约。

4.2 和体系相关的习得研究

4.2.1 随着认识和研究的深入,第二语言习得逐渐从"教"的角度转向"学"的角度,学习者语言及学习者自身的特点日益受到关注。自Corder发表《学习者偏误的意义》(The significance of learners' errors)(1967)及Selinker(1969、1972)提出"中介语"(interlanguage)概念和理论以来,第二语言习得研究即确定了其独立的学科地位,人们对二语习得的研究不再以目的语为标准和参照,考察学习者语言脱离母语并逐渐靠近目的语的过程,而是将学习者语言看作一个独立的语言系统,其既不同于目的语也不同于母语,而是有自己独特的发展阶段和语言表现。

二语习得研究自学科独立以来,历经了50多年的发展,研究的理论和方法众多。产生于20世纪六七十年代的偏误分析理论和方法、七八十年代的习得顺序研究、八十年代末基于普遍语法理论的二语习得研究，以及2000年以来多领域、多视角、跨学科的认知主义取向的二语习得研究（包括联结学习理论、浮现理论、可加工理论、互动假说等）及其他所谓"非主流"的二语习得研究理论，如社会文化理论、复杂理论、身份理论、语言社会化理论、会话分析理论、社会认知理论等，都有较大影响。《近20年汉语作为第二语言语法习得研究》对汉语二语的语法习得的一些论著作了材料分析，还作了一定的评介和解释。

4.2.2 例如对外国学生汉语偏误分析和习得研究。大多数论著指向教学，在比较大纲、教材的语言点的编排后，会给出相应的语言点编排和教学分级建议。但这方面的研究目前尚未引起大纲编制者的重视。我们统计了《世界汉语教学》《语言文字应用》《语言教学与研究》《汉语学习》等中文社会科学引文索引（CSSCI）索引源期刊刊发的对外汉语教学方面的论文，语法偏误分析的文章占全部偏误分析文章的58.44%。例如肖奚强（2000）对韩国学生汉语语法偏误分析，肖奚强（2001）对外国学生照应偏误分析，丁崇明（2009）对韩国汉语中高级水平学生语法偏误分析，高玮（2014）对先行语引入句式中的偏误分析，等等。

而语法习得研究的文章占全部习得研究文章的71.85%。例如曹秀玲（2000）对韩国留学生汉语语篇指称现象的考察，陈晨（2005）对英语国家学生中高级汉语篇章衔接的考察，陈珺、周小兵（2005）对比较句语法项目的选取和排序，崔希亮（2005）对欧美学生汉语介词习得的特点及偏误分析，赵金铭（2006b）对汉语差比句偏误的考察，丁雪欢（2008）对留学生汉语正反问句习得中的选择偏向及其制约因素的研究，周小兵、邓小宁（2009）对两种"得"字补语句的习得考察，黄自然、肖奚强（2012）基于中介语语料库的韩国学生"把"字句习得研究，周小兵、梁珊珊（2014）对韩国学生叙述性口语语篇逻辑连接情况调查，等等。

4.2.3 《近20年汉语作为第二语言语法习得研究》中对以前体系中未提及的"语篇"的习得也作了分析和介绍。从汉语二语语篇习得研究文献量对比分析开始，谈及语篇习得主要研究领域、语篇教学研究、语篇习得难度研究、语篇习得顺序研究之后，还有专门的一节是对这些问题的评价和展望，在"展望"中，提出以下几点：基于语料库的汉语语篇二语习得研究会成为语言研究的一个热点；立足于汉语的特点，是深入做好语篇研究的根本；语篇教学应在对外汉语教学中占有重要的地位；等等。这样的写法和研究值得重视。

第六讲 教学语法体系研究的思路、内容和路径方法

一 教学语法体系研究的思路视角

1.1 对教学语法体系的总体认识

1.1.1 对外汉语学科从初建到发展,很多学者为现有的教学语法体系的系统和完善,提出了很多建设性的意见,但现有的教学语法体系的不足,是客观存在的;这些不足体现在教学语法体系的理论背景、体系构架、大纲范围、语法项目提取和分级的方法、教学参考语法书系的编写原则、其他配套书的规模和选取范围等种种问题上。教学语法体系建构是一个宏观层面的工作,必须在体系的科学性、系统性、实用性、规范性、教学性上加以考虑;教学语法体系的组成则是微观层面的工作,必须在诸如教学语法大纲、教学参考书系以及综述汇编的具体研制过程中加以体现。

1.1.2 以往的教学语法体系集中体现在《汉语水平等级标准与语法等级大纲》(简称《HSK大纲》)、《高等学校外国留学生汉语言专业教学大纲》(简称《专业大纲》)、《高等学校外国留学生汉语教学大纲(长期进修)》(简称《进修大纲》)等几个代表性的教学/考试大纲中,当然在一些教学语法专著中也有体现,但各不相同。梳理现有的教学语法体系,并加以分析、修正和完善,是建构新的教学语法体系的第一步;在拿出较为切合教学实际的语法体系的基础上,也就是树立了正确的"语法观",才可以再进行教学大纲和其他两项的研制。我们是这样理解体系、大纲和参考书系、综述汇编等之间的关系的:教学语法体系的建构,是研究的目标和基础;而教学大纲等的研制,体现出来的则是建构教学语法体系的标志性成果。

1.2 教学语法体系研究在方法上的突破

1.2.1 "工欲善其事,必先利其器。"语言学研究要讲究方法。宏观层次的语言学方法论为语言学的研究设定了指导原则和研究框架,微观层次的方法或程序是宏观方法论得以体现和实现的手段,保证具体语言现象研究的深度和精度,对于研究成果的信度和效度具有十分重要的作用。在语言学的研究中,方法论的革新或具体方法的使用是否得当,直接影响到研究的成果。

对外汉语教学语法体系应以怎样的理论为基础呢?这是一个见仁见智的问题。当然,每一种语法理论都有其作为教学语法体系基础的可取的一面:传统语法比较系统;描写语法比较细致;结构主义语法更加关注形式,易于学习者把握;功能语法更偏向于语用功能,更具交际实用性;等等。而我们需要思考的是,适用于对外汉语教学语法体系的语法理论,应该具有哪些基本特征?

1.2.2 发挥语料库的功能,获取实证数据作为研究的依据。20世纪80年代,随着语料库语言学在世界范围内的蓬勃发展,这门学科被引入我国。国内的一批学者致力于语料库的建立和研究,并做了大量引介性的工作,为此后语料库语言学在国内的发展奠定了基础。随着语料库语言学在中国的发展以及语料库知识的日渐普及,越来越多的学者开始利用语料库来做研究。特别是近几年来,语料库已成为语言学实证研究的一个重要手段,基于语料库的实证研究逐年增加,成为语言研究的一个热点。

以往大纲的研制方式,主要靠来自本体研究和教学一线专家的人工干预,这是在语料库语言学尚未兴起时的唯一做法。现在的分级大纲研制过程中,在数据收集方面,共录入了《汉语教程》《博雅汉语》《发展汉语》《新实用汉语教程》《速成汉语基础教程》5套教材36.5万字的数据。再根据1996年版《汉语水平等级标准与语法等级大纲》"三等（初、中、高）、四级（甲、乙、丙、丁）、五层次（语素、词、词组、句子、句群）"的编写原则，按照"类—项—点"标注的工作思路，初步整理出大纲包含17个语法类和120个语法项，并确定相应的标记。5套教材录入的数据，是分级大纲的研究素材和理论依据。研究教材在语法类分布上的一些特征，有助于大纲对语法点的选取和处理。

  1.2.3 采用定量分析和定性分析结合的研究方法，尽可能多地用实验数据说明道理。从方法论角度看，定量方法和定性方法可以说是完全不同的两种研究方法，有人甚至把这两种研究方法看成不容易调和的"两种文化"；其实这两种方法所得出的结果往往互相补充。定量研究也可以称作实验性研究，定量方法也就是实验方法。

  在对研究方法的理论探讨和一般认知中，定量研究方法常常与调查法、实验法、语料库法等相联，而定性研究方法常常与观察法、访谈法等相联。这种情况主要缘于这些方法之间存在某种或某些比较接近的性质或共同的特征，例如定量研究方法的数字型数据、统计学方法的分析处理与调查、实验、语料库中大规模数据的收集呈现和统计分析是一致的。定量方法和定性方法都是科学研究的方法，在语言学研究中不能只局限于一种方法。教学语法体系的研制，应该是两种语法分析方法的结合。

  例如对以往语法体系诟病的大纲"初中级分级问题"，我们就是在大量的实验数据的基础上，研究的分级大纲是根据目标人群的主流观点，来界别初级和中级，即初级水平语法点数量以207±53个为合理区间，中级水平语法点数量以405±217个为合理区间。与此对应，大纲以"词汇量=2017±273词，汉字量=1117±388字"为相关分级指标，并参考"一学年的来华汉语学习经历"的学习时长来划分"初级—中级"。

同样，研制的两部分类大纲也是在大量数据统计和调查的基础上，对语法项目的某种用法和功能标出三方面的等级，即重要性等级（或称用频等级）、难易度等级（或称习得难度等级）、语体等级（或称书面语或口语倾向等级）。

1.3 教学语法体系研究在内容上的突破

1.3.1 方法的欠缺导致内容的欠缺，在语言学研究上表现得尤为突出。对外汉语教学语法体系建构过程中，语法大纲的研制是最为关键的，因为大纲是语法体系的直接体现。所以，内容上的突破主要是就大纲研制而言。大纲中的语法项目的选取、确定和教学分级是一个很大的系统工程，需做专门的研究，不可能一蹴而就。它应该随着整个教学语法体系的完善而完善。体系的研究将根据实际的调查分析，理清语法和词汇的界限，确定语法项目，着力研究初级中级阶段的教学分级，研制出科学、系统的分级大纲，并编写配套的参考语法书系。内容上的突破在以下两个方面有所展示。

1.3.2 研发的分级大纲顾及体系的系统性和实用性特征。分级大纲研制的目的在于，初中级相对于高级而言，初中级是一体的，不好区分清楚。原来的汉语水平考试（HSK）就只有初中级考试和高级考试，没有初级考试和中高级考试。也就是说初级和中级之间界限是模糊的，是教学语法体系建构的一个瓶颈。新研制出的分级大纲是初级大纲和中级大纲，对于这个长期界限不清的分级大纲作出了重要的修改、界定，意义重大。

从体系的系统性角度考虑，新的教学语法体系既要对现有语法大纲作出合理的继承和一定的扬弃，又要在新的理论主张下在分类形式上作出适当的调整和处理。这样，新的教学语法体系或标准应该对语法项目的提取有重新考虑。例如以句子为核心，就要对句子的组成进行分析，找出构成句子的结构单位，并将这些结构单位作为语法项目提取出来；还要对句子的扩展进行重新考虑，句子要再作分类和分级，要安排句子的篇章功能教学。初级和中级的分级标准、分级依据和分级范围，要从句子的标记、结构、语义及其篇章功能的特殊性等角度出发，对选定的语法项目进行各种功能的定性、定量分析，用以弥补以往教学语法体系在系统性上的不足。

从体系的实用性来说，大纲内容的展现方式特别重要。以往的大纲，单一的语法项目排列的方式面向的读者群面相当窄，大多数一线教师对大纲的参阅和使用频率都很低，大纲指导教学的作用很难实现。新的初级大纲和中级大纲大多数语法项目都有注释和讲解，配以简单易懂的例句说明，易混的语法项目有辨识和分析的条目。这种教材式或者词典式的内容呈现方式，最大程度地体现了"好用、管用"的方针。大纲的使用者是一线教师、本科生或研究生及研究者。一线教师、本科生或研究生偏重于教学，其使用需求是查疑；研究者偏重于解难，其使用需求是规范。针对不同的需求，适时地调整编著重点。

1.3.3 研发的分类大纲是对外汉语教学语法书面语大纲和对外汉语教学语法口语大纲。至今为止没有分语体的大纲问世，对外汉语教学和科学研究所依据的都是通用语体的语法大纲，书面语语法大纲和口语语法大纲的研制，固然有语言理论和语言学习理论的指导，主要在于语体语法理论的盛行，但是更重要的作用体现在对外汉语教学的实际需要上，体现在整个教学语法体系的建构的作用上。

《对外汉语教学语法书面语大纲》和《对外汉语教学语法口语大纲》正文部分既是大纲，也可以视为具有较强实用性的两种语体的语法项目的简明学习手册，每个语法项目下不仅有各种义项/功能和用法的说明，还给出典型的例子帮助理解。附录列出语法项目的条目，旨在方便读者检索。这样的编写方式尽可能地体现出汉语书面语语法或者口语语法中最典型的用法，希望这样的分类大纲既能基本照顾到书面语语法或者口语语法的系统性，又能够为使用者提供一份关于书面语语法或者口语语法项目的详细清单。既有整体，又有细节。这种以教学应用和学习需求为导向的内容体现是分类大纲的特色之一。

即使是典型的口语和典型的书面语，它们在语言表达形式上也是同大于异，即大多数的语言表达形式在口语和书面语中是通用的。因此，作为一部书面语语法大纲或者口语语法大纲，都是以不追求语法的系统性为编写宗旨，但在编写的过程中强调穷尽性地抽取、记录具有书面语语体倾向或者具有口语语体倾向的语法项目，并以此为基础，从宏观上概括出书面语语法形式或者口语语法形式的总体特征，供读者参考。不追求语法的系统性，但求全面记录具有语体倾向的语法项目，是分类大纲的内容体现的另一个特色。

二　教学语法体系研究的内容体现

2.1　教学语法体系研究的三个主要部分

"教学语法大纲研制"是教学语法体系研究的主要内容，"教学参考语法书系研发"是和汉语教学语法大纲研制平行的、互相支撑的一项研究，而"综述汇编编撰和研究"又是为"汉语教学语法大纲研制"和"教学参考语法书系研发"服务的，提供资料，可作参考的一项研究。"教学语法大纲"是"教学参考语法书系"的理论指导和研究依据，"教学参考语法书系"又是"教学语法大纲"的具体阐释和明确规范。两者相辅相成，有分别、有侧重，同时相互交叉、相互支撑。三项研究内容的关系如下图：

汇编资料 —为大纲服务→ 大纲 —从大纲出发→ 书系

图 6-1 教学语法体系研究的三个主要部分的关系

2.2 教学语法大纲研制

2.2.1 在中文国际教育日益发展的背景下,制定和完善针对外国学生教育的、符合和满足新时期发展需求的"教学语法大纲",显得特别重要。教学语法体系自邓懿主编《汉语教科书》(1958)创建对外汉语教学语法体系以来,已经有60多年的历史。现有的教学语法体系集中体现在《HSK大纲》《专业大纲》和《进修大纲》等三个大纲中,但对《汉语教科书》的语法体系延续和扩展并不一定合理。学界对教学语法的标准、范围、成员、分级、边界(与词汇、语篇之间的关系)等问题都有过探讨,希望能制定新的教学语法体系已经成为共识。

所以,教学语法大纲的研制是本课题的主要内容和主要目标:研制出一个服务于教学的,完善的,有语料调查、习得考察支持的教学语法大纲,需要集中全国的对外汉语教学和研究的力量来共同完成。经过多次的集体讨论,团队理清了大纲研制的基本思路,拉出一个大纲研制的清单,最后将研究目标确定在两部分级大纲和两部分类大纲的研制上。

对外汉语教学语法大纲共研制四部,两部分级大纲和两部分类大纲,都是学术界首次研制的大纲。

2.2.2 分级大纲是《对外汉语教学语法初级大纲》和《对外汉语教学语法中级大纲》。

分级大纲体现了教学语法体系的建构思想,以"以句子为核心,贯通句子与篇章、句子与短语,建立以句子为核心的语法关系体系"作为理论背景,再确定大纲的"初级—中级"的分级标准和分级依据，依据大规模的数据统计和一部分的专家干预，从作为教学语法大纲的本质属性出发，确定以语法指标为核心。而词汇属于高频指标，词汇、汉字与语法有一定的相关性，且同属语言本体要素，可以作为关联指标。同时，以典型二语学习环境中的学习时长作为辅助性的参考指标。以语法点（207±53个）、词汇量（2017±273词）、汉字量（1117±388字）以及学习时长（1学年在华进修）作为分级标准，初级大纲收录语法项目268条，中级大纲收录语法项目424条。中级大纲是初级大纲的"进阶"。相较初级大纲，中级大纲的结构、类项，在汉语语法知识的广度和深度两个维度上有了进一步的延展。

2.2.3 分类大纲为《对外汉语教学语法书面语大纲》和《对外汉语教学语法口语大纲》。书面语大纲收录语法项目831条，口语大纲收录语法项目836条。

分类大纲语法项目的析取，数据收集涉及近20部不同的教材、多本词典，特别是相关的工具书，多部语法大纲和教学大纲，以及相关论文著述。将这些资料中有语体标注的语法项目，穷尽性地加以收集。分类大纲语法项目的等级划分，主要包括"重要性等级""难易度等级"和"语体等级"。重要性等级是就该语法项目的用频而言的，主要通过查询中介语语料库、通用教材语料库等，根据语法项目在其中的使用频率而定；难易度等级是就该语法项目在学习过程中的先后顺序而言的，主要参考教材中出现的先后和已有大纲中的等级排序来确定；语体等级是就该语法项目用于书面语体或者口语语体的倾向性程度而言的，语体等级的确定有三个途径，一看教材/工具书中是否具有显性标注，二是根据相关研究论著的观点，三靠专家干预。

2.3 教学参考语法书系研发

2.3.1 对外汉语教学发展多年，一直缺乏有针对性的、配合教学语法大纲的参考语法书系,给教师教学和学生学习都带来不便。编写教学语法参考书能满足教师学生的需要,可以填补基于对外汉语教学语法大纲的专书的空白,可以培养一批研究和教学人才。书系是以大纲为参照编写的,作为本体研究和教学研究的重要工具书,是对大纲的深化和阐述。书系书目的确定、编写方式的确定以至于作者队伍的确定,都做到和大纲的研制同质同步,书系作者了解和参与大纲的研制过程和研制思想,有些作者还是大纲的制定者,真正体现了书系是"对大纲的深化和阐述",体现了是整个项目两个有紧密联系的组成部分的指导思想。

2.3.2 书系是以大纲为参照编写的,作为本体研究和教学研究的重要工具书,将根据大纲项目设计为多卷本;书系在研究手段上,充分运用大规模语料库和计算机检索软件,力求做到观察充分、描写充分、解释充分,做到定性与定量相结合,体现出描写的科学性和时代性,也延续了大纲的研究方法。作为主要结项内容的教学参考语法书系目前的规模是26本,分为6辑。书名即所涵盖的语法项目,既有体现日常教学重点难点的《助词"了"》《"把"字句》《量词》《趋向补语》等,也有吸收新的语法理论、拓展新的教学内容后新增的《语素》《语篇的连贯和衔接》《反问句》等。大致涵盖各个层面的语法项目,具体涉及实词、虚词、句法成分、句式和句类以及其他语法单位等。

2.3.3 书系书目的确定,依据大纲中语法项目的重要性而定。所谓的重要性,是指该语法项目所在等级的高低,以及该语法项目在不同等级中的分布。书系的作者是在全国范围内通过推荐和自荐、三批次遴选出来的。这些作者都具有现代汉语语法专业的学历背景,又有实际的对外汉语教学经历,分布于海内外20余所高校。每册的撰写大纲均经过课题组组织的专家评议,数次修改完善而成。

2.3.4 书系是面向一线对外汉语教师编写的通用型教学语法参考书。在选择问题方面，不追求理论的深度和广度，但求入选的问题能契合教师的需要，解决教学中的实际问题。书系的内容基本上是在本体篇、习得篇、教学篇三个部分加以体现，以问答的形式编写，每本书设计了60—80个具有代表性的问题。在语言表达方面，尽量不使用过于专业的术语和概念，而用浅显的表述和直观的例句分析及解释所论述的问题，以满足众多非专业背景的海外二语教师的需要。对外汉语教学参考语法书系的特点是：（1）以"语法项目"作为书名，不求体系完整，成熟一本撰写一本；（2）专业性不能太强，要考虑到书系的读者需求，他们阅读这本书的目的是为了解决教学上的问题，除了必要的理论阐述和说明之外，要求尽量早一点切入到教学上去；（3）提出的问题要切合教学实际，60—80个问题，其实就是这本书的目录，读者易检索，很快就能对症下药，找到自己想要的东西；（4）问题要有针对性、实用性，针对学生的水平等级，围绕这个语法项目，把教学上可能遇到的问题按等级排序。

2.4　对外汉语教学语法综述汇编编著

2.4.1　教学语法大纲主要体现的是"教什么"的问题，而两本汇编是为想了解"怎么教"和"怎么学"这两个问题的读者编写的。编著这两套综述汇编，首先是项目研制的需要，是和大纲研制、书系研发互相支撑、互相配合的；其次是近20年的学术资料的汇编学术界和出版界均尚无成果问世，很多研究者迫切需要这方面的资料；再次是这套汇编的写法与其他成果汇编不同，两套综述汇编不仅仅是"汇编"，里面有很多编选者的评议和引导，是"编著"类的"汇编"，这类"汇编"其实是不多的。

2.4.2　综述类专著8本分为两个系列。《近20年对外汉语语法教学研究指要》分"词法篇"与"语法篇"两部分，以语法项目为纲，分编、章进行。其中，分册一和分册二为"词法篇"，分册三和分册四为"句法篇"，对近20年学界对语法教学各部分的研究做了整理与总结。《近20年汉语作为第二语言语法习得研究》分为理论及综合、语法（上）、语法（下）和词汇。本套丛书基于近20年汉语二语语法习得研究各领域的发展现状，结合汉语本体研究、汉语二语教学研究分析探索了各领域的研究特点和不足，并对研究的前景进行了展望。

2.4.3 教学语法需要的不仅是描写的语法，更是讲条件的语法。综述汇编入选的内容要契合教师的需要，要能解决教学中的实际问题。这套综述汇编以本体研究已有成果为引领，以指导教学实际应用为目标，在语言表达方面，尽量不使用过于专业的术语和概念，而用浅显的表述和直观的分析来解释所论述的问题；综述汇编的切入点与已有的相关论文和专著有所不同，是系统地从语法教学和习得角度入手，以展示问题为主，评述相间，重在评论。可以这么说，综述汇编追求的是"好用、管用"，便于读者"看得懂、记得住"，从而具有"用得上"实际效果。

2.4.4 综述汇编编著始终坚持"问题解决"这一服务目标人群的研究方向。综述类汇编是对大纲和书系的补充，主要面向汉语教师、国际中文教育专业研究生和本科生，以及一切有需要进一步了解、研究的群体。对目标人群的深刻理解，在发现问题、解决问题上就能做到有的放矢：材料尽可能齐全；编著者所作的分析要有依据；编著者作出的解释能让研究者信服。两套综述汇编都能做到对相关问题作出梳理，述、评结合，突出评价的学术性、原创性和实用性，力图使读者对相关论题有一个全面的认识和深刻的思考，并为进一步的研究提供方向。

三 教学语法体系研究的路径方法

对外汉语教学语法体系研制的总体思路是，在语言理论和语言学习理论的指导下，运用定量和定性相结合的方法，以基础研究为支持，应用研究为导向，研制出面向第二语言教学的、具有新时期特征的汉语教学语法体系，揭示汉语教学语法体系的总体结构和特征。可以用下面几句话概括：以教学语法大纲为纲，以纵向延伸和横向联系为线索，以语法项目为研制大纲的切入点，以教学参考语法书系和综述汇编为辅佐和支撑。

3.1 以教学语法大纲为纲

3.1.1 现有的教学语法体系集中体现在《HSK大纲》《专业大纲》和《进修大纲》等三个大纲以及《国际中文教育中文水平等级标准》中。但这些大纲、标准对《汉语教科书》的语法体系延续和扩展并不一定合理，对外汉语学界面临的问题已经在第五讲中有过论述。可以认为，教学语法大纲的研制是建构新的对外汉语教学语法体系的主要任务和主要内容，需要集中全国的对外汉语教学和研究的力量来共同完成，需要拉出一个研制大纲的基本思路，集体讨论确定后，分头进行研究，然后汇总综合。

3.1.2 研制出一个完善的，有语料调查、习得考察支持的教学语法大纲，有很多研究要做，这些研究可以是大纲的组成部分，也可以是大纲的材料支撑，所有的研究都是以大纲为出发点的；至于以大纲为参照编写的教学参考语法书系，以大纲为中心，为大纲服务编著的综述汇编，都可以为现代汉语本体研究和对外汉语教学提供支持和帮助。在教学语法体系的研究中，教学语法大纲将发挥"总纲"的作用，纵向的延伸和横向的联系都必须受到大纲的引领，受到大纲的制约。

3.2 以纵向延伸和横向联系为线索

3.2.1 所谓的纵向延伸是指为研制大纲而必须开展的研究环节。大纲性质的不同，决定大纲研究方法的不同。以往研究中更多地依靠专家干预，依靠专家的经验来确定大纲，《汉语教科书》以来的研究大都是这样的状态。这样的研究方法主要是一种定性研究。对外汉语教学语法大纲研制研究的大纲，是一个基于语料调查、习得考察而研制成的教学语法大纲。这项研究将更多地依靠语料库，依靠问卷调查、学习预测等一些实证性的研究手段来完成，这是一种属于定量分析的方法，和以往的研究不同。大纲研究中语法项目的确定和提取，语法项目分级的标准，在很大程度上以这样的研究数据作为依据。大纲"纲"的作用会在纵向的延伸中得到充分体现。

3.2.2 所谓的横向联系是指围绕大纲而展开的研究。横向联系有两个部分，一个是教学参考语法书系的研究，一个是综述汇编的编著。书系是以大纲为参照编写的，作为本体研究和教学研究的重要工具书，将根据大纲项目设计为多卷本；教学参考语法书系的编写方针，是从大纲出发，是对大纲的深化和阐述；教学参考语法书系的书目确定，依据大纲中语法项目的重要性而定。总之，教学参考语法书系的研究都是在大纲的作用下展开的。在研究手段上，教学参考语法书系力求做到观察充分、描写充分、解释充分，做到定性与定量相结合，体现出描写的科学性和时代性，也延续了大纲的研究方法。

综述汇编的编著，主要是将教学语法大纲和与之关联的资料汇编联系起来，将教学语法大纲的研究对象"教什么"和"怎么教""怎么学"联系起来，从而构成完整的对外汉语教学语法体系，在资料上做好搜集补齐的工作，满足需要进一步学习研究的读者的需要。两套综述汇编搭建框架基本上按照大纲的语法项目展开，在词法、句法层面上进行分析和评述，有利于对相关语法项目的查询，了解所有的相关信息，与教学语法大纲的学习和使用有最大限度的关联。

3.3 以语法项目为研制大纲的切入点

3.3.1 近些年来，对外汉语学界开始重视对汉语语法项目的研究，包括语法项目分级、选取、排序的研究，但是这些研究普遍反映出的问题是：（1）在汉语事实的观察和分析上不够精确，对汉语本质性的特征揭示不够；（2）被试的样本量太小，取样的典型性上考虑问题不够全面，例如不同语言背景、不同汉语水平、不同学习动机的被试分布。

3.3.2 教学语法大纲中语法项目的提取，将在大规模语料库的支持下，采取以下研究路径：（1）尽可能多地收集录入现有各种教材的语法项目的数据，按照"类—项—点"标注的工作思路，整理语法项目，确定相应的标记；（2）对于一些有争议的，特别是中间状态的语法项目，如语素、离合词、固定短语等，用测试的方式在中国学生和留学生中进行比较实验，通过数据作为取舍的标准；（3）对一些反映汉语本质特征的语法项目，如"把"字句、比较句、语气副词、时态助词等，在现有研究的基础上，通过调查问卷，通过专家干预，作出重新界定。

3.3.3 语法项目分级标准的确立，不同的大纲采取不同的方法。分级大纲的关键点在于初级中级的分级，采取的方法是在大规模数据统计的基础上，用定量分析的方法，确定分级指标的组成，即本质指标（语法指标）+关联指标（词汇指标+汉字指标）+参考指标（学习时长），统计出这些指标的一定数值，作为分级标准。分类大纲则提取重要性、难易度和语体三个指标作为分级依据，用是否具有显性标注（数据库统计）+相关研究论著的观点（调查研究）+专家干预的方式加以确定。可以这么认为，语法项目分级标准研究方法上体现出的科学性和针对性，使这几部大纲的质量得到了提升。

3.4 以教学参考语法书系和综述汇编为辅佐和支撑

3.4.1 教学参考语法书系的编写方针，是从大纲出发，是对大纲的深化和阐述；参考语法书系的书目确定，依据大纲中语法项目的重要性而定。教学参考语法书系的研究路径大致是：（1）依据语法项目的重要性，确定书系的书目。所谓的重要性，是指该语法项目所在等级的高低，以及该语法项目在不同等级中的分布。语法项目的重要性有客观数据的支持，也有专家的人工干预。通过筛选，列出的重要的语法项目，并以此语法项目作为书目，进入撰写阶段。（2）为便于教师的教学和学生的学习，书系对语法现象的分析，原则上采用规定性语法的分析方法。（3）作为配合大纲、为大纲服务的教学参考书，全书采取问答式的方式进行展示。

3.4.2 综述汇编的编著是为大纲服务的，是对大纲回答的"教什么"问题的补充和完善。综述汇编的编著路径可以归纳为以下几点：（1）要体现关联作用——编写纲目基本上以语法项目为纲，便于以后对每一个语法项目进行各种关联，便于对大纲的学习和运用；（2）要体现查询作用——要穷尽式地收集近20年各种相关研究的资料，对收集到的资料按照语言单位进行分类，尽量做到详尽，以体现查询的功能；（3）要体现评价作用——要打破一般性综述类著述的束缚，述评相间，突出评价和展示部分的撰写，为读者作一定的阅读、提高的指引，提升汇编的学术品位；（4）要体现资料作用——所搜集的资料和所撰写的评述，要为今后的数据库建设作好资料准备。

第七讲　建构以句子为中心的教学语法体系

一　以往教学语法体系的不足

从第五讲的分析可以看出，以往的教学语法体系的不足是客观存在的；以往的研究成果，也不同程度地表现出有待进一步深入研究的地方。学术史回顾中的已有代表性成果体现的特点，显示出在"教学语法体系的理论背景、体系构架、大纲范围、语法项目提取和分级的原则及方法等问题上的欠缺和不足"（齐沪扬、张旺喜，2018）。

1.1 《汉语教科书》的影响过大

1.1.1 《汉语教科书》1958年出版。这部教科书包括绪论、语音、语法三部分，其中"语法"部分包括60课、170条语法解释点。该书在语法点的切分和编排方面遵循的原则如：语法点和词汇、课文的难易程度相配合，做到逐步地由浅入深；对某些同类语法点（如数词、补语、否定及提问方式等）做分层次的环形（即圆周式）编排；各语法点的出现顺序尽量顺应其内在联系（如先出"了"后出"是……的"强调句、先出结果补语后出可能补语等）。

1.1.2 《汉语教科书》是新中国成立以来第一部正式出版的对外汉语教科书，是20世纪50年代汉语教学实践的总结。《汉语教科书》有其历史地位：首先是把对外汉语教学从对本族人的汉语教学中分离出来，其次是第一次提出了较为实用的汉语教学语法体系。《汉语教科书》的语法体系吸收了汉语语法学家的研究成果，总结了语法教学的实践经验，因而具有较强的针对性、实用性和完整性，对后来的教材影响很大。现在使用的语法体系，虽然有了若干变化，但并没有改变原来的体系。这从上面列举的代表性成果中可以看出。

1.1.3 时至今日，各种教材层出不穷，但《汉语教科书》仍不失为一部重要的参考书，受到国内外汉语教师和语言学家们的重视。一方面说明这本教材确实有其历史地位和学术地位，但从另一方面也证明了对外汉语学科发展缓慢，教学语法体系至今仍是五六十年以前的框架，怎么说这也是一个不太正常的现象。

1.2 结构主义理论的桎梏太紧

1.2.1 中国语言学界特别是语法学界，受结构主义影响很大，美国描写主义语言学的语法理论和分析方法，对汉语语法研究的走向起过决定性的作用；赵元任《汉语口语语法》中的语法体系，因为联系汉语语言事实的分析，更容易被汉语语法学界接受，胡明扬（1995）认为"这样一个体系也正是50年代以来国内影响较大的语法著作"。

1.2.2 在对外汉语教学界，受语言学结构主义理论和心理学行为主义理论的影响，句型教学法曾经深刻地影响过对外汉语教材的编撰。听说领先、反复操练、以句型为中心、通过语言对比确定教学重点和难点这一些教学原则为学界所接受；在语法项目习得的操练上，遵循"词语—句型—会话"的顺序展开，语法项目限定在句子范围内。

1.2.3 无论从后来的各个时期所编写的主干教材中，还是从20世纪80年代以来出版的一些对外汉语教学语法参考书中，都可以看到结构主义语言理论的影响。研究者们在沿袭《汉语教科书》体系的同时，事实上在贯彻着结构主义理论的语法观，这自然与研究者的学术背景是紧密联系的。功能主义特别是认知理论的传入，面对对外汉语教学的实际状况，学界的很多争论都和理论背景相关。例如：如何看待句法、语义、语用之间的关系？对外汉语语法教学中，三者是同步教授还是分级教授？篇章概念是不是要引入对外汉语教学中来？等等。进入新世纪的对外汉语教学，自觉地接受多元的语言学理论的指导，这应该成为学界的共识。

1.3 对汉语语法本质特征的认识有待加强

1.3.1 汉语现代意义上的语法研究自马建忠起，深受印欧语言语法影响的《新著国语文法》，就是在英语纳氏文法的理论框架下写就的。20世纪50年代颁行的指导中小学语法教学的"暂拟系统"，被批评为传统语法影响下的产物，1981年哈尔滨会议上，对"暂拟系统"在指导思想和具体问题的处理上作了很大修正，形成了之后的"提要"。但是"提要"没过多长时间就被批评为"结构主义痕迹太重"，在中小学教学"淡化语法"的思想指导下，弃之不用了。

1.3.2 中小学母语教学语法体系的拟订、使用、发展的曲折过程，值得对外汉语学界记取和重视。"暂拟系统"和"提要"之所以不受欢迎、不被重视，很重要的一个原因就是对汉语语法的本质特征认识不够清楚。在当前汉语国际教育的大环境下，面对大量不同国籍、不同年龄、有着不同学习目的的以汉语作为第二语言的学习者，要使他们能够高效、明确地掌握汉语，我们自己必须对汉语的特征有充分的了解。以往的研究成果已经揭示出了汉语的一部分本质特征，但并不全面，更缺乏系统性。

1.3.3 现有大纲体系尚不完整，范围还需框定。研究者们虽然尚未达成一致意见，但对于现有体系不足有相当的共识。意见主要集中在教学语法体系本身的欠缺或不足上。例如教学语法体系要向两头延伸，增加语素、构词、语段或篇章的内容，教学分级不尽合理，初级阶段比较集中，中高级阶段比较疏松，语法不足词汇来凑现象比较严重，等等。作为和母语语法教学中"暂拟系统""提要"

具有相似地位和相似作用的教学语法体系，研究者们对汉语语法本质特征的认识有待加强。

1.4 为目标人群服务的理念不够清晰

1.4.1 教学语法需要的不仅是描写的语法，更是讲条件的语法。对外汉语教学语法体系应以本体研究已有成果为引领，以指导教学实际应用为目标。体现教学语法体系的成果如大纲、教学参考语法书系等编著的主要目的，就是入选的内容要能契合教师的需要，要能解决教学中的实际问题。在语言表达方面，尽量不使用过于专业的术语和概念，而用浅显的表述和直观的例句来分析和解释所论述的问题。除此之外，依据"就易不就难，从教不从研"的原则，具体说来，就是"解释说明能简不繁""义项概括能合不分"，目的是为了方便读者"看得懂、记得住"，从而达到"好用、管用"的编撰目的。

1.4.2 以往最能体现教学语法体系的几个语法大纲，为目标人群服务的理念不够清晰，最为人诟病的是教学语法四级分级存在先天的不足，哪些内容应该放在哪个等级的大纲中，后来的研究人员心中无数，以致语法大纲不像语法大纲，倒有点像个词表。大纲和教学参考语法书系的使用者是一线教师、本科生或研究生及研究者。使用者有不同的使用要求，偏重于教学或偏重于查询的使用需求是不同的，大纲和书系要服务于教学、考试，因此，在取项、解释、术语运用等具体问题上，都不能缺少服务的理念。

1.4.3 理想的语法大纲的研制、教学参考语法书系的编写以及综述汇编的编著，都应该从问题入手，应用价值要得到充分的体现：首先，大纲、书系和综述汇编都要有明确的读者群，针对这些目标人群在实际工作中可能遇到的问题，开展具体的研究；其次，所关注的问题都是对外汉语教学中主要的语法问题，这些问题不仅仅是理论上的,更涉及具体的语法项目或语法点上的;再次,加深对目标人群使用需求的理解和了解,在发现问题、解决问题上就能做到有的放矢。针对不同的需求,适时地调整编著重点。

二 对外汉语教学语法体系建构的迫切性和现实性

2.1 迫切性:学科发展的需要和教学应用的需要

2.1.1 面对对外汉语教学语法体系长期得不到改善的情况,学界一些学者从20世纪90年代开始,便提出改革对外汉语教学语法体系的愿望。德国的柯彼德(1991)最早发出改革的呼声,强调短语词在建构教学语法体系中的重要性;吕文华(1992)继而呼吁改革,强调语素在语法体系建构中的基础作用;2015年12月,北京语言大学对外汉语研究中心举办对外汉语教学语法体系建设论坛,一批中青年学者参会,强烈呼吁学界重构对外汉语语法体系。这充分表明,对外汉语教学语法体系已到了非改不可的地步。

教学语法不能再局限于语法知识本身,而是以学习者语言能力的培养为目标。凡是能促进学习者语言能力的语法项目都应析出为语法大纲的项目。语法项目编排依据的是语法形式,依据条件式来描述细目的功能。使用条件式有利于促进语法知识转化为语言能力。

语法体系中的等级划分不宜简单理解为语言本身的难度区分,更应理解为习得过程性的内在要求。以促进学习者生成语言能力为目标,项目编排以语法结构为基础,细目描写以促进语言能力生成为重点。学科的发展带来了认识上的提升。

2.1.2 学界对对外汉语教学语法体系的改革,一贯持积极赞同和大力支持的态度,面对需要建构的对外汉语教学语法体系,主要考虑以下四个方面的问题。

(1)以什么样的理论背景作为该体系建构的依据?

（2）依据什么标准确定教学语法体系——包括句法、语义、语用三个平面应该如何取舍和协调？

（3）该体系的范围如何框定，包括哪些语法项目？固定词组和可以有限扩展的类固定词组如何区分、如何取舍？各级语法单位究竟包括哪些内容？例如语素、语篇等的语法项目如何提取、用什么标准确定？

（4）该体系的教学分级的依据是什么？采取什么方法能够更充分体现教学分级有利于语法教学和外国学生的习得？

2.1.3　对建构新的对外汉语教学语法的思考。主要基于两点：（1）主张以句子为核心，贯通句子与篇章、句子与短语，建立以句子为核心的语法关系体系；（2）建构三层级的教学语法体系，即教学语法体系要建立在对学习者的特点与需求把握的基础上，而学习者的特点与需求，又要以语法习得规律、汉语语法规律、汉外语言差异三方面的认知研究为基础。

也就是说，一个科学的教学语法体系，首先是要综合语法习得规律、汉语语法规律以及汉外语言差异这三方面的情况，并以此为基础，再看学习者的特点与需求，最后综合考量和建构对外汉语教学语法体系。当然，这样想，是十分理想化的，但我们需要为此目标努力，向此目标奋进。

2.2　现实性：认知语法研究的基础作用

2.2.1　教学语法体系一定要以某种语法理论为基础。

对外汉语教学语法体系不能建立在"沙滩"上，也就是说，要建构教学语法体系，就必须以某种或某几种现代语法学理论为基础，那种认为教学语法体系可以不依赖语法学理论而能建成的想法，是我们所不能接受的。

那么，对外汉语教学语法体系应以怎样的理论为基础呢？这是一个见仁见智的问题。当然，每一种语法理论都有其作为教学语法体系基础的可取的一面：传统语法比较系统；描写语法比较细致；结构主义语法更加关注形式，易于学习者把握；功能语法更偏向于语用功能，更具交际实用性；等等。而我们需要思考的是，适用于对外汉语教学语法体系的语法理论，应该具有哪些基本特征？

2.2.2 认知语法具有作为教学语法体系建构基础的优势，符合我们理想中用于建构对外汉语教学语法体系的一种语法学理论。它至少有以下三方面的优势。

（1）认知语法重在语义解释。它着重研究某一语法点的核心语义是什么？该核心语义又是如何形成的？也就是说，它不但要告诉我们语义是什么，而且也要告诉我们语义之所以形成的认知心理基础。就像"V着"结构，不仅告诉我们四种基本语义是什么，彼此有何不同，还告诉了我们，"V着"语义形成的认知心理机制在于，它来源于人们观察事件的视点平行移动模式。这样的语义解释，就有可能让汉语学习者"知其然，然后知其所以然"。这对教学是有用的。

（2）认知语法对语义的心理现实性的追求，是符合人类认知的民族性和普适性的实际的。我们认为，各民族虽然对外部世界有自己独特的认知感受差异，但人类作为万物之灵，毕竟对世界有着基本相同的认知感受，而这也正是人类不同民族之间可以相互沟通、相互了解的基础。我们对汉语"把"字句位移图式的概括，之所以能够较为容易地为外国留学生所理解，恐怕与此不无关系。我们有理由相信，基于认知语法的心理现实性所建构起来的教学语法体系，应当是有强大生命力的。

（3）认知语法所阐释的语义，具有较高的系统性、概括性和层次性，这一点正是建构教学语法系统最需要的基础。认知语法追求语义解释的高度概括性，这充分体现了以简驭繁的要求；认知语法追求语义解释的高度系统性，往往在典型与非典型中找到语义解释和语义关系的平衡点，这是教学语法系统性的必然要求；认知语法追求语义解释的高度层次性，语义理解是一个层层深入、不断细化的过程，而这正高度契合教学语法系统层级性的要求。我们对汉语补语系统的建构，就充分展示了认知语法的这一优势。

2.3 以认知语法为基础，建构对外汉语教学语法新体系

2.3.1 以认知语法理论为基础，建构对外汉语教学语法新体系，这是一个我们可以期待的理想目标。从目前现实情况看，尽管在过去20年间，汉语的认知语法研究已经取得了长足的进步，积累了不少研究成果，但是从整体上看，研究任务还远没有完成，还需要我们进一步扩大和加强这方面的研究，使其成果进一步系统化、科学化，进而为更科学的汉语教学语法体系的建构作出努力。

2.3.2 当然，任何一个语法理论，要想成为对外汉语教学语法系统建构的基础或主要基石，其面向教学解释的实用性，也就是对教学实践的转化，也是一个需要考量的维度。关于认知语法研究成果教学转化的可行性，事实上在很多著述中已有体现。我们有理由相信，认知语法的研究成果，是可以很好地进行教学实践转化的，并且它能对教学效率的提高产生积极的作用。

2.3.3 有学者认为，围绕汉语句子而展开的多层次研究应当是对外汉语教学语法系统建设的中心任务，"从句子出发，着重研究句子与词组、句子与句子、句子与语境之间的相互选择与相互制约关系。对这三重关系的深入研究，是完善对外汉语教学语法系统的一个重要条件"（张旺熹，2003），这个主张是很有见地的。我们以句子为核心建构教学语法体系的框架，其理论依据就是认知语法。

要说明的是，我们立足于汉语认知语法，以句子为中心建构起

来的对外汉语教学语法体系，只可以看作一种尝试和实验而已。我们把认知语法研究作为基础来建构教学语法体系，也只是提出的一种方案，而并非要唯"认知"独尊。事实上，我们现在所建构的教学语法体系，也是在贯彻"以结构主义理论为框架基础，以认知语法理论为理论背景"的原则上撰写的。这个体系是立足于汉语的本质特征，既不排斥某一种理论，也不盲从某一种理论；既采用结构主义的研究方法，也采用功能主义的研究方法。这是基于大规模语料基础上的、有实证数据支持的一项研究。

三 为什么要以句子为中心建构教学语法体系

张旺熹（2003）的观点其实代表了学术界很多人的看法。冯胜利、施春宏（2011）在阐释"三一语法"时也指出："三一语法是一种新型的二语语法教学体系，其基本框架包括句子的形式结构、结构的功能作用、功能的典型语境这三个维度，它们彼此独立而又互相联系，构成一个有机整体。"李先银（2020）也提出将"基于使用的语法理念"确定为对外汉语语法系统的指导思想。这些思想都突显了句子在建构教学语法系统中的基础性作用。我们主张以句子为核心建构大纲的框架，主要有三个原因。

3.1 句子是语法形式描写的"整合"框架

3.1.1 《汉语水平等级标准与语法等级大纲》（1996）中，所列语法项目总共1,168项（甲级129项、乙级123项、丙级400项、丁级516项）。语法点是语言学习的要点，也是语言教学的要点。对外汉语教学，特别是对外汉语语法教学中的许多环节，都是围绕着语法点展开的，如教材编撰、教学理论的贯彻、教学技巧的运用等等。把语法项目作为研制大纲的切入点，而大纲又是语法体系的直接体现，其重要性是不言而喻的。

但是，教学语法体系是服务于有计划的语言学习过程的，它不应局限于碎片化的语法项目，而应是碎片化与整体化的有机统一，这样才能以较为理想的方式促进语言学习活动。我们希望找到一个恰当的语法形式描写"平台"，可以把离散的"语法点"整合起来，将语法教学建立在一个简明的汉语语法框架基础上，从上而下地逐步促进学生汉语能力"内部系统"的生成。对学习者而言，这样的语法大纲就像是一幅地图。这幅地图可以给学习者提供一门语言的整体景观，以帮助学习者在这幅地图上定位，遵循着简明的路径，达到期望的目的地。一个好的语法大纲，如同一幅地图一样，便于学习者发现、理解、掌握语法形式所表达的意义与功能，从而为创造性地使用汉语提供有效的指导。

3.1.2　一般来说，句子是最大的语法单位，每个语法点相互的联系与相互作用的方式都体现于句子这一语法单位中，可以说，句子的基本格局是一门语言整体景观的框架，一个语法项目，无论是实词还是虚词，无论是词还是词组，它的用法都体现在句子的构造当中。以主语为例，《汉语水平等级标准与语法等级大纲》分列5个语法点（甲051—055）说明充当主语的成分，指出名词（包括时间词、处所词）、代词、数词、名词词组、"的"字词组、动词、动词词组、形容词、形容词词组及主谓词组做主语。充当主语的成分繁多，这会使学习者难以把握汉语主语的本质特点，从而给学习者造成相当的困扰。

3.1.3　一门语言有自己的基本格局，就汉语而言，它是一种话题优先的语言。赵元任（1979）指出："……在汉语里，把主语和谓语当作话题和说明来对待，比较合适。"朱德熙（1982）也指出："汉语的主语和谓语之间的语义关系是很复杂的，说话人选来做主语的是他最感兴趣的话题，谓语则是对选定了的话题的陈述。"吕文华（2014）提出："汉语是话题突出的语言，汉语的句子结构模式是'话题—陈述'。"因此，很有必要在汉语学习的起始阶段就向汉语学习者介绍汉语主语的内涵，使学习者尽早建立汉语句子"话题—陈述"的基本结构模式。在掌握这种基本结构模式之后，后续的其他语法项目可以在这个基本结构模式的基础上进行扩展和延伸。因此，我们主张以句子为"平台"建立以句子为核心的语法关系体系，搭建大纲的框架，以句子为核心，贯通句子与篇章、句子与词组。我们研究的初级大纲第一部分就是"句子框架、功能与成分"，第一个语法项目，即"【初001】主谓句"即是对汉语句子基本格局的说明，这也是初级大纲的起点。

3.2 句子是语法分析与综合的有机结合体

3.2.1 学习语法项目，就是要学习这个语法项目的用法，就是要提高学习者的语言运用能力，满足学习者的语言交际需要。从语言表达的角度看，句子是语言交际的单位，语言的使用者总是在一定的语境中用句子来行事。结构主义语言学将语言研究的对象限定在语言的形式特征上，但脱离语言环境的、抽象的语言形式的系统描写与语言的实际使用是脱节的。说话者必定处于某一个语境，先有表达意图，然后才利用语言形式生成句子，而不是相反，先掌握语言形式，再寻找意义表达。语言学的研究早已突破了结构主义的局限，朝着更为广阔的语义学、语用学、言语行为理论、社会语言学、篇章语言学等领域迈进，尽管形式分析为语言提供了简单、清晰、实用的描写语言形式系统的方法，但语言不应脱离语境、脱离话题、脱离说话者与听话者而进行独立的研究。

3.2.2 分析与综合，是第二语言教学的一对矛盾。不加以分析，语言系统无法清晰地展示出来，学习无法入手；不进行综合，学习的要素不能得体地使用。而句子恰恰是分析与综合的有机结合：向里，它是结构问题；向外，它是表达问题。句子是平衡结构与功能、分析与综合的关键语言单位，也是建构体系、研制大纲时进行语法项目析取、解释的基本依据。

以动词为例。在语言表达中，动词起着核心的作用。就汉语而言，动词关涉对象、位移、结果、状态、可能、时量、动量、情态、体、态及其修饰与限定等表达需要，这些表达有哪些语言形式可供使用？使用这些语言形式时有哪些限制或要求？围绕这些问题，我们先把动词语法项目按照表达需求分为13种：（1）动词与关涉对象的表达；（2）趋向动词与空间位移的表达；（3）趋向动词的引申用法；（4）动词与相关结果的表达；（5）动词与相关状态的表达；（6）动词与事态可能性的表达；（7）动词与时量的表达；（8）动词与动量的表达；（9）能愿动词与情态的表达；（10）主动与被动的表达；（11）动词与体的表达；（12）动词的重叠；（13）动词的修饰与限定。

在此基础上，说明相应类别下具体的、可供选择的语言形式，如"时量的表达"中，分列以下6个语言形式：（1）动词（可持续）+时段；（2）动词（可持续）+了+时段；（3）动词（可持续）+了+时段+了；（4）动词（可持续）+过+时段；（5）动词（非持续）+了+时段+了；（6）动词+时段+宾语（名词）/动词+宾语（代词）+时段。

最后从形式、意义、用法三个方面加以具体说明，如【初096-3】时量补语具体呈现为：

形式：动词（可持续）+了$_1$+时段+了$_2$。
意义：表示动作行为的持续的时间对当前产生某种影响。
用法：动词为持续性动词。往往有后续的句子。
例句：这本书看了三天了，还没看完呢。

我等了一个小时了，火车还没到。

3.2.3 以句子为中心建构的教学语法体系中，设计的大纲是基于句子的使用，是由交际能力驱动的。大纲语法项目的析出与描写，出发点是表达，落脚点是形式。一个语法形式，不仅是一个形式结构体，更是实现交际需求的工具。由此，对语法项目的描写必须是多维的，这种描写能综合体现一个项目语法、语义、语用之间的紧密关系。

说话人想表达什么？需要什么语法形式？这个语法形式有什么语义特点？要满足什么语用条件？不把它们说清楚、说具体，语法大纲难以起到指导具体教学实践的作用。正如李泉（2016）所说，对外汉语教学语法核心标准是"详尽、实用"，这是十分值得重视的。"详尽"要求语法项目（形式）的齐备，"实用"要求语法项目要满足表达的语义、语用要求。

3.3 句子是语言交际能力的直接表现

3.3.1 交际能力大于语言能力，这已经是公认的结论。语言交际能力包括三个范畴，即操作语言形式结构系统的语言能力、在上下文中运用语言形式的语篇能力和在具体交际情景中运用语言形式结构的语用能力。交际能力体现为交际行为，句子是交际行为的直接载体，它是语言能力、语篇能力、语用能力这三个范畴互相影响、互相作用的结果。

3.3.2 语言是一个复杂的动态系统，语言研究需要采取更为宏观的视角。与此相适应，第二语言教学应在语言形式系统描写的基础上，采取更为多维的视角。20世纪70年代，Wilkins（1976）提出了意念大纲（notional syllabus）理论，引入了语义—语法范畴、情态意义范畴和交际功能范畴，在语言教学中大胆地把语言与语境、语言与语言的使用者结合起来。Savignon（1972）和 Widdowson（1978）

等进一步提出了交际语言教学（communicative language teaching），Hymes（1972）也提出了语言交际能力（communicative competence）这个概念。

美国《21世纪外语学习标准》是由美国教育部门以及多个外语教学协会共同研制的国家外语课程标准，于1999年经修订补充再版。《21世纪外语学习标准》的核心主题是以5个C字母打头的词：Communication（交际）、Cultures（文化）、Connections（贯连）、Comparisons（比较）、Communities（社区），即在语言交际、文化认知、外语与其他学科的联系、语言文化方面的比较以及到社区等校内外环境运用语言等五个方面来制定外语教育的培养目标。《21世纪外语学习标准》用全新的眼光来看待外语习得和外语教学问题，表明美国的外语教育已经从旧的教学模式中实现了蜕变，顺应了新的时代的要求：《21世纪外语学习标准》最关键的指导思想是提出注重学生的交际能力培养与综合素质培养的教学目标。

从第二语言教学的发展来看，这种基于交际能力的各个因素设计的宏观目标体系，代表了第二语言教学理论方法的发展趋势。语言学习不再是学习从语言整体中分析出来的语音、词汇、语法等要素，不再是把碎片化的要素组合起来，而是围绕语言交际能力这一核心目标，将语言作为一个整体来学习。

3.3.3 一个汉语学习者，如果他能够以言行事，通过说话或写作做好需要完成的事情，我们就有把握说他是一个成功的汉语学习者。说话或写作都是产出性交际能力。能准确地说出来或写出来一句话，必定掌握了这句话从词到词组、到句子的各个层次的语法规则，这是语言能力的体现；能流利地说出来或写出来一段话，必定掌握了句子的组织与衔接的规则，这是语篇能力的体现；能得体地说出来或写出来符合情景要求的一句话或一段话，这是语用能力的体现。

句子的使用，能够全面、直接地体现学习者的语言水平，可以说，创造性地生成句子，是学习者语言能力最根本、最直观的体现——这是衡量学习者交际能力的关键指标。从理论上说，凡是能够促进学习者创造性生成句子的相关因素都应该在语法项目的说明中加以体现——不仅是语法形式，更应包括语法形式所蕴含的语义特点、语用功能。

　　大纲是语法体系的具体体现。因此，大纲依托句子的表达，对此进行了重点关注。例如，"【初004-1】疑问句—是非问"的"用法"中重点说明了简短应答时语法形式的选择：选择谓语动词或形容词的肯定或否定形式，或选择"对、是（的）、不、没有、也许"进行简短应答。与此同时，特别说明了对否定形式是非问句引导提问时的应答方法。

　　再如，依据语气词"吧"的使用情景，将"吧"这个语法项目分为祈使句句末"吧"、是非疑问句句末"吧"、陈述句句末"吧"三个小的语法点。需要说明的是，这并不是说有三个不同的"吧"，实际上，出现在祈使、疑问、陈述三种言语行为中的"吧"有其语义共核，即说话人不肯定的态度，不同言语行为中的意义特点是其核心语义与言语行为结合后互相作用后的变体。但从教学的明确的角度看，分开来是有益于学习者习得的。

第八讲 以学习者为中心是教学语法体系建构的主要依据

对建构新的对外汉语教学语法的思考主要基于两点：（1）主张以句子为核心，贯通句子与篇章、句子与短语，建立以句子为核心的语法关系体系，应着重研究句子与短语的关系、句子与句子的关系、句子和语境的关系；（张旺熹，2003）（2）科学的语法体系应当建立在以学习者为中心的基础上，而学习者的特点与需求又要以学习者学习汉语语法的规律，汉外语法的异同点，汉语语法本身的客观规律和特点三方面的认知研究为基础。（郑懿德，1995；张旺熹、崔永华，2000；陆俭明，2000；张旺熹，2010、2019）

对学习者的特点与需求如何把握，似乎更需要认真思考如"语法教学中怎样做到以学习者为中心""学习者语法习得规律应该通过什么手段获得""应该怎样理解学习者对汉语语法规律的认识和掌握"这样的问题。教学语法体系的适用对象是二语教学者和二语学习者，对目标人群的了解是为目标人群服务的前提，教学语法体系既是"教什么"的体现，也是"怎么学"的体现，自然更是"怎么教"的体现了。"以学习者为中心是教学语法体系建构的主要依据"，直接将"怎么学"和"教什么"联系起来，起纽带作用的则是"怎么教"。

一 学习者语言能力的培养是语法教学的主要任务

1.1 第二语言习得研究的内质

1.1.1 第二语言习得研究主要探讨语言教学三个主要问题——"教什么、怎么教、怎么学"中"怎么学"的问题。它的起点可以追溯到20世纪50年代的对比分析研究,(Lado,1957)目的是解决外语教学中第一语言迁移的问题。

1.1.2 随着认识和研究的深入,第二语言习得逐渐从"教"的角度转向"学"的角度,学习者语言及学习者自身的特点日益受到关注。随着"中介语"概念的提出以及"中介语"理论的逐步完善,第二语言习得研究随即确定了其独立的学科地位,人们对二语习得的研究不再以目的语为标准和参照,考察学习者语言脱离母语并逐渐靠近目的语的过程,而是将学习者语言看作一个独立的语言系统,既不同于目的语,也不同于母语,而是有自己独特的发展阶段和语言表现。

1.1.3 中介语是学习者在第二语言学习过程中自己产生的一套语言体系,它的一些特性在学习者的母语和所学习的第二语言中都无法找到。只有对这些学习者语言的特性及其背后的认知机制进行研究,才能真正理解第二语言习得的过程。

1.1.4 在语境中恰当地使用语言是理解和掌握一门语言的重要体现和标志,这是语用研究的内容。中介语作为一种独立的语言系统,除了语音、词汇、语法结构等语言形式的习得外,对交际中言语行为的理解与产出等语用方面的习得,也是中介语的重要组成部分,是二语学习者语言水平的体现。语用习得,简单地说就是目的语语用知识的习得。较之语言结构的习得,语用习得是二语学习的一大难点。语法偏误可以很快被识别和修正,学习者也容易通过反复练习逐渐掌握正确的语言形式,而语用的得体则难得多,需要长期的语言运用和语感的养成。

1.2 学习者的语言能力

1.2.1 汉语二语习得研究是在借鉴国外二语习得理论及研究成果的基础上发展起来的,其基本研究领域和范式也主要参照国外二语习得理论框架。经过30多年的发展，汉语二语习得研究在相关理论的引介和探讨、汉语中介语语言特征的描写和分析、汉语学习者个体差异的关注、汉语学习外部因素的影响等多个领域都有涉及和拓展，汉语二语教学和习得研究正逐步纳入世界二语习得研究的范围之内。

1.2.2 郭风岚（2007）指出对外汉语教学的总目标为培养汉语学习者的跨文化交际能力。跨文化交际能力的培养包括三方面：语言能力、语用能力、文化能力。陈敬玺（2012）指出汉语语言综合运用能力就是"国际汉语语言交际能力"，由四要素（汉语语言知识、汉语言语技能、汉语文化语用能力、汉语策略能力）构成，并论述了四要素之间的互动关系。语言能力的定义、语言能力标准是语言教学、语言测试的基石。姜丽萍（2007）提出在对外汉语教学中"交际能力"的构成要素及实现层级，并提出了在教学中实现"交际能力"这一目标的具体步骤。交际能力由语言能力、语用能力和综合能力三部分构成。交际能力分为准确性、流利性、得体性、创造性四个层级。

1.2.3 上述研究表明，母语者的"语言能力"和二语者的"交际语言能力"是有一定的差异的。对于二语学习者来说，如果只是以传统的认识讨论所谓的"语言能力"，那么对于真正理解第二语言习得的过程是有差距的。目前，对二语者"语言能力"的研究正呈深入的状态，对外汉语教学界很多学者在了解语言能力概念发展的基础上，讨论了交际语言能力对第二语言教学的意义，例如刘壮、阎彤、邱宁（2013）指出人的语言能力是"can do"即"能做某事"的能力，人的语言能力水平是可比的，语言教学的核心是培养学习者在现实生活中运用语言进行交际的能力，探讨了"can do"教学理念与任务教学法的关系。在汉语作为第二语言测试方面，研究者们正在改变"重视知识、重视技能"的做法,开始探索以交际语言能力为理论基础的语言能力量表的编制,这是实现以交际语言能力为基础的语言教学、语言测试的具体途径。

1.2.4 从语法教学的角度考虑,有学者提出,在教学中,要运用联结、精加工、组织等手段帮助学生建立汉语知识体系。通过规则学习、变式练习、自动化阶段帮助学生建立汉语的程序性知识;通过情境化教学帮助学生了解语言的得体性;通过课后作业任务化,保证言语输出的创造性。(姜丽萍,2007)这样的建议正是以学习者为中心的对外汉语语法教学目标的体现。语言教学的核心就是培养学习者在现实生活中运用语言进行交际的能力。

1.3 语言教学实践和二语学习者语言能力的培养

1.3.1 第二语言指一个人除了第一语言之外,另外学习掌握的第二种语言,经常作为辅助性语言以及通用语。此外,第二语言亦可与第一语言并列为个人母语。母语和非母语的习得差异表现为以下四点。

(1)语言行为习惯的不同。母语习得过程中语言行为习惯的形成不一定通过教学活动获得,语言知识、语言表达、语言修养等方面都可以在教室之外,通过社会语言学的许多因素获得;二语习得过程的语言行为习惯的形成主要通过教学活动获得,教师的影响特别明显。

(2)语言功能需求的不同。儿童习得母语的主动性、积极性来自说话的需要,成人习得母语的主动性、积极性来自生存的需要,这种需要都是一种本能,因此,母语习得的主动性和积极性显示出来的个体差异就不会很大;相反,第二语言习得的主动性和积极性因为每个人学习目的各异,而显示出极大的不同,学习需要的迫切性在二语习得过程中不会表现得十分强烈。

（3）习得的程序机制不同。母语习得是直接的认识过程，二语习得不是直接的认识过程，接收到的信息是人工化的信息，是信息的信息；语言发展的信息对于第二语言的学习者来说是有作用的，而对于母语的学习者来说，作用就不会那么明显。语言水平应该是有层次的，第二语言的学习者所选的学习内容也应该有层次。

（4）互相激活和联结强度的不同。语言使用者，无论是操母语的，还是操非母语的，他们之间的差别主要体现在他们对语言的熟悉程度上，具体表现在对语言表达的可接受范围所作的判断，以及他们对语感的敏锐程度，也就是他们对语言知识运用的程度。

1.3.2 对于母语学习者来说，许多语言知识可能不用专门去学，但是对于二语学习者来说，首先要让他们学习目的语的语言知识。语言知识通俗地说，就是指语音、文字、词汇、语法等语言要素。

语言知识对母语学习者来说也重要。但是母语是天天使用的生活语言，也是操母语者的思维语言，所以即便不专门学习这些知识，他们也会在日常的使用中习得，在使用中巩固，从而内化在他们的知识系统中。

二语学习者的语言知识必须要学习。特别是语法这种体现抽象规律的知识，不通过专门的教授或者专门的学习是很难习得的，这要比语音和词汇的习得难，语言知识对二语学习者的作用，要大大超过母语学习者。

1.3.3 第二语言教学要关心以下信息：

（1）关于语言学习方面的信息。第二语言教学的目的主要是让学习者获得使用目的语的交际能力，要让学习者有意识地与他们的母语进行对比、对照。

（2）关于语言发展方面的信息。第二语言学习者语言水平有层次，所选的学习内容也应该有层次，通过评估，能反映学习者的心理语言学和社会语言学方面的情况。

（3）关于语言知识方面的信息。第一语言和第二语言之间的差别主要体现在对语言的熟悉程度上，对语言表达的可接受范围所作的判断以及语感的敏锐程度。

1.3.4 在国际语言教学界，20世纪七八十年代以来，语言教学重在培养学生的交际语言能力的思想产生了重大影响。这种思想体现了语言是最重要的交际工具的属性。对于大多数语言学习者而言，学习语言的目的是为了能使用某种交际工具。于是，基于任务的语言教学法（task-based language teaching approach）越来越受到语言教学界的重视。这种教学法主张语言学习过程就是"在做中学"（learning by doing）。运用这种教学法的前提是比较全面、准确地调查、整理出语言学习者将来要用语言完成的各项交际任务，以这些任务项目为核心组织教学内容（包括语言形式和功能），安排教学过程。语言学习者是通过用语言去完成一项一项真实的或近似真实的交际任务来学习语言的。

1.3.5 二语习得理论认为，语言的习得是按照一定的顺序进行的：首先必须进行语言要素的学习，其次需要进行语言技能的操练。人们习得语言的目的是进行交际，交际能力是语言能力的核心。交际能力分为大技能和微技能，大技能由微技能组成。

听、说、读、写是语言能力的四个分项技能，也叫大技能（macroskills）。英国语言学家Munby, J.（1978）在 *Communicative Syllabus Design* 一书中，提出了微技能（microskills）的概念，即把听、说、读、写每一分项的语言技能再分为更小的语言技能。

二语教学可以按照微技能组织教学，进而帮助学生合成分项技能；检查学生的学习效果时，也可以从考查微技能入手；学生掌握汉语的运用准则和规律，以是否掌握微技能为考核标准。

听、说、读、写这四种语言能力可谓纵横交错，互相作用。在语言教学和语言测试中，都是既要注意各单项技能的培养，又要注意彼此之间的交互关系。这样才能全面掌握语言的各项技能，也才能够准确地测试出考生的综合语言能力。

二　学习者因素会影响汉语语法规律的掌握

2.1　学习者汉语二语语法习得过程就是汉语语法规律的掌握过程

2.1.1　学习者汉语二语语法习得过程就是汉语语法规律的掌握过程，考察汉语二语语法习得的过程特点，讨论汉语二语语法习得研究的得失，也就能了解到学习者汉语语法规律的掌握情况。语言习得特别是第二语言的习得，是一个复杂的心理过程，这个过程的每一个阶段，都离不开学习者的认知加工。语法规律的掌握在第二语言的习得过程中占据了重要的地位，对汉语二语语法习得成果的考察，是观察学习者汉语语法规律掌握的最好方法。

2.1.2　二语习得研究在国外发源于为教学服务的对比分析，国内的情况同样如此。自引进中介语理论后，近20多年来，对于汉语二语学习者语言系统、习得过程和学习规律研究的重要性和迫切性，学界进一步明确了认识，相关习得研究进展明显。特别是汉语本身独特的语法特征的习得，成果大量涌现。其中汉语语法项目的使用偏误和习得状况研究最为丰富。从介词、量词、情态助动词到补语、定语以及"把"字句、被动句、"比"字句等特殊句式，汉语与外语有较大差异的词类、句法成分、句式等的习得研究都有所涉猎并趋于复杂化（但内部不均衡），研究领域不断拓宽和纵深。研究内容从偏误分析为主扩展到语法习得的其他方面，比如习得顺序、习得过程、认知机制等。同时参考和运用语言学理论、二语习得理论，如类型学、语法化、构式语法、普遍语法、认知加工、语言社会化理论等，从不同的视角深入考察汉语二语语法习得的过程特点。

2.1.3 近20年汉语二语语法习得研究的特点表现为以下几个方面。

（1）语法研究的终极目的是寻找语法形式与语法意义之间的对应关系，并探讨这种对应关系背后的认知心理机制。而语言的习得一定伴随认知心理机制的发生，语言习得研究也要把语言的形式习得与意义习得的特点和过程展现出来，并解释其中的认知心理机制，探寻二者之间的互动关系。第二语言习得中语法项目的习得是至为关键的，而汉语缺乏严格意义上的形态变化，这使得汉语语法的习得难度在某些方面更超过有形态变化的语言。因此，在对外汉语教学上，语法教学一直被置于最重要的位置。从研究成果数量上看，依旧是语法项目的习得的研究最为充分。

（2）就汉语二语习得研究来看，20世纪末之前的研究以经验描述为主，多举例、归纳，科学的调查研究和实验研究较少。（江新，1999；施家炜，2006）新世纪以来，研究方法逐步得到改进，借鉴心理学、教育学等相关学科的科学研究方法运用于汉语二语习得研究中。比如汉语中介语特征的研究多采用语料统计法、问卷调查法等，学习者个体因素的研究多采用自然访谈和观察法等，外部因素的研究多采用大规模调查、统计分析等。在徐婷婷、郝瑜鑫、邢红兵（2018）统计的2007—2016年《世界汉语教学》和《语言教学与研究》两本期刊中的183篇二语习得文献中，有164篇有数据支撑，占比高达89.6%。这说明研究方法的意识已经得到转变，学界正积极运用科学的实证分析方法来研究汉语的二语习得问题。但总体来说，研究方法的改进与完善仍在路上。

（3）与语言学流行理论相结合的新发展。二语习得研究具有跨学科性质，涉及领域较为广泛，这是由二语习得研究对象的复杂性决定的。二语习得的中介语表现需要语言学的理论和方法来研究，习得的过程和影响因素需要结合认知心理学、教育学等来研究，学习者的个体差异以及外部社会因素则有赖于心理学、社会学等理论和研究方法。众多的研究成果表明，汉语二语语法习得研究对当代多种语言学理论进行了尝试运用，这与汉语语法本体研究较为紧跟世界语言学发展的潮流有关。实际上，语言理论和语言学习理论是紧密关联、相互促进的。

2.2 学习者因素研究的主要内容

2.2.1 语言教学过程中，无论方法和技巧在理论上多么完美，很多时候都无法产生有效的习得结果。要抓住产生这一现象的症结所在，就必须研究学习者。因此，学习者因素已经成为近年来国际二语习得研究的热点问题之一，其具体内容包括：母语背景、语言水平、年龄、性别、动机、语言学能、学习策略、学习风格等等。然而就目前学界的研究成果来看，其研究范围主要涉及母语背景、学习策略和学习动机三个方面。

2.2.2 母语背景。就二语学习者而言，在学习第二语言之前已经形成了关于客观世界的非常完善的认知。那么在学习过程中，他们所要面临的首要任务就是如何将母语的语义和形式系统与第二语言里的词汇和语法形式重新设置对应关系，进而建立起二语形式与二语语义的映射关系。这样，在第二语言词汇语法的习得过程中母语的影响是不可避免的。研究表明，母语知识在第二语言学习过程中会产生迁移，对于母语背景的研究不可能是单一主题的，会涉及语言水平、年龄、性别、动机、语言学能、学习策略、学习风格等等，二语习得能取得什么样的效果往往是多种因素共同作用的结果。

2.2.3 学习策略。在语言习得理论中，语言学习策略（learningstrategy）是指学生在发展第二语言或外语技能中，促进学习进步而使用的具体的行为、步骤或技巧，它被认为可以促进第二语言或外语的内化、存贮、提取或使用。通俗地说，学习策略实际上就是学习者对在获取学习机会、巩固学习成果、解决学习过程中所遇到的问题作出的种种反应和采取的策略。而有关汉语二语词汇语法习得学习策略的讨论，其目的往往是为了解决习得过程中出现的实际问题的。这些语言学习策略应被界定为学生有意识地用来改进语言学习的步骤和方法。这些方法，有的是可见的、显性的行为，有的是隐性的大脑运作，直接或间接地辅助语言习得。

2.2.4 学习动机。学习动机对学习的影响体现在两方面，一是对学习过程的影响，二是对学习结果的影响。由此可见，从心理学的角度看，作为激发个体进行学习活动，维持已引发的学习活动，并使学习行为朝向一定目标的内在心理状态的学习动机，对学习的影响是至关重要的，它几乎贯穿了学习活动的全过程。这样一个重要影响因素，在汉语二语语法习得和词汇习得的研究过程中，要引起足够重视。要对不同动机因素进行合理的归类，并建立起它们之间的秩序；缩小对学习动机的理解分歧，扩大学习动机的研究视角；进而深化对二语习得学习动机理论的研究。

2.3　学习者因素影响语法规律的掌握

2.3.1　不同母语背景的人在汉语语法习得上出现的各类问题，既有目的语的负迁移，又有母语的负迁移。两种不同的负迁移会有不同的表现，这种不同的表现又会在学习的不同阶段出现。有一项研究在探讨泰国大学生汉语名词句法功能习得偏误内在生成规律与其语言能力和认知经验的关系时，对母语负迁移的具体表现类型进行了简单的区分，（刘旭，2018）这样的研究为学界今后有关母语背景对词汇学习和语法学习的影响的研究开辟了一条较为可行的道路。

2.3.2 词汇习得和语法习得关系紧密,甚至难以区分,特别在汉语二语教学上,词汇教学中往往含有语法的内容,致使产生词汇教学可以代替语法教学的说法。其实,词汇和语法在语言学习过程中的作用不同。词汇是一种语言的表义单位,在量上往往是开放的,作为语言学习者来说,需要从词表或词典中去一个一个地认读、记忆、运用;语法不具有开放性,规则是稳定的,语言学习者要掌握的规则是有限的、概括的、抽象的,学习者因素在对两种学习的影响是不同的,对语法的影响应该更大。

2.3.3 汉语二语语法习得研究对当代多种语言学理论进行了尝试运用,这与汉语语法本体研究较为紧跟世界语言学发展的潮流有关。实际上,语言理论和语言学习理论是紧密关联、相互促进的。二语习得研究具有跨学科性质,涉及领域较为广泛,这是由二语习得研究对象的复杂性决定的。二语习得的中介语表现需要语言学的理论和方法来研究,习得的过程和影响因素需要结合认知心理学、教育学等来研究,学习者的个体差异以及外部社会因素则有赖于心理学、社会学等理论和研究方法。

三 对目的语的全面了解是掌握语法规律的关键

3.1 从二语教学的角度看汉语语法的独特性

3.1.1 汉语的语序和虚词问题。汉语的句法主要靠语序和虚词表示,但语序和虚词往往有其灵活的一面。这样,要把语序和虚词所带来的语法信息,以形式化的表现和方式总结出来,教授给二语学生,就变成一件十分困难的工作了。

从语序方面说,汉语的句子普遍存在着"话题化"的现象,即不仅语义上的施事,而且语义上的受事、工具、处所、时间、方式、目的等,都可以提到句首充当句子的话题:

① 我昨天在家里用这把刀切肉→昨天我在家里用这把刀切肉→在家里我昨天用这把刀切肉→这把刀我昨天在家里用来切肉→肉我昨天在家里是用这把刀切的

因此，仅仅根据语序就很不容易判断语言成分的句法功能，给汉语句子的分析造成很大的困难。（朱德熙，1985）

从虚词方面说，在教学上也存在问题。汉语的句子里，虚词常常可以不用。《现代汉语八百词》中曾指出过下列句子中虚词都省略了："路不好走，（因为）最近下了几天雨。""我（在）前头带路。"省略了虚词的句子难以讲清楚其中的逻辑关系和语义关系。

3.1.2　汉语的书面形式的问题。汉语的书面形式是不实行连写法的，即是连续书写的，这样，词和词之间没有自然的界限。对于汉语的自然语言理解来说，首先遇到的就是要解决词的自动切分问题；对于二语学生来说，遇到的问题是同样的。学生认识书面语中的每一个字，但是几个字排列起来是什么意思，就不清楚了。如下列句子中的切分就有两种不同的结果：

② 学生/会/很/兴奋——学生会/很/兴奋

③ 上海市/中药材/商店——上海/市中/药材/商店

3.1.3　汉语的词类与句子成分不对应的问题。世界上很多语言往往可以根据形态来确定句子中的主要句子成分。汉语的形态变化不丰富，词类与句子成分之间又缺乏一一对应的关系，给学生的理解和使用带来不便。而且在同一个词类里，还会有许多差异。例如汉语的形容词一般来说都可以做谓语和定语，但有许多形容词不能做谓语，有些形容词又不能直接做定语，这样就必须具体地说明不同的形容词做谓语和定语的条件，给学生的学习带来困难。

3.1.4　特殊的句式和句型问题。汉语中有许多特有的常见句式或句型，其中的语义关系比较复杂，给学生带来许多困难。

例如"NP+NP+NP"是汉语的常见句式，要搞清楚其中的各个NP之间的语义关系，必须研究它们与其他句式之间的转换关系。如：

④ 眼镜的框子和镜片→（眼镜的框子）和（镜片）→（眼镜）的（框子和镜片）

分析的不同，主要和连词"和"的辖域有关。又如：

⑤ 昨天的小王的故事→（昨天的小王）的（故事）→（昨天）的（小王的故事）

分析的不同，主要与切分的层次和"小王"这个NP的语义角色有关，而"小王的故事"又是有歧义的，"小王"可以表示施事，即"小王说的故事"，"小王"也可以表示领属，即"是关于小王的故事"。

3.2 汉语二语语法教学的重点和难点

对外汉语语法教学的范围包括了语素、词、短语、句子和语篇这五个层级的语法单位。其中词、短语和句子的教学是最基本和最核心的。下面所说的都是举例性质的，其实真正的教学难点还是很多的。不管对教师来说，还是对学生来说，对所教、所学的对象的深入了解，都是十分必要的。

3.2.1 词。词是组词成句的基础，词的教学是对外汉语教学的重要环节，教学中存在的基本问题是词类问题。不同的词类可以具有某些相同的句法功能（如形容词和动词都可以充当谓语），相同的词类也可能具有某些不同的句法功能（如有的形容词可以受程度副词修饰，而有的形容词不可以）。

例如汉语量词的用法，特别是名量词的用法一直是教学的难点，主要是因为名量词太多而且搭配关系复杂，表现为：很多名词有自己的专用量词，如"裤子"有专用量词"条"，不能与其他量词搭配；

有些名词可以和多个量词搭配，但是出现的语境不同，如"两口人"和"两个人"；名词与量词的搭配，很难从语义特征上进行归纳说明，如"一条狗"和"一只猫"。

汉语的许多虚词因为意义比较难把握，用法又比较灵活，所以常使学习者感到难学难用。如副词"也""又""还""就""才""倒""可"等，介词"把""向""从""对""往""给""跟"等，连词"于是""从而""进而""无论""与其""甚至""乃至""及其"等。

3.2.2 短语。短语在对外汉语教学语法体系中占有重要的位置，汉语中的短语可以自由地充当句子成分，而且大多数短语加上语调都可以实现为句子。一直以来都注重讲解短语的结构关系及短语的句法功能，即采用的是分析语法的手段。而实际上，教学中的很多问题与短语类型的误用有关。

短语能否成句，要受语境、语气类型和短语内部结构的限制。例如：

⑥ *这个电影不错，很多看的人。

这个句子中"很多看的人"是名词性偏正短语，成句能力很弱，不能充当一个分句，应该改为动词性主谓短语"看的人很多"。

⑦ *他买东西很多。

从另一个角度分析，"很多"做谓语，主语应该是表示事物的词语，而"他买东西"是表示事件的主谓短语，所以要加"的"把主语改成名词性的偏正短语"他买的东西"。

因此，在短语的教学中，不仅要注意短语的句法功能，还要注意短语的语义功能，不仅要分析短语的结构关系、短语的句法地位，更应该说明不同类型的短语的成句条件及充当句法成分的条件。只有这样，学习者才能更好地组词成句，使句子形式与交际目的相一致。

3.2.3　句子。句子是人们在交际中所使用的最基本的语言单位，人们主要通过句子来表情达意。因此在对外汉语语法教学中，句子一直处于中心地位。可以从句子成分、句类、句型三个方面说明句子的教学难点。

（1）句子成分。一般的句子由主语和谓语这两个基本成分构成，除了基本成分外，句子还有连带成分——宾语、定语、状语和补语。这些句子成分都可以由不同的句法成分来充当，而且要受一定的条件限制，因此如何选择正确的语言单位充当句子成分就成为一个普遍存在的教学难点。

在句子成分中，补语的教学是最难的。首先，汉语的补语很复杂，有时同一个形式表达不同的语义，如"动词+上+来/去"既可表示结果（"买下来"），也可表示趋向（"爬下来"），还可表示状态（"静下来"）；有时不同的形式可表示相同的语义，如表示程度，既可用"形容词/动词+死/坏/透"的形式（"急死了"），也可用"V+得+很"的形式（"急得很"）；有时还有歧义，如"孩子都饿死了"可能表示结果，也可能表示程度。

（2）句类和句型。在教学中，简单的句子，学习者较易理解和掌握，但是复杂的句子理解和掌握起来就比较困难了。例如：

⑧ 他被别人拉去吃了一顿。/他被别人拉去打了一顿。

两句话的句法结构相同，都是被动句与连动句的套用，但是语义关系却不同。因此，仅靠句法分析来理解汉语的句子是远远不够的，必须建立起相应的语义结构和语用结构。

再如，同义句式的辨析和选用就是和句子成分如何使用相关的教学问题：

⑨ 我们取消了那个计划。/那个计划被我们取消了。/我们把那

个计划取消了。

要说明这三个句子的句法结构和语义关系并不难,但是要说明它们所出现的语境以及它们语用功能上的差别就很难了。

3.2.4 另外,语素和语篇上也有不少问题需要重视。语素是最低一级的语法单位,但是语素一直没有被系统地引入对外汉语教学,特别是在初级阶段,无论是教材还是教师都很少提到语素的意义和功能;在学习的中高级阶段,学习者还需获得连句成段或成篇的能力。语法教学正逐渐从句子扩展到语篇。

# 第三辑
语法大纲和语法教学

导 读

　　语法大纲是语法体系的直接体现。第三辑说的就是大纲研制过程中的一些问题。

　　国家社科基金重大项目呈现给学界的两套四册成果(《对外汉语教学语法初级大纲》《对外汉语教学语法中级大纲》和《对外汉语教学语法口语大纲》《对外汉语教学语法书面语大纲》),已构成一个体制基本完备、分级分类两相结合的对外汉语教学语法大纲系统。相较于业已出版的各种语法大纲,这无疑是大纲编写体制上的一个创新,也是一个尝试。而这也正体现出这套大纲作为对外汉语参考语法研究的基本属性和独特价值。从分级大纲来说,编写通用型语法大纲的传统由来已久,现存的各种语法大纲基本都可以归入此一范畴。因此,要在此基础上推陈出新,真正做到青出于蓝,关键在于基于对已有教材、大纲语法项目的大数据分析,科学而合理地解决初级大纲和中级大纲在语法项目选择上的分段与衔接这一带有根本性的问题。就分类大纲来说,学界尚无分语体的语法大纲问世。随着这些年语体语法意识的觉醒,学界对分别开展书面语和口语语法教学的要求愈加迫切。因此,编写书面语和口语的分类语法大纲,不仅是语体语法意识增强的体现，更是时代的召唤、历史的必然。分级分类语法大纲建设，是一个浩繁的系统工程，而且它也将随着语法理论研究和语法教学实践的发展而日臻健全、完善。

本辑的四讲安排，前面两讲是针对分级大纲来展开论述的，后面两讲则讨论的是分类大纲的问题。分级大纲主要解决了初级和中级的分界问题，所以两讲都是从总体上进行论述的。分类大纲是首次研发的项目，前面一讲是总体上的介绍和分析，后面一讲则是就口语大纲中的具体问题展开讨论的。

第九讲是"分级语法大纲的理论背景及主要特点"。首先说明了分级大纲研制的理论背景主要来源于语法观、学习观和教育观的建立，然后依次讨论了这"三观"的内容、性质、特色、依据等问题；最后一个问题讨论的是大纲的主要特点，是从"实践性""有序性""针对性"三方面进行论述的。

第十讲是"语法项目的提取和分级依据、分级标准"，是上一讲的延续。从语法项目提取的标准谈起，指出以往做法的欠缺之处，在这些讨论的基础上，重点展现新的语法大纲语法项目的分级依据和分级标准，这些依据和标准是在大量调查统计、数据分析的基础上形成的。

第十一讲是"分类语法大纲的编写需求和理论背景"。依次讨论了以下三个问题：编写分类语法大纲的必要性、口语和书面语的界定以及语法项目等级划分依据。分类大纲首次研制，所有的考虑都是从无到有，读者从中可以了解到研发的困难所在。

第十二讲是"口语大纲中虚词项目析出的原则和方法"。具体展现了口语语法大纲虚词语法项目提取过程中的一些理论思考，除了介绍一般的原则和方法外，还引进较新的"交流性语言"的理论作为研究背景。这一讲用以管中窥豹，以小见大，方便读者从中了解整项研究的思路、方法、操作程序等问题。

第九讲　分级语法大纲的理论背景及主要特点

我们认为，教学语法大纲服务于语法教学实践，是语言教学理论和语言教学实践的桥梁，要与教师教语法、学生学语法的实践需求相吻合。换句话说，以往大纲仅仅关注"教什么"的问题是远远不够的，大纲关注的应该是整体的问题、大局的问题，不仅关注"教什么"，还要关注"怎么教"和"怎么学"。教学语法大纲正是一座连接三者的桥梁，它的桥梁作用，是建立在它的语法观、学习观和教育观上的，也就是说，语法观、学习观和教育观的建立，是分级大纲研制的理论背景。

一　语法大纲的语法观

1.1　语法规则是有局限的

传统的观点认为，语法是把词组成词组或句子的规则。掌握了一定数量的词汇，掌握了语法规则，就具有了生成句子的能力。然而，这种看法可能忽视了语法规则的局限。下面的例子都是教学实践中经常遇到的。

1.1.1　以"数+量+名"这一组合规则为例，仅凭这一规则，难以保证一定生成合法的词组，例如，"一口猪"是合法的，但"一口牛"就是不正确的；"一条路"可以说，"一根路"就不能说。

1.1.2　凭借"动词+宾语"这个规则，可以生成"吃饭"这样的合法词组，但不能生成"吃食堂""吃官司"这样具有构式特性的表达，更不能生成"靠山吃山，靠树吃树"这样带有习语性质的"动词+宾语"结构。

1.1.3　同样是离合词，"散散步"可以说，"离离婚"就不行；

"睡了一个好觉"可以说,"生了一个大气"不能说,离合词的扩展方式也难以用一条规则加以概括。

1.1.4 懂得结果补语的构造,也解决不了为什么可以说"吃饱了(饭)",却不能说"看饱了(书)"的问题;懂得趋向补语的构造,大多数学生分辨不出"吵架起来""吵起架来"和"吵起来架"中哪一个是正确的。

1.1.5 同样是"一封信","一封信写好了"不行,而"一封信也没写"却可以;"一封信写好了"不行,去掉"一封",说成"信写好了"就可以;如果是回答"他在做什么?"这个问题,"他在写信"是恰当的,"他在写一封信"却很不自然。

可见,将语法视为组词成句的规则,以此来指导语言运用,无论对结构生成还是语言表达,都是不够充分的,因为它既没有充分说明语言形式具体的表达功能,也没有充分说明语言表达对语言形式的具体选择。

1.2 语法现象是对图式示例

1.2.1 语法规则到底是什么?它怎么管语言现象?它能够管到哪里?它管不到哪里?这是教学语法大纲必须思考的问题。认知语言学认为,语法规则是一种图式,它是对语言现象的一种概括,语言现象是对图式示例。这对我们有很大的启发。对第二语言学习者来说,从学习一个语言项目开始,就开始根据接触的语言材料建构其图式,但要建构一个完整的图式,需要一个较长的过程,需要不同的语言现象从不同的角度逐渐丰富、完善这个图式。因此,教学语法大纲的语法项目形式,不是设置一个孤立的"点",重要的是要设置一个"组合"形式。在学习过程中,学习者要给这个"组合"形式逐步注入语言材料,最终使"形式"和"意义"完全匹配。

1.2.2 这要求我们从语言教学的角度重新思考语法规则与语言现象的关系。语法不应仅仅建立在静态语言单位构造规则的基础上，还应更多关注动态语言单位的使用特点与使用规律。

1.3 从语言表达的角度看语法

1.3.1 从语言表达的角度看，语言的使用者总是在一定的语境中以言行事，脱离语言环境的、抽象的语言形式的系统描写与语言的实际使用是脱节的。说话者必定处于某一个语境，先有表达意图，然后才利用语言形式生成句子，而不是先确定语言形式，再进行意义表达。

1.3.2 语言学的研究早已突破了结构主义的局限，朝着更为广阔的语义学、语用学、言语行为理论、社会语言学、篇章语言学、认知语言学、互动语言学等领域迈进，尽管形式分析提供了简单、清晰、实用的描写语言形式系统的方法，但语言不应脱离语境、脱离话题、脱离说话者与听话者而进行独立的研究。与此相适应，第二语言教学应在语言形式系统描写的基础上，采取更为丰富的视角。

1.3.3 20世纪70年代，Wilkins（1976）提出了意念大纲（notional syllabus）理论，认为在语言教学中要把语言与语境、语言与语言的使用者结合起来。Savignon（1972）和Widdowson（1978）等进一步提出了交际语言教学（communicative language teaching）的概念，而Hymes（1972）也提出了语言交际能力这个概念。

1.3.4 美国经过修订的《21世纪外语学习标准》（1999）的核心主题是5C，即Communication（交际）、Cultures（文化）、Connections（贯连）、Comparisons（比较）、Communities（社区），其关键目标是培养学生的交际能力与综合素质。语言学习不再是学习从语言整体中分析出来的语音、词汇、语法等要素，不再是把碎片化的要素组合起来，而是围绕语言交际能力这一核心目标，将语言作为一个整体来学习。

1.4 从认知语法的角度来建构汉语语法的教学系统会收到良好效果

1.4.1 汉语认知语法研究成果能否有效地应用于建构我们的教学语法体系，关键一点是要看我们的研究成果能否较为顺利和科学地向教学实践转化。从过去的一些研究和教学经验来看，这种转化应当是可以实现的。例如我们对量词"根"建构了一个认知的图式，从而找到形式和意义的匹配，在教学中收到良好的效果，这是教学语法大纲在语法观上的体现。

1.4.2 其实，在以往的研究中，认为从认知语法的角度来建构汉语语法的教学系统，会收到良好效果的研究成果已不少见。例如关于汉语"把"字句位移图式的研究，已经有多方面的信息表明，这一认知语法的研究成果能够很好地实现教学转化，冯胜利（2011）、韩玉国（2011）都从教学转化的角度对此予以了实践；再如对副词"可"交互主观性的研究，也有实践证明其教学转化的可行性和有效性，潘海峰（2015）便提出了摆脱"强调说"而采用"交互说"进行教学实践的经验。

1.4.3 以上这些例子，均在一定程度上说明，将汉语认知语法的研究成果运用于课堂教学实践，并进而用于建构教学语法体系，这一想法是具有可行性的。我们的教学语法大纲就是在这样的语法观的指导下进行研制的。如果仅仅将语法项目列出条目，而没有将语法项目"形式"和"意义"这种"拼图"的要素告诉学生，语法规则依然是难以掌握的，编写出来的语法大纲无法发挥真正的桥梁作用。

二 语法大纲的学习观

2.1 语言学习的任务不仅仅是语言形式

2.1.1 传统的结构型语法大纲根据语法形式,将语法体系分解为一个个相对独立的语法形式,语法教学以这些语法形式为目标,通过结构形式的操练,从而使学习者获得对语法形式的反应及操作技能。结构型语法大纲代表的是行为主义学习观。

2.1.2 结构型大纲蕴含的学习观影响是巨大的,但语言学习的任务远远超出了语言形式,语言形式的掌握程度远远不能充分地描写第二语言学习者的语言水平。无论是中介语分析,还是对学习者行为的观察,或者心理语言学的实验,都已经说明了这一点。H.H.斯特恩(2018)指出:"形式与意义的融合在第一语言中不言自明,而在新的语言中则是缺失的。对于第二语言学习者来说,第二语言的形式是没有意义的,初看上去是任意的,有时甚至怪异、不自然。"

2.2 "时机"体现了语言形式赋予的意义

2.2.1 对于第二语言学习者来说,学习的主要任务是给一个语言形式赋予意义。学习者只有理解了某个语法形式的作用,掌握了这个语法形式使用的"时机",也就是母语者为什么要用这个语法形式,才有可能正确地、创造性地使用它。

2.2.2 情态补语是一个常用的语法项目,既是教学重点,也是教学难点。学生常常会问结果补语和情态补语的区别。例如,为什么"风筝飞高了"中的"高了"是结果补语,而"风筝飞得高高的"中的"高高的"却是情态补语?两句话不都说的是风筝的高度吗?"结果补语"和"情态补语"到底有什么不同呢?结果补语和情态补语结构上的差别很明显,也很好掌握。

2.2.3 这个问题不是由形式构造引起的，而是由语法形式使用的"时机"引起的。从形式上看，"风筝飞高了。"这句话是一个句子，但从意义上看，其实表达了两个事件，一个是"风筝飞"，另一个是"风筝高了"，这两个事件有着密切的关系。从时间的角度来观察，随着"风筝飞"这一事件在时间上的展开，"风筝"达到了一定的高度，"风筝飞"引起了"风筝高"，说话人观察"放风筝"这一事件并且风筝在某一点达到一定高度时，说话人才说"风筝飞高了"，可见，结果补语表示事件发展过程中的一个点的状态。

2.2.4 而"风筝飞得高高的。"这句话，从意义上看，这句话同样表达了两个事件，一个是"风筝飞"，另一个是"风筝高高的"，但它不是在描述事件发展过程中的某一时点的状态。我们看一个孩子开始放飞风筝时，不会说这句话；在风筝由低到高的过程时，也不会说这句话。只有在风筝已经"飞高了"之后，才会说这句话。所以，从时间的角度来观察，"风筝飞得高高的"这一事件是在"风筝飞高了"之后，它表示的是观察到某一状态的持续。即使没观察到放飞风筝的过程，只要观察到风筝已经高高地在天上飞，就可以说这句话。可见，情态补语用来表示事件在到达某个状态以后的持续过程。这既是两者的联系，又是两者最为重要的区别。"时机"是最好的解释切入点。

2.3 形式和意义匹配的重要性

2.3.1 语法形式是对语言现象的抽象概括，要达到形式与意义的完全匹配，往往需要一个较长的学习过程，这不是仅仅通过意义解释就可以完成的，而是需要利用不同的语言现象、从不同的角度逐渐加以丰富、完善。名量搭配这个学习难点可以很好地说明这一点。以个体量词"根"为例：

【形式】数/指示代词+根+名词（词组）

【意义】用于细长的东西。

【用法】与"根"搭配的常见名词有：

（1）绳线类：毛、线、毛线、电线、绳子、头发；

（2）日用器物类：蜡烛、火柴、灯管、吸管、筷子、棍子、针、香烟；

（3）食物类：葱、黄瓜、香蕉、甘蔗、面条、香肠；

（4）植物类：草、竹子、树枝、木头；

（5）身体类：骨头、肠子。

【例句】这是一根纸吸管。/这根黄瓜很新鲜。

2.3.2 个体量词"根"的组合形式概括为"数词+量词+名词"，其意义解释为"用于细长的东西"，但对学习者来说，这只是形式与意义匹配的起点，因为并不是所有"细长的东西"都可以用"根"，比如与"蛇""腿""枪"等名词组合的个体量词是"条"，而不是"根"；也不是所有"细长的东西"只可以用"根"，比如"绳子""线""肠子"等名词既可以和"根"组合，也可以和"条"组合。学习"根"，就不能只关注"根"本身的意义，而要关注名量的双向选择。因此，大纲具体列出了相应的名词，以便学习者给"数词/指示代词+根+名词（词组）"这个形式及"用于细长的东西"这个意义逐步注入语言材料，最终达到"形式"和"意义"的完全匹配。从学习的角度看，"数词/指示代词+根+名词（词组）"这一形式并不是教学的难点，因为它的构造形式很简单。习得"根"的难点在于与其搭配的具体的名词，通过这些名词全面掌握"根"的用法并与"条"进行准确的区分，这没有一个适当的过程，是难以做到的。

2.4 语法学习的核心是意义的建构

2.4.1 因此，意义的建构是语法项目学习的核心，分级大纲对语法项目进行设置与解释时，着眼于意义建构，重视语法形式与语法意义的有机融合。语法形式的设置不是孤立的词，而是一个组合，因为这个组合是表达意义的一个整体；意义的解释不离开具体的语言现象，因为这些语言现象从不同角度说明了形式与意义匹配的细节，这些细节对语言的表达是至关重要的。讲形式不能离开意义，讲意义不能离开形式，要达到形式和意义的匹配，也就是形成一个完整的"图式"，同样，没有一个适当的过程，也是难以做到的。

2.4.2 学习不是由教师把知识简单地传递给学生的过程，而是由学生自己建构知识的过程，这种建构是无法由他人来代替的。同时，学生的学习又是一个不断建构的过程，学生只有参与主动建构，方能调整自己原有的心理认知结构，或者改造外部的知识结构，使得主客观一致，只有这样，才有可能建立新的认知结构。

三 语法大纲的教育观

3.1 语法教学是第二语言教学的一部分

语法教学的开展，是在一定的课程中进行的。语法教学是第二语言教学的一个重要部分，但不是一个孤立的部分，语法教学的内容往往是与其他课程内容交织在一起的，语法教学的目标也往往是课程总体目标的组成部分，而不是全部。语法大纲不宜片面地强调语法的系统性，应从课程的整体设置上出发，遵循基本的教育规律，充分考虑学习者的特点，选择具体的语法内容，安排合理的教学顺序，采取得体的解释方法。

3.2 语法项目的选取要适合教学的需要

3.2.1 从课程的角度看，语法大纲是对课程教学内容的选择、分级、排序与解释。语法项目的选择关心的是教学内容的问题。语法教学内容无法仅仅根据语法自身来确定,同样是初级汉语,学习对象不同,学习目标不同,课程水平的高低,学习时间的长短,都对教学内容的选择有影响。因此,具体课程语法项目的选择应根据语言课程的对象、目标、水平和长度来确定。

3.2.2 与此相适应,我们认为语法教学大纲的项目选取是具体课程语法教学设计提供的可选"菜单",它们是汉语学习者形成汉语交际能力的基本项目,不求系统,但求"管用"。比如,汉语的名词是否在大纲中要分为可数名词和不可数名词?似乎没必要,因为这个知识点对名词的使用几乎没什么实质影响。但"们"却应该作为一个项目收入大纲,因为它是汉语表达复数的一个常用手段。此外,这个"菜单"宁可丰富一些,同一个语言项目,有时分为具体的小点,以便课程根据实际情况灵活选择。每个小点都编了序号,序号越靠前,在教学中越应优先选择。

3.3 语法项目的分级与排序

3.3.1 大纲语法项目的分级与排序,一直是一个难以解决的问题。有专家建议从语法结构本身入手,按照从简洁到复杂、从基本式到扩展式、从实义到虚化义的规律进行排序,(吕文华,2002a)强调重视相关结构之间的衔接关系。(卢福波,2003)也有专家从习得表现入手,建议以语法项目的难易程度进行排序,如邓守信(2003)对语法点的困难度进行了说明,认为困难度低的语法点具有习得较快、使用频率高、不易化石化、病句出现频率低等几个特点。与之相对,困难度高的语法点具有习得较慢、使用频率低、易化石化、常回避使用、病句出现频率高等几个特点。这些特点具有良好的可观察性,对确定语言点的难度很有价值。

3.3.2 但是,这些特征之间可能是矛盾的。比如"了"使用频率很高,但却是一个突出的难点,不仅习得慢,而且容易化石化;

量词的成员较多,"数+量+名"这一组合规则习得较快,但具体的量词和名词的选择却又习得较慢。更为棘手的是,有些语法项目甚至缺乏排序的基础,是先教程度副词还是先教范围副词,正如卢福波(2003)所指出的那样,"一部分语法项目的排序事实上是无所谓先后的"。还有专家建议从认知的角度入手,根据Corder(1967)提出的"内在大纲",按照第二语言习得的"自然顺序"分级排序,尽管汉语语法习得顺序仍在推进,但学界仍然不能描述一个完整、清楚的"内在大纲"。正因为如此,唐曙霞(2004)认为:"所谓的难易程度安排语法项目,能够解决某些问题,但不是所有的问题。因而在分级和排序时,难免带有一定的随意性,影响了语法大纲合理、科学的程度。"

3.3.3 语法项目的分级、排序不是一个单纯的语言学问题,也不是一个单纯的习得或认知问题,一个唯一正确的语法教学顺序可能并不存在,设计一个具有严格等级及教学次序的大纲或许是不现实的。语言的学习是一个渐进的过程,语法项目的分级与排序的根本目的是服务于课程教学实践的,但它们的着眼点不同,在教学实践中的作用也不同。分级着眼于语言水平的高低,是宏观的。如果是一门面向初级水平汉语学习者的汉语课程,往往关心的是哪些项目是必不可少的;如果是一门面向中级水平汉语学习者的汉语课程,往往关心的是应该深化到什么程度。初级水平课程要教授介词,中级水平课程也要教授介词,但"除了"在初级,"除"在中级,这是因为"除"是"除了"的深化,"除"具有更为严格的语用限制。初级水平课程要教授"把"字句,中级水平课程也要教授"把"字句,但中级的"把"字句的使用情景扩展了。还有的语言项目初级没有,中级有,比如"语素"这个项目,这也是中级水平课程在语法方面的深化。分级的呈现不是线性的,是螺旋式上升的。

3.4 语法项目排序的具体操作

3.4.1 排序着眼于语法项目之间或者语法项目内部语法点之间的具体关系，是微观的。有的语法项目之间存在结构上的衔接关系，如果不先学习A，B学起来就很困难，这样的语法项目应该排序。比如可能补语放在结果补语之后，"把"字句放在补语之后。有的语法项目内部须细分为若干语法点，如果语法点之间在结构上是扩展的，则按照由简单到复杂的顺序排列，如"整数的读法"这个项目，相关的语法点具体排序为：

初035–1 整数的读法

　成员：10以下的整数

初035–2 整数的读法

　成员：0、10、100、1,000、10,000

初035–3 整数的读法

　成员：10以上、100以下的整数

　形式：x十x

初035–4 整数的读法

　成员：100以上、10,000以下

　形式：x千x百x十x

初035–5 整数的读法

　成员：10,000以上

　形式：（x千x百x十x）万（x千x百x十x）

3.4.2 如果语法项目之间在意义上有引申关系，则按照从本义到引申义的顺序排列，如趋向补语的本义在前，引申义在后。如果语法点之间不仅存在结构的扩展，同时语义也相应复杂化，则综合形式、意义的复杂程度加以排序，如"结果补语"这个语法项目下分列以下四个语法点：

初116-1　结果补语

形式：动词+结果补语（形容词）：你吃饱了吗？/这件衣服洗干净了。

初116-2　结果补语

形式：动词+结果补语（动词）：作业都做完了。/你钓到鱼了吗？

初116-3　结果补语

形式：动词+结果补语+宾语：他一年跑破了好几双鞋。/不小心把杯子打破了。

初116-4　结果补语

形式：动词+宾语+动词+结果补语：他喝酒喝醉了。/他看书看累了。

四　语法大纲的主要特点

语法大纲面向对外汉语教学实践，在总体设计、组织框架、呈现形式、解释方式上形成了自己的鲜明特点，即实践性、有序性和针对性。实践性是就语法大纲为教学实践服务这样的编写目的来说的；有序性则是针对语法大纲中具体内容的呈现方式而言的；针对性说的是语法大纲在使用的目标人群服务上的特色体现。

4.1　语法大纲的实践性

4.1.1　我们认为，大纲不宜只列语法项目条目，应该从教学的角度加以具体的阐释，弥合语法本体描写与教学需求之间的差距，体现教学的实践性。陆俭明（2018）指出："在对外汉语教学中，不要大讲语法，特别不要一条一条地大讲语法，而要善于点拨，这对一名汉语教师来说，要求不是低了，而是高了。"要做到有效的"点拨"，需要对本体的概念进行"转化"，以满足语法教学对形式、语义、语用的需求。

4.1.2 教学语法大纲的解释力求具体充分。如果说大纲对语法项目的分级、排序关心的是语法教学整体或局部的教学过程，那么大纲对语法项目的解释与说明则关系到语法项目的具体呈现。一个语法项目，给出的解释具体充分，对汉语学习者才有指导作用。

4.1.3 所谓具体充分，语法条件首先要明确。规则泛化是第二语言学习者常见的偏误，讲清楚一个语法规则的使用范围是很有必要的，例如：在初级大纲"动词性宾语"这个项目中，我们具体列举了带动词性受事宾语的60个常用动词，目的是明确及物动词带动词性宾语的具体限制。在中级大纲"出"的引申用法中，详细说明"动词要具有制作、生长、寻找、思考、引起、表达或显露等意义"。

4.1.4 要做到具体充分，语义解释要紧紧围绕用法，要把语言形式的"要做什么"说清楚。在解释初级大纲"为的是"时，我们没有简单地使用"目的"这个术语，而是结合"小句$_1$，为的是+小句$_2$"这一形式，将它的意义解释为"前一小句表示行动，后一小句表示心中设想的结果"。在中级大纲解释"大多"时，指出它"用于说明概率大"。

4.1.5 要做到具体充分，还要关注语法项目的语用条件。例如解释初级大纲"正+动词+着+……+（呢）"时，在意义解释上强调某件事情和正在进行或持续的事情恰好同时发生，用"正"的句子前后总有别的句子，表达的就是恰好同时进行的那件事。中级大纲的话语标记部分，更是直接围绕话语标记的语用条件进行了解释。

对一些意义较为空灵抽象的语法项目，如语气词、语气副词等，大纲结合句类，重点从语用的角度进行了解释，例如"添显的态度—啊"这个项目，将这里的"啊"的语用条件描述为：说话者可以用各种问句来提问，答话人针对问题进行回答；可以不用"啊"，但用了"啊"以后，有了"事情显而易见，这还用问？"的意思。在"提醒与强调"这个项目，将副词"究竟"解释为"进一步问"，并进一步说明了具体的语用条件：如果问别人，有催促别人提供确切信息的味道；如果问自己，有进一步深入思考的味道。

4.2 语法大纲的有序性

4.2.1 教学语法大纲的组织力求统一。语法大纲的统一性体现为语法的秩序，体现为语法项目的内在关系。语法项目不是孤立语法现象的堆积，为了更好地把语法项目组织起来，我们除了考虑分级和排序以外，更加注重语法项目分类。所谓的分类，是指将意义上相互有联系的项目组织在一起。如果说分级大纲的经线是句子的表达，那么大纲的纬线就是意义上相互有联系的项目，以"形容词与程度的表达"为例，这个主题下整合以下语法项目：

初141　低程度的表达

初142　中等程度的表达

初143　高程度的表达

初144　极高程度的表达

初145　最高程度的表达

初146　过度程度的表达

这是一些基于表达的组织框架。分级大纲将表达上紧密联系的项目归为一类，形成一个表达主题，以显示相关的语法形式在语法系统中的位置与关系。

4.2.2 同一主题下的语法项目不是孤立存在的，而是互相支持、互相补充，它们是这一主题下的一张张"拼图"。学习者对这个主题学习得越全面、越系统，就越能促进对各个语法形式的理解与使用；与此同时，随着各个语法形式的学习，也促进了对这个表达主题的理解与把握。在这个双向的"拼图完形"过程中，学习者逐步完成语法形式与语法意义的完全匹配。上述初级大纲"形容词与程度的表达"之后，接下来就是"形容词与程度的比较""形容词与体的表达""形容词与量的表达""形容词的重叠形式"等其他各章，形成形容词这一主题下的各张"拼图"。

4.2.3 学习者对一个项目的理解与掌握的程度，往往不是孤立地学习这个项目的结果，而与系统学习同一范畴下成员的特点密切相关。教学语法大纲虽然分为初级大纲与中级大纲两部分，但这两个部分是关联的、整体的。例如，初级大纲和中级大纲都有"动词的多项修饰语"这个项目，但初级大纲具体地说明了两项修饰语的用法，而中级大纲则较为概括地说明了动词多项修饰语的用法；初级大纲和中级大纲都有"把"字句这个项目，但初级大纲将"把"字句安排在了动作行为的"主动与被动"表达这一节，旨在突出"把"字句使用的语用目的，且只说明了位置的变化、所属的变化及结果的变化这三个具体的表达功能，而中级大纲将"把"字句独立安排，在表达上引入了信息焦点，解释得更加深入概括。这么设计，体现了教学上的螺旋式上升的特色，充分显示大纲的有序性。

4.3 语法大纲的针对性

4.3.1 以往大纲研究为目标人群服务的理念不够清晰，最为人诟病的是教学语法四级分级存在先天的不足，哪些内容应该放在哪个等级的大纲中，后来的研究人员心中无数，以致语法大纲不像语法大纲，倒有点像个词表。大纲使用者最多的是一线教师，但也有在学的本科生或研究生，以及一部分研究者。不同的使用对象，自然会对大纲提出不同的使用要求。也就是说，大纲既然是服务于教学、考试的，在取项、解释、术语运用等具体问题上，都不能缺少服务的理念。

初级大纲、中级大纲两部大纲的设计思路是一以贯之的，主体框架是完全一致的：都是以表达为纲，以句子为核心，从句子的内部构成（词类与句子的表达）、句子的整体功能（句式）以及句子的外部组合（复句、句群）三个层面对语法项目的形式、意义、用法进行了说明。初级大纲是基础，中级大纲是初级大纲的深化。

4.3.2 新研制的教学大纲未采取纲目式列举语法形式的呈现方式，而是采取了"形式—意义—用法"三维立体的、词条式呈现方式，并配以例句进行具体的展示。在初级大纲中，"形式"原则上采用"组块"方式进行描写，以呈现这个语法项目实际应用中的基本组合；在中级大纲中，"形式"的描写较为灵活，有的呈现为"组块"方式，有的直接呈现为相应的词，这与中级水平学习者的水平是相适应的。"意义"重在说明"形式"在表达中的功能，也就是为什么要使用这个"形式"；"用法"重在对这个"形式"在使用时的相关情况进行具体说明。例如，副词"在"初级大纲中呈现为：

形式：在+动词（词组）

意义：表示动作行为在某一时点已经开始但尚未结束。

用法：如果要描述动作行为在多个时点具有同样的状态，可以在动词前加表示时间的状语。

例句：他在上课。/外面在下雨。

4.3.3 上述表达方式中"形式"说明了"在"的组合搭配，"意义"说明了"在"使用的目的，即当说话人需要表达"动作行为在某一时点上的状态"时要用"在"，"用法"又补充了"在"限定动作的行为的一个变异情况，即"多个时点具有同样的状态"，并说明了这种情况下"在+动词（短语）"和时间副词的组合关系。

之所以选择这种呈现方式，是由大纲的定位决定的。教学语法大纲定位于对外汉语语法教学的工具书、参考书，它服务于对外汉语语法教学实践，"形式—意义—用法"这三个维度，既是学习者掌握语法项目的重点，也是教师进行课堂教学设计的关键。这种呈现方式可以简明扼要地说明一个语法点的组合形式是什么，为什么要用这个语法形式以及怎么使用这个语法形式等问题，以期切实地满足语法教学的实际需要，达到帮助学习者选择正确的语法形式来表情达意的目的。

第十讲　语法项目的提取和分级依据、分级标准

一　语法项目提取的理想标准

1.1　美国《21世纪外语学习标准》的启示

1.1.1　美国《21世纪外语学习标准》(简称《标准》)用全新的眼光来看待外语习得和外语教学问题,表明美国的外语教育已经从旧的教学模式中实现了蜕变,顺应了新的时代的要求:《标准》最关键的指导思想,是提出注重学生的交际能力培养与综合素质培养的教学目标。从第二语言教学的发展来看,这种基于交际能力的各个因素设计的宏观目标体系,代表了第二语言教学理论方法的发展趋势。

1.1.2　以《标准》进行对照可以看出,以往对外汉语教学语法体系,虽然也反映了语言学能力的要求,但是对其他方面几乎没有涉及。其中的一个原因就是语法项目容易被切分,而其他方面则很难进行分级。但如果只是通过语法项目,或包括一些功能项目来设定一个语言教学的目标体系,是难以全面涵盖交际能力的各项因素的。新的对外汉语教学语法体系的建构,应该将社会需求和人才培养紧密联系在一起,把握教育环境与语言教学的相互作用和相互影响,关注语言教学理论与教学实践的联系,重视学生的认知特点与语言教学的环境因素,在此基础上提出一个全面系统的目标框架。

1.2　语法点的提取要确立标准

语法项目也叫语法点,语法点就是具体到某个点的语法知识。因为语言结构的不同,不同的语言语法点也不是完全相同的,英语

有英语的语法点，法语有法语的语法点，汉语也应该有体现汉语特征的语法点。语法点是语言学习的要点，也是语言教学的要点。对外汉语教学，特别是对外汉语语法教学中的许多环节，都是围绕着语法点展开的，如教材编撰、教学理论的贯彻、教学技巧的运用等等。语法点选择编排的重要性不言而喻，是有学理上的依据的。

1.3 语法点提取的三个具体标准

1.3.1 明确。学生语法点的习得应该在其语言能力中得以体现，也就是说该语法点应该和语言能力有必要的关联。所谓语言能力，《标准》中已有说明，即可以在现实生活中使用该语言进行交流；在交流时可以展现对多元文化的理解；学生能够通过目的语和文化获取一定的信息，拓展其他的学科知识；学生通过目的语和母语比较，能够对语言性质表现出一定的理解能力；能激发或展露一定的终身语言学习者的素质能力。"明确"是体系建构过程中的总的标准，崔永华（2015）所说的"跟一般的语法教科书不同，汉语教学语法体系需要在汉语作为第二语言教学的重点和难点，即对外国人形成汉语能力起重要作用的语法点上多花些笔墨"，说的就是"明确"的标准。

例如，汉语的句型分类，有四种谓语句，即名词性谓语句、动词性谓语句、形容词性谓语句和主谓谓语句，这是反映汉语基本结构的句型系统，了解和掌握汉语的基本结构，则是二语习得者语言能力的一种体现。上述所说的《标准》中展示的语言能力，在掌握这种基本结构之后都会逐渐实现；后续的其他语法点的习得，可以在这个基本结构的基础上进行扩展和延伸。和我们主张的"以句子为核心，贯通句子与篇章、句子与短语，建立以句子为核心的语法关系体系"建构主张相符。

1.3.2 简洁。包括两个方面，一是在语法点提取时数量上要有所控制，二是在语法点提取时要少考虑体系完整性的问题。现有的一些影响较大的语法大纲，所列的语法点数量都显得过多，例如《汉语水平等级标准与语法等级大纲》（1996，简称《HSK大纲》）中，所列语法点总共1,168项（甲级129项、乙级123项、丙级400项、丁级516项），数量是否太多，可以考虑；之所以会引出数量较多的问题，和制订者太注重体系的完整性有关，例如对汉语词组的处理，采取完全和母语语法教学相同的方式，分成"按词组结构划分"和"按词组性质功能划分"两种分类方式，后面这一种分类，在第二语言教学中是否需要，也是可以考虑的问题。

再如，汉语的"了"在母语教学语法研究中，分成了$了_1$、$了_2$和$了_{1+2}$，第二语言教学中对"了"应该怎么处理？《HSK大纲》中多处出现语法点"了"，如甲级的036、037、117，丙级中的305、306、307，这样分列是否有必要，能否进行适当的归并，是可以考虑的问题；再如连词"于是"，在甲级、乙级的连词中均未列出，最早出现是在乙级"承接复句"中（228），之后便在丁级的"句群"中出现，作为句群的形式标志（1,135）和句群的意义分类中被提及（1,148），如此安排，也颇费解。

1.3.3　实用。以《标准》对语言能力的要求作为依据，对外汉语教学语法体系建构时语法点的提取，应该考虑"实用"这个标准。也就是说要考虑和人际交流有密切联系，和目的语国家的文化有密切联系，和语法教学有密切联系。多年来对外汉语教学中经常会碰到以下一些问题，例如：教材上教的例句在日常生活中往往用不上，语法点的教学效果不明显，学生学习之后在课堂上可以做有限的扩展，下课之后就不会用了；语言教学和文化教学分设为不同的课程，割裂开来，语法点的讲解上如何结合文化，似乎除了与成语教学有关联之外，在其他点上都不见有关联的例子。可见，语法点的提取如何在实用上能体现出来，确实是需要考虑的一个问题。

有些高校曾经给留学生办过专门教授汉语成语的语言补习班，教出来的学生一说话满口都是成语，但真正用得妥帖的大概只占30%左右。这样的教学是否与中国文化紧密结合了，大家可以考虑，但是学生是否真正理解了成语中的文化因素，正确了解到成语的使用场合，更需要我们思考。另外，以往的语法大纲中惯用语和固定短语的选择标准是什么，也是不甚清楚的，牵涉的问题太多，固定短语中使用率太低、时代性太强的都不应该作为一个语法点。（齐沪扬、韩天姿、马优优，2020）

二 语法项目分级存在的问题

2.1 语法项目提取和分级存在一些问题

2.1.1 有学者认为对外汉语教学语法体系最突出的问题是：语法教学主要集中在初级阶段，中高级阶段的语法教学缺乏计划性和系统性；仅仅把词和句子作为语法教学的基本单位，不重视语素和词组的教学，语段教学几乎还是一片空白；仍然以形式结构分析为主，不重视语义结构分析，更不注意跟语用分析相结合；对有些语法现象的解释既不科学，也不实用；语法点的切分和在教材中先后次序的编排也不尽合理。（吕必松，1994）吕文华（1994）也主张要重新确定初级阶段、中级阶段、高级阶段的语法教学内容，并进一步论述了中高级语法教学如何在初级阶段基础上，进行衔接贯通、循环递进以及深化、扩展的一些构想。

2.1.2 赵淑华（1992）指出：在目前还没有成熟条件去建立语义、语用分类系统的情况下，从对外汉语教学的需要出发，只能先考虑怎样建立一套科学而又简明、实用的结构分类系统。赵淑华研究了大量的教材，认为目前基础汉语教材在语法点的选择上普遍存在的问题有：（1）宁可多选十项，不可漏掉一点；（2）互相攀比。她认为这种求全的思想应予纠正，在基础阶段，应拣"必须学的""最重要的""最基本的""比较简单的"语法项目编入教材。

2.2 以往语法项目分级方法上的缺陷

2.2.1 以往语法项目的分级，先确定留学生教学中的不同等级，然后在相应的等级中确定语法项目。存在的问题比较大。在级和级之间的交叉地带，就会存在语法项目的重复或者遗漏。赵淑华举出八项在基础阶段不需要介绍的语法点，如名词谓语句，主谓谓语句，可能补语，隐现句，复指成分，短语（只讲动词短语、主谓短语、介词短语），感叹句，表存在的"是"字句。我们认为这要看这个所谓初级要达到何种目标。"今天星期一。""他十八岁。"（名词谓语句）、"我身体好。"（主谓谓语句）、"校门口有个麦当劳。"（存现句）、"好看！"（感叹句）等交际中经常要用的语法项目，初级阶段需不需要教？成人的外语学习存在思想丰富而语言能力不足的矛盾，所以似乎很难要求将实际交际中迫切需要又高频出现的语言项目延后输入。

2.2.2 对外汉语教学中，"把"字句的教学效果一直不太好，高等级的留学生在口语活动中也都是回避或者少用这种句式的，究其原因，与"把"字句本身结构比较复杂有关系，与"把"字句在大纲中的分级混乱也是有关联的。"把"字句这个语法项目从初级到高级都会出现，重复、交叉现象很多，给教师教学和学生习得都带来很多困惑。对于留学生不太常用的句子或者本族语使用者使用频率不高的"把"字句，如："他把周婷看了一眼。""小芹把自己的妈恨得要死。"不应在语法项目中出现。对"把"字句的句法形式和语义特征的掌握达到一定水平后，注意的焦点可以不再局限于"把"字句的结构形式，而应该多考虑语境的结合。

2.3 初级阶段的语法项目应该如何确定

2.3.1 有学者认为，现有初级阶段的语法点已经大致反映了汉语语法结构的基本面貌。同时，这也是上述各种教学语法著作的主要内容。可见，现行初级阶段的语法点，应当是汉语教学语法体系的"核心内容"（崔永华，2015），这样的看法在对外汉语学界有普遍的认同。其实，初级阶段的语法项目确定了，初级和中级的区分也就清楚了。

2.3.2 初级大纲和中级大纲研制的目的在于，初中级是相对于高级而言的，初中级是一体的，不好区分清楚。原来的汉语水平考试（HSK）就只有初中级考试和高级考试，没有初级考试和中高级考试。也就是说初级和中级之间界限是模糊的，这对于留学生的教学也是不利的。我们如果在这里有所突破，对于这个长期界限不清的初中级大纲作出了重要的修改、界定，意义重大。

2.3.3 初级大纲是从零起点到300学时的学习之后，还是到500学时的学习之后，或者到250学时的学习之后应该达到的水平，这是由研究者自行决定的，这个决定的依据就是相应的教材。目前初级教材的使用也不规范，有的一本用一学期，有的一本用一学年，体现了学时上的差异，这就需要我们研究者作出甄别和挑选，从这些"学时+教材"的因素考虑，确定初级语法大纲中语法项目的选取。

2.3.4 要说明的是，按照"学时+教材"的方法确定语法项目的分级，特别是初级阶段语法项目的分级的方法，应该是可行的。有学者认为，现在我们的大纲将语法点分为初、中、高三个级别，依据的是国内汉语教学的情况，即在目的语学习环境中的一种分级,"对国外汉语教学几乎没有意义",其实不然。学时数确定语法点的多少,确定学习的等级的高低,在不同的学习环境下有相同的作用。国外汉语教学学时少,学生的水平自然不行,达到的等级也相应低一些。换一个角度讲,如果要考虑不同学习环境的影响,是否可以在等级的确定时减少一些学时作为定级的标准?

2.3.5 初级大纲和中级大纲的"分化"的研制怎么入手,这是需要深入思考的问题。初级大纲怎么确定,以什么作为初级大纲的标准,以前从来没有人考虑过这样的问题。各高校分班时所谓的"初级水平",究竟是一个什么样的水平?也就是说从零起点开始,到一个阶段的学习之后,达到的这个"初级水平",只要把它描述出来,就可以成为我们的初级大纲。通俗点说,我们可以对《HSK大纲》初中级大纲作出分析,区别出初级和中级的界限,"学时"是用来作为分析的一个依据,教材是用来选取语法项目的、证明区别的另一个依据。

三 语法项目提取的具体做法和分级依据

3.1 语法项目提取的原则

3.1.1 分级大纲从目标人群的使用需求出发,基于汉语教学典型场景的常用文本,析出各级语法项目并纳入大纲框架的相应位置,以分项呈列的方式展示对外汉语初中级语法教学的基本面貌。

为确保所列项目符合实际,大纲在前期研发阶段,首先调查了《新实用汉语课本》《汉语教程》《发展汉语》等国内外比较通行的汉语教材语法项目编写情况,通过与《HSK大纲》的对比,发现不同的大纲、教材在语法项目的具体选择上有重合,但也有不少的差异(表10-1)。

表 10-1 部分大纲、教材的语法项目比对情况（单位：个）

大纲	教材			共计
	三本共有	二本共有	一本有	
甲（129）	68	24	19	111
乙（123）	11	12	43	66
丙（400）	1	11	41	53
丁（516）	0	0	12	12
总计	80	47	115	242

从这一结果来看，仅依据大纲或是单套（本）教材，无法完全甚至大部分契合教学实际中的主要语法项目。整体来看，语法项目除了罗列在具有规划性质的教学大纲中，也以教学点的形式排布在汉语教材中，还散见于有关教学语法和语法教学的研究著述之中。因此，兼顾汉语语法教学的规划、实施、研究等细分环节，才能较为客观地析出语法教学的共核部分，满足本大纲目标人群使用之需。

3.1.2 基于以上考虑，分级大纲围绕教学大纲、教材、相关研究文献三类文本，提取其中的语法项目数据。这些文本主要包括：

（1）现有的一些语法大纲、教学大纲，主要有：《对外汉语教学语法大纲》（1995）、《汉语水平等级标准与语法等级大纲》（1996）、《国际汉语教学通用课程大纲》（2014）、《国际中文教育中文水平等级标准》（2021）等；

（2）与水平等级对应的通行系列教材（精读）（综合）等，如《新实用汉语课本》《汉语教程》《发展汉语》《博雅汉语》《桥梁》《拾级汉语》《速成汉语基础教程》等；

（3）与各等级阶段语法教学相关的论文、著作，具体详见各级大纲的使用说明及参考文献。

大纲从以上文本中提取的数据包括语法项目的名称、来源、顺序、归类（包括语法类、语法项等多级定位信息）、形式（主体形式、变体形式）等信息，形成语法项目的数据库（表10-2）。至于大纲对其他一些大纲、教材的对应水平等级的语法项目进行的提取和分析，因未覆盖文本全文中的语法项目，故暂不列入。

表10-2 数据库中部分大纲、教材的语法项目统计（单位：个）

	文本	项目数量
大纲	汉语水平等级标准与语法等级大纲（1996）	1,949
教材	桥梁（1996）	264
	汉语教程（1999）	488
	博雅汉语（初级、准中级、中级，2005）	712
	新实用汉语课本（2005）	709
	速成汉语基础教程（2007）	397
	发展汉语（第二版，2011）	694

3.1.3 通过比对大纲、教材中语法项目的重合情况，并结合研究著述以及对外汉语语法教材的相关内容，析出汉语教学"规划—实施—研究"等环节中的高频语法项目，为本大纲的具体语法项目的选择与安排提供了实践上的依据。然后借助全球汉语中介语语料库V1.0、HSK动态作文语料库2.0等进行用频调查、等级验证，并结合专家意见对项目的取舍、定级、归并等加以确定及调整。

3.1.4 大纲基于教学语法的整体框架逐一确定析出项目的归属，采取"立项上合为主，解释上分为主"的做法。形式相同但属于不同类目的，分项列出，如中级大纲中的介词"将"、副词"将"分别列目；形式和类目均相同但具有多个语义的，合为一项，并对各语义特征一一加以说明，如初级、中级大纲中趋向动词的引申用法就归在同一编号的项目中。

3.2 大纲的分级依据

3.2.1 划分水平等级是教学语法区别于理论语法体系的一个显著特征。从语法能力渐进提升的动态过程来看，教学语法是一个逐级拓展、精细化的动态语法体系。"拓展"指的是在语法单位的广度上，随着教学和学习的深入，语法体系的覆盖范围向新的语法单位逐步延伸；"精细化"则表现为已有语法单位在深度上新增一些小类、特殊类及语法项目，或是已有语法项目在语义、结构、语用方面逐渐细化出更多的项目颗粒。"分级"就是在这个动态的语法系统拓展细化的过程中，确定几个关键的进度节点。在这些节点上可以截取阶段性的"横截面"，从而明确教学的总体目标和范围，规划教学阶段和内容顺序的安排。

3.2.2 对外汉语教学语法体系的分级思想是逐步发展起来的。在教学语法形成之初，《汉语教科书》（1958）只是根据教学需要，对教学语法体系作出了结构切分，还没有明确的等级划分。

1988年出版的《汉语水平等级标准和语法等级大纲（试行）》是对外汉语教学界第一次发布等级标准，它在继承《汉语教科书》语法体系的基础上，作出了水平等级上的阶段性划分，具体有甲、乙、丙、丁四个等级。甲级对应一级水平，呈现比较完整的语法体系，其余三个等级只是局部项目的补充、扩展。

1996年出版的《汉语水平等级标准和语法等级大纲》发展了等级划分的思想，明确提出"初—中—高"的三分模式，把语法项目分为三等四级，并且注意到了语法体系在广度上的扩展，如把"语素、口语格式"的项目安排在中级阶段,"多重复句、句群"的项目安排在高级阶段,更清晰地呈现了教学语法动态扩展的特点。

2021年发布的《国际中文教育中文水平等级标准·语法等级大纲》的三等九级进一步细化了教学语法的分级层次,同时大纲还去除了成语等适宜归入词汇教学的项目,使教学语法的范围更加明晰。

表10-3 主要语法大纲的分级情况

汉语水平等级标准和语法等级大纲（试行）（1988）	汉语水平等级标准和语法等级大纲（1996）	高等学校外国留学生汉语教学大纲（长期进修）（2002）	国际汉语教学通用课程大纲（2014）	国际中文教育中文水平等级标准（2021）
四级：甲级 乙级 丙级 丁级（缺）	三等四级：初等 中等 高等 甲级、乙级、丙级、丁级	三等十级：初等1—4级 中等1—4级 高等1—2级	三等六级：一级、二级 CEF初学 三级、四级 CEF独立 五级、六级 CEF精通	三等九级：初等 一—三级 中等 四—六级 高等 七—九级

《国际汉语教学通用课程大纲》的内容只有分级没有分等,但是说明了与汉语水平考试（HSK）等级和欧洲语言共同参考框架（CEF, 2001）的对应关系。欧洲语言共同参考框架分为三等六级,所以我们认为《国际汉语教学通用课程大纲》等级框架实质上仍是分"等—级"的。

3.2.3 大纲分级思想的发展同样体现在汉语教材的编写上。目前的一些主流系列教材受教学大纲的影响,有意识地从目标学习者的水平等级出发,来规划套系本册,区隔学习内容,排布语法点。如目前的一些主流教材在规划上对等级的称说如表10-4。

表 10-4 主流系列教材的等级划分

新实用汉语课本（2002）	发展汉语（2004）	博雅汉语（2005）	体验汉语（2006）	拾级汉语（2007）	成功之路（2008）
初级和中级前中级	初级 中级 高级	初级 准中级 中级 高级	基础 中级 高级	初级 中级 高级	初级 中级 高级

3.2.4 对比上述两表可以发现，教材的分级与大纲并不完全相同。上面提到的几部语法等级大纲是规划者研究制定的纲领性文件，为大规模的汉语测试提供统一的标准，规范语言教学和语言测试工作。而语言教材的分级往往是基于各自的编写计划、适用课程、使用对象等现实条件对书册数量、内容上作出的区隔安排。虽然教学规划、教学实践的具体分级不完全一致，但底层模型还是"初—中—高"的三分模式。因此本大纲采用这一主流分级模式，分别研制初级、中级两个水平等级的语法大纲。

客观来说，语言水平是渐进提升的，各水平等级之间的边界的确具有一定的模糊性，很难以一个精确的指标来分隔。从教学的角度来看，分界的模糊虽然是客观的存在，但模糊程度也有一个合理的区间，现有研究对此却还没有给出明确的标准或范围。这对汉语教学是不利的，会带来初、中级界别困难和混乱的问题，也是本大纲必须重视和确定的基础问题之一。

3.3 大纲的具体分级方法

3.3.1 我们认为，要服务于教师、研究者、学习者等多种人群，就要以这些目标人群的分级标准来区别初级语法大纲和中级语法大纲。而分级标准可以从生成的分级数据中去发现。找到主流分级指标和合理的区间数值，后续的项目析出、定级等工作就能够覆盖目标人群常见、常学的项目范围。但目标人群范围较广，生成的分级数据较为复杂，因此分级大纲采用大数据检索和统计分析方法，以具有代表性的教学大纲作为教学规划领域的分级数据来源，并从专业的汉语教材数据库和出版社的汉语教材数据库获得教学实践领域的分级数据，通过学术文献数据库检索出教学研究者的分级数据（表10-5）。

表10-5　分级数据来源

领域	来源类型	出处
教学规划	教学大纲	汉语水平等级和语法大纲（1996） 国际汉语教学通用课程大纲（修订版）（2014） 新HSK考试大纲（2009） 对外汉语教学初级阶段教学大纲（1999） 高等学校外国留学生汉语教学大纲（长期进修）（2002） 汉语国际教育用音节汉字词汇等级划分（2010） 国际中文教育中文水平等级标准（2021）
教学实践	教材（2010—2021年出版）	全球汉语教材库（http://www.ctmlib.com） 北京语言大学出版社官网 北京大学出版社官网 高等教育出版社官网
教学研究	论文	中国知网（https://www.cnki.net） （以"初/中/高级+汉语+语法"为关键词检索）

3.3.2　从教材、论文的数据来源中，检索出采用"初—中—高"三分模式的文本共554份，再经文本分析找出其中出现了等级水平描述的文本共计62份，描述等级72份次。其中，对外汉语教材51套，对外汉语语法教材3套，书中描述等级共64份次；论文有8篇，文中

描述等级水平8份次。综合这些数据和大纲的数据，最终形成85份次的样本量（表10-6）。

所谓"套"的认定标准为：系列教材按等级数计算套数，如初级教材为1套；同一等级内的分册合计为1套，如中级的上、下册算1套，单册出版的教材计为1套。

表10-6 数据样本量统计表

	文本数量	描述次数
教材	54套	64份次
论文	8篇	8份次
大纲	7部	13份次
共计	69份	85份次

四 语法项目的分级标准

基于这85份次的样本量，大纲就"初级—中级"的分级具体考察两个问题：一是划分初级、中级的常用指标，二是"初级—中级"分级指标的具体描述及合理区间。

4.1 确定等级划分所依据的指标

4.1.1 在表10-6的85份次的样本中，用于指示汉语水平等级的指标，涉及语言本体要素、交际能力要素、学习过程要素三个方面，其中出现频率较高的指标是词汇量（20.8%）、汉语水平考试等级（13.9%）、学习时长（11%）以及语法点范围及数量（11%）。

4.1.2 另外，根据相关性分析，语法指标与汉字量、词汇量呈中低度线性相关，而与其他指标都是低度线性相关。语法、词汇量的r= 0.489,902,384，语法、汉字量的r=0.427,286,682，$0.3 \leq |r| < 0.5$，

所以判定它们为中低度线性相关。

4.1.3 基于以上分析数据，本大纲从作为教学语法大纲的本质属性出发，确定以语法指标为核心。而词汇属于高频指标，词汇、汉字与语法有一定的相关性，且同属语言本体要素，可以作为关联指标。同时，以典型二语学习环境中的学习时长作为辅助性的参考指标。

4.2 确定分级指标的定量描述

4.2.1 我们对三个指标的相关数据分别进行了统计分析，以计算置信区间的方式求取各个指标的合理区间，确定具体的分级指标。结果如下。

以语法点的积累量来确定等级。从对语法点的统计分析（表10-7、表10-8）可以看出，初级、中级水平的语法点累积量分别为207±53个、405±217个。这反映了本大纲的目标人群目前认为划分"初—中"的语法点数量的合理范围是207±53个，划分"中—高"的语法点数量为405±217个。

表 10-7 初级语法点积累量的合理区间

容量	11
均值	207.181,818,2
标准差	78.385,991,33
平均误差	23.634,265,64
置信度	0.95
自由度	10
t 分布的双侧分位数	2.228,138,852
允许误差	52.660,425,51
下限	154.521,392,7
上限	259.842,243,7

表 10-8 中级语法点积累量的合理区间

容量	6
均值	404.666,666,7
标准差	206.422,544
平均误差	84.271,650,7
置信度	0.95
自由度	5
t 分布的双侧分位数	2.570,581,836
允许误差	216.627,174,5
下限	188.039,492,1
上限	621.293,841,2

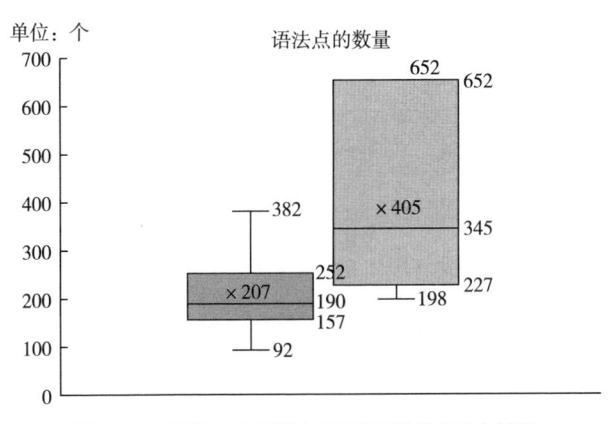

图 10-1 初级、中级语法点积累量的数据分布情况

4.2.2 以"词汇量"作为"初—中"分级指标，合理区间为 2,017±273 词（表10-9）。也就是说，大纲的目标人群中的大多数认为以"是否掌握 2,017±273 词"作为"达到初级水平，进入中级学习阶段"的标准。

表 10-9 初级词汇量的合理区间

容量	35
均值	2,017.228,571
标准差	794.719,857,6
平均误差	134.332,173,8
置信度	0.95
自由度	34
t 分布的双侧分位数	2.032,244,509
允许误差	272.995,822,6
下限	1 744,232,749
上限	2 290,224,394

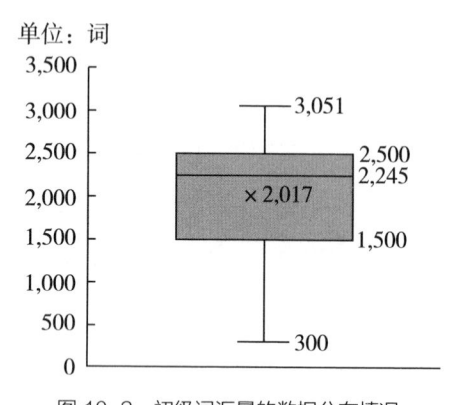

图 10-2 初级词汇量的数据分布情况

4.2.3 以"汉字量"作为"初—中"分级指标，合理区间为 1,117±388 字（表 10-10）。也就是说，以"1,117±388 字"作为达到初级水平的分界点，大部分的目标人群是基本能接受的。

表 10-10 初级汉字量的合理区间

容量	8
均值	1,116.5
标准差	464.301,3
平均误差	164.155,3
置信度	0.95
自由度	7
t 分布的双侧分位数	2.364,624
允许误差	388.165,6
下限	728.334,4
上限	1,504.666

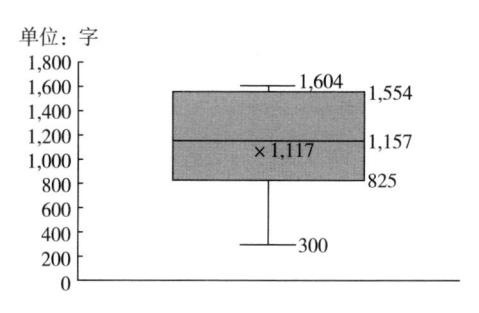

图 10-3 初级汉字量的数据分布情况

4.2.4 以"学习时长"作为分级指标。从数据来看，对于来华进修的情况，目标人群的认识比较统一，"初级—中级"的分界集中在"满一学年"的时间点。我们仅观察到4个样本是以海外的学习时长为分级标准的，且相关数据离散程度较大（见图10-4）。也就是说，大纲的目标人群还是将"是否已有一学年的来华汉语学习/进修的经历"作为界别初级、中级水平的指标之一。

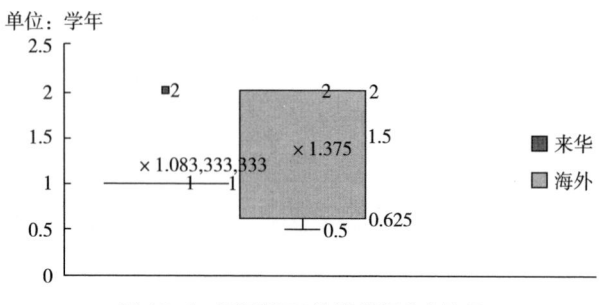

图 10-4　初级学习时长的数据分布情况

4.3 初级、中级的分级标准

4.3.1　综合以上数据分析的情况，分级大纲根据目标人群的主流观点界别初级和中级，即初级水平的语法点数量以 207±53 个为合理区间，中级水平为 405±217 个语法点积累量。与此对应的是，大纲以"词汇量=2,017±273 词，汉字量=1,117±388 字"为相关分级指标，并参考"一学年的来华汉语学习经历"的学习时长，来划分"初级—中级"（表 10-11）。

表 10-11　本大纲的"初级—中级"分级标准

指标		数值
核心指标	语法点	207±53 个
关联指标	词汇	2,017±273 词
	汉字	1,117±388 字
参考指标	学习时长	1 学年（来华进修）

4.3.2　需要说明的是，词汇和语法指标属于内化的知识，是特定语言水平的内在指征。时间属于外在的学习过程要素，是受学习环境、教学条件等变量限制的人为设置。以典型的二语学习环境为例，作为一种辅助性参照指标。

4.3.3 我们研制的初级大纲和中级大纲，主要用上述这一分级标准进行语法项目的析出和定级工作。初级、中级两部大纲根据分级指标选取对应的代表性教材，如《新实用汉语课本》《汉语教程》《发展汉语》《博雅汉语》《桥梁》等，作为语法项目的析出来源。而在确定项目的等级时，我们考察该项目在以上教材以及大纲中的定级情况。在某个等级高频出现的项目就是学习者在对应阶段的学习和测试中的常见项目，列入对应的等级大纲的语法框架中。

看得出，分级大纲的分级和项目的提取，都始终贯彻了"源于教学实际，服务于教学实际"的编写思想。

第十一讲　分类语法大纲的编写需求和理论背景

一　编写分类语法大纲的必要性

1.1　语法项目的分类：口语语法大纲和书面语语法大纲

1.1.1　口语和书面语区分的必要性，前辈学者有过很多论述。吕叔湘（1979）指出，可以借助普通话内部的对比，比如文体的差异来考察对语法的影响。朱德熙（1987）也认为，书面语和口语语料的不同，会影响语法研究的结论，要注意区分。有些句式"只见于书面语，口语是不说的"，他认为应该对口语语法和书面语语法分别研究。胡明扬（1993）认为需要重视口语和书面语的差异，他指出"给现代汉语语法研究带来最大困难的是口语和书面语之间的差异"。可见，二语习得者认为汉语语法规律约束力不强，很大的原因是我们总结规律的时候没有区分出不同的语体来。

1.1.2　口语语法大纲和书面语语法大纲的研制在于语体语法理论的盛行，更在于留学生教学的实际需要，至今为止没有分语体的大纲问世，对外汉语教学和科学研究所依据的都是通用语体的语法大纲，这种状况显然与发展迅速的留学生教学事业是相悖的。编制出这样的大纲，在今后的教学指导、教材编撰、汉语水平测试上都能发挥很大的作用。

1.2　冯胜利的语体分类和语体对立

1.2.1　冯胜利（2010）对语体的本质有过论述，认为语体会不可避免地产生对立，即正式与非正式的对立，典雅与通俗（雅言与俗语）的对立。一方面他认为"正式与非正式（书面体/口语体）""典雅与便俗（文雅体/白话体）"是构成语体的两对基本范畴。

相互对立的语体不仅各具自身的词汇与句法（语体语法），同时也是创造文体风格的重要手段和依据（文体功能）。

1.2.2 另一方面，冯胜利又强调语体的对立是相对的，"所谓正式与非正式，其实就是调节关系距离远近的语体手段"，正式与非正式是可以相互转化的，语体范畴的对立面都是相对的。为此。他又引发出"等级"的概念，例如对正式度有过描述，粗疏的等级为：零级正式度——编教材；一级正式度——编写/改编教材；二级正式度——教材编写/改编、教材的编写/改编；三级正式度——对教材进行改编。可见，所谓"书面语""口语"的范围是不容易描述的，这是编写分类大纲的困难所在。

1.3 语法大纲应考虑语体因素

1.3.1 综观在对外汉语界影响较大的几部考试或教学大纲中的语法体系，都是通用语体的语法大纲，至今没有分语体的语法大纲问世。对于现有各类语法大纲缺少语体意识，吕文华（1994）、李泉（2003、2004）、徐晶凝（2016）以及齐沪扬、韩天姿、马优优（2020）等学者都有研究，都在呼吁制定大纲时应考虑语体因素。可以从两方面考虑制定分类大纲的必要性。

1.3.2 从教师角度看，大纲是给教师使用的。汉语口语和汉语书面语作为语言范畴，是一种客观存在，是一种语言系统。因此，它在语音、词汇、语法等方面，都应有科学的规定性，都是可以描写的，都是有规可循的，而不是任意的。这种观点得到很多学者的认同。

事实上，通用语体并不是语言中最活跃、最富于变化的，相反，真正的书面语和口语语法体系开放性比较强。在实际二语教学中，面对复杂的口语、书面语语法体系，教师往往会出现无从下手之感，对这两种语体的"度"的把握不是很好，通常将通用语体的语法项目替代具有语体特性的语法项目教授给学生。

研制分类大纲的目的,就是想在开放性比较强的口语、书面语语法体系中对大量特有的语法规则进行归纳和总结,按照语体语法的特点进行语法点的解释,从教师的实际教学需求出发,尽量让具有语体特性的语法体系呈现出相对封闭和可控的状态。

1.3.3 从学习者角度看,大纲还要考虑二语习得者的需要。通过观察汉语学习者日常汉语的使用情况,我们不难发现这样一种现象:学习者在面对某一特定的口语或者书面语交际环境时,对于如何选择恰当语体中那些使用频率相对较高的语言形式、避免使用母语者较少使用的语言形式,往往处理得不够得体。

以口语的使用为例,当我们在表达遭受不如意的情景时,我们常常会使用"叫……(给)+动词"这一格式:"书架都叫他给弄倒了/窗玻璃叫他打碎了两块"等等。又例如,我们通常会选用表示范围的副词"净"来表达消极义:"教室的地上净是水/我净顾着跟他说话,忘了做饭了"等等。但根据我们的口语课堂调查,留学生对这些用法非常不了解,在口语中基本不用这样的表达,他们通常会采用通用语体的语法项目来表达(如"被""都""只"),而这样的表达使得说话者情感传递的准确度和细腻度大打折扣。导致这一现象的原因,主要是口语语法研究在很长一段时间被忽视,其发展相对滞后。教材对于口语语体的表达结构重视不够。

可见,以通用语体为研究对象的传统语法项目,已无法适应教学和习得的实际需求。

1.4 编写分类大纲的原则

1.4.1 以教学应用和学习需求为导向,进行条目式的解释。

分类大纲正文部分既是大纲,也可以视为具有较强实用性的口语/书面语语法项目简明学习手册,每个语法项目下不仅有各种义项/

功能和用法的说明,还给出典型的例子帮助理解。这种对重要的语法项目进行条目式的解释,将各个语法项目按照重要性等级、难易度等级和语体等级这三个等级逐一标识的处理方式,既有利于大纲使用者对所列的语法项目总表有一个清晰的认识,同时也方便大纲使用者对具体条目的进一步把控,真正实现口语/书面语大纲中语法项目的实用性。

语法项目列出后,利用语料库和教材库的相关语料,参考外国学生实际教学输入的情况,在对外国学生习得状况作出统计分析、对外国学生实际需求作出调查分析的基础上,在可能的情况下,将这两个大纲中语法项目的某种用法和功能的重要性等级(或称用频等级)、难易度等级(或称习得难度等级)、语体等级(或称口语/书面语倾向等级)标出,等级可以细分为三级。从编写者说,这种类似语法词典的编写方式会使工作量增大;从使用者来说,"好用、管用"会使这种编写方式受到欢迎。

1.4.2 不追求语法的系统性,但求真实反映口语或者书面语的实际。

即使是典型的口语和典型的书面语,它们在语言表达形式上也是同大于异,即大多的语言表达形式在口语和书面语中是通用的。因此,作为一部口语/书面语语法大纲,不追求语法的系统性,也无法做到系统,但在编写的过程中强调穷尽性地抽取、记录具有口语或书面语语体倾向的语法项目,并以此为基础,从宏观上概括出口语或书面语语法形式的总体特征,供师生参考。

我们认为,语法项目的选择,既要适合口语/书面语的特点,紧贴汉语口语/书面语生活,又要突出重点。例如孙德金(2006)认为对外汉语语法教学的一条重要原则是属于词汇范畴的不教,强调了语法教学和词汇教学的分野。我们很赞同这个观点。语法的内容本来就已经很复杂了，如果再把词汇的东西也包罗进来，这个语法体系实在有些过于庞大。因此，以口语大纲为例，大部分涉及词汇层面的项目我们都没有收录进来，例如谚语、惯用语、俗语、歇后语、客套语等。

1.5 口语/书面语大纲各有不同的编写特色

分类大纲中口语和书面语的表现形式不同，即便同属于一个类别，但考虑到两部大纲所收范围的差异，从读者的接受角度、阅读角度出发，在编写中坚持"原则相同，特色各异"的原则。

1.5.1 口语大纲收录了包括句法和话语两个层面的大量语法项目，为便于使用者阅读、查询，还特意编制了口语表达功能项目表。

口语表达中的功能分类也是十分复杂的，过多的分级分类可能会导致口语系统内部成员的过于庞杂和凌乱，所以，口语语法大纲在进行功能项目的分类时，突显言语表达中最常用的几大功能。

首先从言语交际的目的上将表达功能分为告知、承诺、询问、请求、强调、解释、对比、描述、表情等几大类功能，然后每一大类功能内部再进行子功能的细分，最后则对每项子功能都用语法项目表中的各个语法项目进行形式上的佐证。以表情功能为例，将表情功能分为：

（1）**赞同**（如"可不是吗？""多少有那么点儿吧？"）、**埋怨**（如"看你！""你又来了！"）

（2）**否定**（如"现在可好！""说到哪里去了。"）、**讽刺**（如"真没看出来！"）

（3）**责备**（如"那像什么话？"）

（4）**拒绝**（如"再说吧！"）

（5）**肯定**（如"别看……""谁说……"）

（6）**夸张**（如"要多……有多……"）等等。

这样操作的好处是，口语表达功能项目表和口语语法项目表相互打通，将所有的语法项目按纵向排列，将所有的表达功能按横向排列，二表合在一起，就能构成一份较为完整的双向细目表，就能最大可能地做到形式和功能互释。

1.5.2　书面语大纲所收条目分为四类。

（1）单词条目，包括：用于书面语或倾向用于书面语的虚词；除了比较典型的虚词之外，还包括用于书面语或倾向用于书面语的副词、量词，以及一些数量相对封闭的实词的附类，如方位词、趋向动词、助动词、形式动词等；用于书面语或倾向用于书面语，并且用法比较固定、仅限于一些相对固定的格式的少量实词，如"报以热烈的掌声"中的"报"、"真相大白"的"白"等。

（2）格式条目，主要指用于书面语或倾向用于书面语的语法格式。其中有一部分可以视为构式。

（3）习用语条目，主要指用于书面语或倾向用于书面语的习用语。这些习用语大多为四字格式，但一般不被视为成语而未能收入成语词典或其他各类词典。

（4）篇章关联条目，主要指用于书面语或倾向用于书面语的篇章关联成分。它们一般关联两个或两个以上的小句，前后呼应。

需要说明的是：

第一，尽管文言词一般用于书面语，但是那些已被现代汉语其他书面语词代替而不大使用、用频极低的文言词，书面语大纲未收。即大纲只收那些已被现代汉语书面语广泛吸收了的文言词。

第二，尽管成语也多用于书面语，但成语类似于实词性的词条，数量庞大，利用成语词典可以解决问题，所以书面语大纲也将成语排除在外。

二　口语和书面语的界定

2.1　口语和书面语如何定义

2.1.1　口语和书面语如何定义，牵涉的是这两个大纲收录语法项目的划界问题，即怎么跟通用语体作出区别。理想的做法是应该有一点跨界的语法项目，也就是说有些语法项目允许在这两个大纲中的一种和通用的大纲里都能出现。如果有连续统，连续统的两头应该是口语和书面语，中间的通用语体与口语和书面语的边界允许有一些模糊地带。但这个模糊地带有多大，范围如何控制，需要考虑。这两个大纲语法项目的收录，应该有个框框：如果考虑主要从教材里选取，会不会出现范围小了点的问题，好处是都"事出有因"，有依据；如果考虑选取的语法项目范围扩展到词典，扩展到论文，范围大了，语法项目全了，但依据（针对留学生学习）是否能说清楚，也是需要论证、需要作出取舍的，要经得起质询。

2.1.2　以往大纲被诟病的，主要是因为编写者都以结构主义的视角观察，聚焦于语素、词汇、短语、句式，语法项目的提取主要集中在句子以下的部分。但是，句子以上的语段、篇章里的语法项目，在分类大纲里肯定是要提及的。特别是书面语，牵涉的语境、语篇、语用、敬语等因素会更多，如何让留学生通过书面语大纲的习得和规束，了解和习得汉语的"雅言"。这两个大纲的编写不追求语法的系统性，但强调穷尽性地抽取记录具有口语或书面语语体倾向的语法项目。例如在考虑口语的语法项目的提取时，还得注意口语语体的一些表达手段，如轻声、插说、易位、追加等；书面语语法项目提取，除了着重考虑用于书面语或倾向用于书面的虚词外，还应考虑包括副词、量词，以及一些封闭类或半封闭类的实词附类，如方位词、趋向动词、助动词、形式动词等，另外用于书面语或倾向用于书面语的语法格式也应有所吸收。

2.1.3　目前，多数学者都认可，对外汉语教学语法中的语体分为口语语体、通用语体和书面语体三部分。这三部分是呈连续统状态分布的。学生学习汉语，常常是从通用语体这一中间层级入手，然后逐渐向系统的两端发展。通常来说，越是处于连续统两端的语体，越是要求学生有较高的汉语水平。掌握口语语体的语法项目，能使学生最大程度地提高汉语口语表达能力；掌握书面语语体的语法项目，能使学生最大程度地提高汉语书面语表达能力。

2.2　口语的定义

2.2.1　最早对汉语口语作界定的是赵元任。他在《汉语口语语法》中认为汉语口语是"二十世纪中叶的北京方言，用非正式发言的那种风格说出来的"（赵元任，1979）。他在这里强调了口语的"非正式性"。

关于口语语法体系的建立，郭颖雯（2002）、李泉（2003）、吴越（2007）、徐晶凝（2016）等都作了非常有价值的探索和建构。学者们普遍认为，现有的语法大纲总的来说都是以"共核性"的语法为主体，缺乏语体意识。对于汉语口语语法的界定，李泉（2003）的观点具有一定的代表性，他认为口语语法"包括共核语法以外的，现有各类语法大纲中典型的口语语法成分，以及现有各类语法大纲未及收入的口语语法和口语惯用表达形式"。

2.2.2　关于汉语口语语体的内部分层，陈建民（1984）、申修言（1996）、佟秉正（1996）、王若江（1999）、祖人植（2002）、郭颖雯（2002）等均作过较为深入的探讨。总体来看，学者们对汉语口语语体内部层次的认识基本一致，基本都认可口语分为口语体口语和书面语体口语两大类。口语体口语就是日常口语，指在非正式场合的非正式交谈，如寒暄、聊天儿等；书面语体口语指的是演讲、会谈等形式的口语,虽是口头表达,但受使用场合、目的等的限制,其语法和风格更接近于书面语。对于口语教学究竟应该教口语体口语还是应该教书面语体口语,各家看法不一。

大纲所持的观点是:将"口语语体"统一理解为"普通话层面下的、非正式场合的、用于交际的、语义具有稳固性的"口语。"普通话层面下的"是将一些过于俚俗的用法或者方言的用法排除在外;"非正式的、用于交际的"是将受使用场合、目的等限制的书面语体口语排除在外;"语义具有稳固性的"是将具有流行性的网络语言排除在外。

2.2.3 汉语口语表达灵活多变,富于表现力,具有一系列典型特征,如:轻声、重读、重叠、停顿,大量的口语词汇和常用的口语表达结构,句式表达时的易位、重复、省略、追加、插说等。这一系列有别于书面语语法的独特表现,都使得汉语口语有了进一步研究的必要性。因此,口语大纲中将具有典型口语语体特征的语法成分都提取为汉语口语语法项目。

2.2.4 《对外汉语教学语法口语大纲》的研制,一是为了给汉语口语教材的编写提供一定的依据,同时也是为了给汉语口语教学提供教学参考。口语语法大纲应该尽可能地体现汉语口语语法中最典型的用法,既可以基本关照口语语法的系统性,又能够为使用者提供一份关于口语语法项目的详细清单。既有整体,又有细节,从而实现二者完美的结合。

2.3 书面语的定义

2.3.1 书面语的定义很难下,因为书面语本身的组成就是十分复杂的。胡明扬(1993)讨论现代汉语的复杂性时说过,"现代汉语书面语也不是一种在一个单一的方言点口语基础上形成的书面语,而是在其形成过程中受到各种不同因素的影响,因而就其组织成分而言十分驳杂，既有以北京话为基础的口语成分，又有欧化的书面语成分，既有传统的和仿古的文言成分，又有各种方言成分。现代汉语书面语就是这样一些不同语体的成分，甚至可以说是不同语言成分糅合而成的"。

如果仅仅把书面语理解为"书写的语言"的话，那么书面语的定义还是比较简单的。事实上，这种"书写的语言"内部还是可以分化的，就像口语分为口语体口语和书面语体口语两大类一样，书写的语言里也有"书写的口语体语言"和"书写的书面语体语言"的区别。所以，在编写分类大纲的过程中，我们深切地感到，即使是典型的口语和典型的书面语，它们在语言表达形式上也是同大于异，即大多数的语言表达形式在口语和书面语中是通用的，这也是书面语定义难下的一个原因。

2.3.2 "书写的语言"的特点，孙德金（2012）作过归纳，提出了"求简律""趋雅律""整齐律""谐体律"的"四律"概念，可以理解为"求简"就是要求简洁，不啰唆；"趋雅"则要求表达要雅致、庄重和优美；"整齐"是注重表达形式的整齐；"谐体"则指书写时要注意各种语言成分的选择，要追求语体上的和谐一致。"四律"可以看成是书面语言语用层面的一种制约，而语法则是书面语言结构层面的规则表现；语法是基础，"四律"是表现。

2.3.3 长期以来现代汉语语法研究有一种倾向，在研究对象的选择上多以口语为出发点，对语法规律的描述也多半依据口语，但在用例的来源上却以书面语为主。这种现象形成了重口语轻书面语的倾向，对母语学习者和二语学习者都带来影响。从对外汉语角度看，中高级阶段的学生看不懂有明显书面语色彩的文章，看不懂简单文字表达的广告语、说明书的人比比皆是；而能够写出文字通顺，语言流畅的书面语文章者更是寥寥。这跟没有科学地、全面地认识现代汉语书面语的性质和特点是有密切关系的。现代汉语中的书面语语法成分应该成为对外汉语书面语教学的重要组成部分，在注意语法教学的阶段性和层次性的基础上，确定合理的教学策略，把书面语语法成分的教学安排在适当的阶段。这是编写书面语大纲的缘由和目的。

三 语法项目等级划分依据

3.1 重要性等级、难易度等级和语体等级

3.1.1 分类大纲语法项目的等级划分主要包括重要性等级、难易度等级和语体（口语/书面语）等级。这三种等级在每个语法项目的各个义项/功能下分别编排。重要性等级是就该语法项目的用频而言的，用频越高则重要性等级就越高，反之重要性等级就越低；难易度等级是就该语法项目在学习过程中的先后顺序而言的，在学习过程中需要优先学习的项目一般都属于难易度等级相对较低的项目，反之则属于难易度等级相对较高的项目；语体（口语/书面语）等级是就该语法项目用于口语/书面语语体的倾向性程度而言的，越倾向用于口语/书面语的项目则语体等级越高，反之语体等级就越低。

3.1.2 事实上，重要性等级和难易度等级呈反向关系，即从学以致用的角度而言，重要性等级越高的语法项目，其在教学中越需要优先安排学习，因而应该属于难易度等级相对较低的语法项目，而重要性等级越低的语法项目，学生在平时的阅读和写作中不太容易见到或者用到，其在教学中则无须优先安排学习，因而属于难易度等级相对较高的语法项目。这跟词汇的难度等级安排取决于其用频的高低是一个道理。因此，知道了一个语法项目的重要性等级，也便知道了一个语法项目的难易度等级，反之亦然。

3.2 重要性等级和难易度等级划分的依据

3.2.1 参考现有的一些语法大纲、教学大纲。主要包括：

（1）《对外汉语教学语法大纲》（王还主编，北京语言学院出版社，1995）；

（2）《汉语水平等级标准与语法等级大纲》（刘英林主编，高等教育出版社，1996）；

（3）《对外汉语教学初级阶段教学大纲》（杨寄洲主编，北京语言文化大学出版社，1999）；

（4）《高等学校外国留学生汉语教学大纲（长期进修）》《高等学校外国留学生汉语教学大纲（短期强化）》《高等学校外国留学生汉语言专业教学大纲》（国家对外汉语教学领导小组办公室编，北京语言大学出版社，2002）；

（5）《国际汉语教学通用课程大纲》（孔子学院总部／国家汉办编，北京语言大学出版社，2014）；

（6）《HSK考试大纲》（孔子学院总部／国家汉办编，人民教育出版社，2015）；

（7）《国际中文教育中文水平等级标准》（教育部中外语言交流合作中心编，北京语言大学出版社，2021）；

（8）《现代汉语常用词表》（现代汉语常用词表课题组，商务印书馆，2008）；

（9）现代汉语语料库词频表CorpusWordlist（源自"百度文库"）。

在分类大纲编写过程中，参考各口语/书面语语法项目在上述大纲中的等级设置，确定这些口语/书面语语法项目在大纲中的相对等级。

3.2.2 同时参考各口语/书面语语法项目在前面提到的目前国内通行的精读课（或综合课）教材中的所在等级（册数）以及编排顺

序，以帮助确定这些口语/书面语语法项目在大纲中的相对等级。

3.2.3 对于那些在上述不同的文献材料中的等级设置出现分歧的语法项目，分类大纲也是基本采纳大多数文献材料的处理意见，但最终都须在北京大学CCL语料库、北京语言大学BCC语料库等语料库中进行用频调查、验证和判断，并佐以专家意见后再对其重要性等级和难易度等级予以确定。

3.2.4 在其他文献材料中尚未予以标注、罗列或说明但又明显具有口语/书面语倾向的语法项目，我们主要依据其在北京大学CCL语料库、北京语言大学BCC语料库等语料库中的用频情况，并加以专家干预，对其重要性等级和难易度等级予以确定。

3.3 语体（口语/书面语）等级划分的依据

考虑到分类大纲是首部口语/书面语语法大纲，所以也是首次尝试对其中的语法项目进行语体等级（即口语/书面语倾向程度等级）划分。分类大纲语法项目语体等级的划分具有开创性，并无可供直接借鉴的参考文献。依据主要有以下几个方面。

3.3.1 考察已有各种文献（包括前面提到的各种词典、教材、大纲等）对某个口语/书面语语法项目语体倾向性标注和说明的表述方式。我们将这些标注和说明的表述方式分为三个级别，以书面语的标注为例：（1）强书面语体倾向，包括"〈书〉""书面语""用于书面语""只用于书面语""典型用于书面语""非常书面化""一般只用于书面语"等；（2）中书面语体倾向，包括"常用于书面语""多用于书面语""主要用于书面语""书面语中大量使用""书面语中经常使用""一般用于书面语""书面语色彩较强"等；（3）弱书面语体倾向，包括"比较书面化""在口语里不常使用""书面语中更常用""较多出现在书面语中""书面语里用得较多""具有书面语色彩"等。

3.3.2 分类大纲参考上述这些表述来划分语法项目的口语/书面语倾向程度的三个等级。当然，上述表述很多带有较强的编者主观性，尤其当不同的文献之间在表述上出现分歧甚至出现截然相反的意见时，分类大纲也是基本采纳大多数文献材料的处理意见，但最终也都须在北京大学CCL语料库、北京语言大学BCC语料库等语料库中对其分布语境加以调查、验证和判断，并佐以专家意见后，再对其口语/书面语倾向程度等级予以确定。

3.3.3 在其他文献材料中尚未予以标注、罗列或说明但又明显具有口语/书面语倾向的语法项目，我们主要依据其在北京大学CCL语料库、北京语言大学BCC语料库等语料库中的分布情况，并加以专家干预，对其口语/书面语倾向程度等级予以确定。

3.4 值得注意的三个问题

3.4.1 分类大纲中重要性等级和难易度等级划分都是口语/书面语语法项目内部成员之间的相对等级，不能简单对应于现有各种语法大纲的等级。一般而言，在汉语二语的教学过程中，通用语体或者倾向用于口语语体的语言项目先教、先学，倾向用于书面语体的语言项目后教、后学，因而书面语语法项目在通用语法大纲中的难易度等级往往处于汉语中、高等级水平。绝大多数的书面语语法项目，一般都是到了中、高级阶段后，在习得者有了一定口语基础之后才开始接触、学习。因此，分类大纲对这些口语/书面语语法项目的等级划分是根据其内部成员之间的差异划分出来的一个相对等级。

3.4.2 各语法项目之间虽有口语/书面语语体倾向程度的差异，但真要细分出不同的等级实属不易。这不仅是因为不同语法项目的语体倾向程度是一个连续统，边界十分模糊，更主要的是因为，同为汉语母语者，由于各自方言有别、语感有别、受教育程度和专业背景有别，对某个语法项目的语体倾向的判断结果会有差异，甚至会产生截然不同的看法。

以书面语的情况为例,朱德熙(1999)讲过,"现代书面汉语是包含许多不同层次的语言成分的混合体。无论从句法上或词汇上看都是如此",朱先生的意思就是指现代汉语书面语,事实上是由不同时期的汉语、不同地域的汉语方言,甚至外族语积淀、混合而成的。因此,有可能出现以下的情况:当甲方言区的人认为某个语言项目属于通用语体形式或口语语体形式(因为他们的口语表达也是这么说的),但乙方言区的人却很有可能认为该语言项目是书面语体形式(因为他们的口语表达不是这么说的,该语言项目他是通过书面语学习来的)。与此同时,部分乙方言区的人因为受教育程度高,普通话水平也高,其口语表达逐渐摆脱了自身方言的影响,在语感上也很有可能认为该语言项目是通用语体形式,从而导致同一个方言区的人判断该语言项目的语体倾向时也会产生语感上的差异。

3.4.3 正是考虑到各类等级的划分,边界比较模糊,分类大纲采取三分法,即将各类等级划分出三个相对等级。一级使用一颗星(用"☆"表示),二级使用两颗星(用"☆☆"表示),三级使用三颗星(用"☆☆☆"表示)。

第十二讲　口语大纲中虚词项目析出的原则和方法

一　关于口语大纲中的虚词项目

1.1　口语语法大纲的语法项目

根据汉语口语语法自身的特点以及学者们的相关研究，对汉语口语语法大纲中语法项目进行整理和析取，这个大纲的语法项目主要包括句法和话语两个层面的大量语法点。

1.1.1　句法层面。句法层面主要涉及词类、短语和句子的口语用法。主要选择那些口语中最常用的、最典型的句法结构作为口语语法的必备语法项目。在口语系统中出现的语言现象，只要是可以用口语语法规则来解释的，都应该收录其中。如：

名词的儿化、代词的口语用法，如"小孩儿""没劲儿""老伴儿""人家""那谁""这些个"等。

常用口语动词及重叠，如"弄""搞""吃吃看""穿穿试试""找他谈谈"等。

形容词的重叠形式，如"乱哄哄""干巴巴""香喷喷""傻乎乎"等。

数量词的口语用法，如"吃（他）个够""弄（他）个明白""三十来个人""个把月"等。

副词的口语用法，如"直""怪""老""别说""亏得""好好儿""回头"等。

介词的口语用法，如"同"（哥哥的性格同弟弟完全相反）、"叫"（他叫人打了一顿）、"给"（你给我站住）、"冲"（就冲你这态度，我就一定要投诉你！）等。

连词的口语用法，如"跟"（我跟他都去了）、"同"（老丁同老张都是上海人）、"要"（晚上要有事，我会来找你）等。

助词的口语用法，如"来着"（我说什么来着？）、"得了"（给我得了）、"好了"（你喜欢这本书就拿去看好了）等。

离合词，如"睡了一大觉""离了两次婚""吃了他的亏""扫了大家的兴"等。

可以扩展的半固定格式，如"……就是了""要多……有多……""动不动就……""拿……来说""A是A，B是B""说V就V""大……的""什么A不A的"等。

"的"字短语，如"教书的""摆摊儿的""姓张的""唱戏的"等。

广义的领属结构，如"他的篮球打得好""他的数学教得好""他看他的小说，我写我的字"等。

固定口语格式，如"真是的！""可不是吗？""我说什么来着？""多少有那么点儿吧"等。

紧缩句，如"你说我说？""你能来来吧！""我懂还来问你？"等。

形容词谓语句，如"小脸红红的""这条裤子长，那条裤子短"等。

比较句，如"你没有小张高吧？""他不比我快。""他和我一样傻。"等。

话题优先句，如"零钱我买菜了。""这事我有办法。""这个人我不喜欢。"等。

无主句，如"开会了！""上课了！""下雨了！""来水了！"等。

独词句，如"好！""蛇！""什么？""票！""嗝！"等。

1.1.2 话语层面。以往大纲主要以结构主义的视角观察，聚焦于语素、词汇、短语、句式，集中在句子以下的部分，被诟病的是教学上针对性不强，习得后体现不出语言能力的高低。（齐沪扬、韩天姿、马优优，2020）口语交谈强调互动，"实时交互性"是交流性语言的最大特征。（齐沪扬、邵洪亮，2020）话语层面上涉及的语法项目都是体现在交流性语言中，都是强调"实时交互性"。此层面主要的语法项目有：

话语标记，如"说真的""你别说""对了""你看""是吧""好吗？""你懂的""我怕""你不知道""真是的""不瞒你说""这个""那个"等。这些话语标记在话轮中有的是展开话题，有的是话题的衔接和补充，有的是话题的转换，还有的是话题的结束。

句中语气词，如"其实吧，我也就是个一般人。""所以呀，他看到你就特兴奋。""要我说啊，谁也不欠谁的。""他整天都在打游戏，别的事儿呢，全没兴趣。"等。

感叹句、反问句、祈使句等，如"我好累啊！""有什么可去的？""快走吧。别跑了。"等。

1.2 口语语法大纲中的虚词项目

1.2.1 虚词语法项目的析取主要参考了国内通行的汉语口语教材、多部权威的汉语虚词词典和《现代汉语词典》，同时还参考了《对外汉语教学语法大纲》（1995）、《汉语水平等级标准与语法等级大纲》（1996）、《中高级对外汉语教学等级大纲（词汇·语法）》（1995）、《高等学校外国留学生汉语言专业教学大纲》（2002）、《高等学校外国留学生汉语教学大纲（长期进修）》（2002）等已有教学大纲中收录的有关语法项目，并且大量吸收了各类对外汉语教学语法论著以及近20年来期刊论文中涉及的汉语口语的高频用法。

构式语法理论的兴起，大量的口语格式得到学界关注。真实交际社会中的很多高频口语结构，已有大纲并未收录。现代汉语口语中究竟有多少种常见结构习用语，主要用于实现什么样的言语功能，尚需进一步调查统计与描写。我们以国内通行的多套汉语口语教材作为析取口语中高频结构习用语的主要依据，同时辅以近20年来发表在刊物上的各种有关口语格式（包括"话语标记"）的论文，以此构成口语语法大纲中高频口语结构的主体。

1.2.2 口语语法大纲虚词项目析取的具体操作流程是：以通行的多部虚词词典和多套口语教材为基础，一方面将虚词词典中所有有显性语体标注的语法点和教材注释中所有的口语常用结构析取出来，另一方面析取已有大纲中的口语用法，同时大量吸纳近20年期刊论文中的话语标记和口语常用结构。关于汉语口语教材，有一点需要说明：由于中级口语教材相比较初级口语教材来说，更突出了口语体的特征，中级口语教材的口语常用表达多数是在初级阶段共核语法的教学范围之外的，所以我们在析取语法项目时，参考的口语教材以中级教材为主，初级教材为辅。而高级口语教材中的很多语法点更偏重于书面体的口语，比如关联词的使用、成语的使用等等，这一类的语法项目基本没有吸纳进来。

少数封闭词类如代词等，口语性很强，具有一定的连接功能，这一类词也放入虚词项目中。

就目前阶段来说，虚词项目析取结果如下（表12-1）：

表 12-1 虚词项目析取结果

类别	副词	连词	介词	助词	语气词	代词	带有虚词的话语结构
所占比例	42.4%	10.6%	6.8%	3.2%	1.1%	3.8%	32.1%

口语语法大纲的语法项目主要是虚词项目：虚词项目从结构类

型来说，是可以列举的，内部是封闭的；从学生习得角度看，虚词项目是学习的重点和难点，是在教材中加以标注的；从教师教学角度考虑，这些项目是教师讲解的重点，大都是教材中每节课的所谓"语法点"。口语化的实词项目收录则不系统。

二 虚词项目析取的原则

2.1 注重大纲语法项目的"菜单性"

2.1.1 关于这个问题，学界其实有过讨论。金立鑫（2003）强调对外汉语教学语法的实用性功用，指出教学语法点具有"菜单性"的特点。赵金铭（2018）认为，对汉语学习者来说，汉语语法的基本框架，可以称作语法格局；而支撑这个语法格局的是大量的语法事实，这些语法事实则为碎片化语法。齐沪扬（2019）认为，目前在研的口语语法大纲和书面语语法大纲的编写不追求语法的系统性，但强调穷尽性地抽取记录具有口语或书面语语体倾向的语法项目。

2.1.2 汉语口语语法形式过于丰富、过于复杂，将所有口语语法形式纳入口语语法大纲既无必要也不现实，只能选择一些相对典型的语法项目收录到大纲中。我们更看重的是大纲里语法项目的"菜单性"。例如：

北京话的轻声原则是口语的未必都轻声，但轻声的必定是口语。据此，我们可以推知，轻声的读法一般都是非正式体的口语形式。但是，并非所有的轻声都收录在大纲中，只有在教材中出现的、在词典里标注的才收录在大纲中，并用口语语法规则加以解释。

名词的儿化，动词、形容词的重叠，数量词、代词等封闭性词类的口语用法，如"伙计儿""小孩儿"、"跟他说说""穿穿试试"、

"湿乎乎""乱哄哄"、"吃他个新鲜""十来斤"、"那谁""这些个"等，表现形式十分丰富，创造力又很强，新的用法很多，大纲中难以穷尽性地收入。

2.1.3 正式和非正式的相对独立，还要考虑到历时和共时的变化。这种变化可能反映在某一时段内，可能反映在某一地域内；有的形式基本定型，有的形式尚在成型过程之中；有的形式用了一段时间之后会逐渐转向正式语体，有的形式用了一段时间后反而销声匿迹。上述的思考也是大纲析取虚词项目时考虑的问题。例如大纲收录了用于口语体的连词"省得"，排除了用于书面语的"以免"和用于通用语体的"免得"；收录了强调程度高的副词"多"，排除了用于书面语体的"多么"；收录了用于口语体的"干脆"，排除了用于书面语体的"索性"；等等。不追求某个词类内部成员的完整性，只是将口语中高频使用的词收录进去。

2.2 体现"口语性"的语言形式主要是语气成分

2.2.1 以往，主要依赖语言中的词汇形式和句法结构来分析不同语体之间的形式差异，而我们界定交流性语言与非交流语言之间的差异则主要倚重语言表达中的交互语气和实时交际功能。因此，判断是否交流性语言，与语体的类别有一定的关系。交流性语言具有现场性、实时性和交互性三个特性，交流性语言的上述三个特性综合起来可以统称为"实时交互性"。（齐沪扬、邵洪亮，2020）

交流性语言靠大量的交流句来体现，交流句是交流性语言的基本表述单位。在交流性语言中，口语语法尤其强调交际在语境和人际关系方面的特征。如何使话语交际变得顺畅自然，对第二语言习得者来说是非常大的挑战。在日常会话中，如何引起对方的注意、如何开始交谈、如何进行谈话、如何转换话题、如何结束谈话等会话规则，在会话中常常会从一些话语标记或者话轮衔接成分上来体现。研制口语语法大纲不能忽视这方面的内容。

2.2.2 语气成分是交流性语言的形式标志,例如典型的书面体中不使用"了$_2$"的倾向性还是非常明显的。并且可以认为,即使在书面体中,只要句子带上"了$_2$",也便具有了交流句的性质,其使用目的便是为了拉近与受者的距离。除了"了$_2$",事实上,几乎所有的语气词都出现在典型的口语体语料中,而在典型的书面体语料中极少出现。我们可以将语气词看作是交流句的形式标记。(齐沪扬、邵洪亮,2020)

2.2.3 口语语法大纲收录的语法项目包含了句法和话语两个层面,而话语层面是最能真实反映口语实际的,因此话语层面的语法项目是我们特别强调和重视的。例如"<u>哪</u>能这样做<u>呢</u>?""<u>那</u>才让人难受<u>呢</u>。""<u>是</u>小芳做<u>的</u>。""去<u>的话</u>,带上我。"等话语层面的句子,有语气词在,都是口语语法的表达形式。

事实上,不仅是语气词,其他语气成分,如语气副词、助动词等,一些代词、一些常用格式等参与的句子,也是口语大纲话语层面中需要收录的语法项目。例如:"<u>别</u>说王大爷,<u>就是</u>王大爷他爹<u>也</u>得参加。""<u>就</u>这件事来说吧,……""<u>这也</u>不可以,<u>那也</u>不可以,你要我怎么做啊?""<u>看着看着</u>就睡着了。""那几天<u>可</u>享福<u>了</u>。""<u>这个</u>好,<u>那个</u>也不错。"

还有一些短语类的习用语,书面语体中基本上不出现,口语大纲话语层面也需要收录,例如:"这才<u>不好说呢</u>。""<u>怪不得</u>她会这样生气。""<u>恨不得</u>给他两个巴掌。""<u>看样子</u>老李不会来了。""这种式样的衣服<u>多了去了</u>。""这两人还<u>真让你说着了</u>。""<u>被</u>她闺女<u>给</u>气着了。"等等。

2.3 通用语体与口语的边界允许存在模糊地带

2.3.1 连续统存在的必然性。口语、书面语如何定义,牵涉的大纲收录的语法项目的划界问题，怎么跟通用语体作出区别？有一些语法项目，既出现在口语语法大纲中，又同时出现在通用语体大纲中，这是不可避免的。如果说整个对外汉语语法体系是一个连续统，连续统的两端分别是口语语法和书面语语法的话，那么中间的通用语体与口语和书面语的边界允许有一些模糊地带。如图（图12-1）：

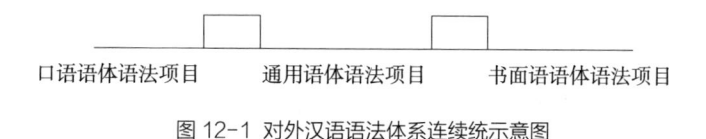

口语语体语法项目　　通用语体语法项目　　书面语语体语法项目

图 12-1 对外汉语语法体系连续统示意图

2.3.2 模糊地带的控制问题。口语语法大纲语法项目的收录，应该有个框框，原本考虑主要从教材里选取，可能会范围小了点，好处是都"事出有因"，有依据；扩展到词典和一些著作论文，范围大了，语法项目全了，但"针对留学生学习"这个依据是要能够说清楚的。特别是所谓跨两头的语法项目，如何控制，在收录时必须考虑清楚。

（1）模糊地带尽可能狭小，所有的项目都要能在口语的析出来源中找到。口语大纲的析出来源主要是教材、相关词典和已有大纲已经标注的项目，另外还吸收了各类对外汉语教学语法论著以及近20年来期刊论文中涉及的汉语口语的高频用法。没有析出来源靠专家干预而成的口语项目占比很小。也就是说，这个"模糊地带"只让口语项目有可能流进去，防止通用语项目从另一端流进去。这个措施较为有效地控制了模糊地带的范围的扩大。

（2）只有一部分口语等级在1级的项目，才有可能接近模糊地带。口语等级分为3级，3级口语性最强，1级最弱。和通用语体"兼类"的，只是少部分口语等级标为1级的语法项目。例如：

不仅仅　口语等级1级

这种设备不仅仅在国内，即使在国际上也是一流的。（口语）

（与"不但"相较，"不仅仅、不单单"多用于口语，表示强调）

这种笔不仅样式美观，而且书写流畅。（书面语）

（表示意思更进一层，重点在后一分句）

从来　口语等级1级

这些东西他从来都舍不得用的。（口语）

（与"从"比较，口语中多用"从来"）

她感到了从（来）没有过的快乐和满足。（书面语）

三　虚词项目析取的三种方法

3.1　以功能为导向

3.1.1　如何实现结构与功能的对应？徐晶凝（2016）认为，口语语法的本质特征是与口语表达功能密不可分的，口语语法的目的在于解释交际者如何通过调节话语完成言语行为并理解对方话语，口语语法体系的建立应以功能作为统领之纲。

对于学习者来说，结构的语义表达远比结构的形式特点要难掌握得多。从功能上对语法项目进行分类和归纳，可能更有助于学生的理解。这种模式也能更好地实践从功能到形式、从形式到功能的互释理念。

3.1.2　口语语法的本质特征是与口语表达功能密不可分的。口语语法大纲在进行功能项目的分类时，将突显言语表达中最常用的几大功能。从言语交际的目的出发，可以将表达功能分为告知、承诺、询问、请求、强调、解释、对比、描述、表情等几大类功能，每一大类功能内部再进行子功能的细分，每项子功能都用语法项目表中

的各个语法项目进行形式上的佐证。以表情功能为例,如(表12-2):

表12-2 功能项目分类举例

大类功能	小类功能	例句
表情功能	赞同	可不是吗?/多少有那么点儿吧?
	埋怨	看你!/你又来了。
	否定	现在可好!/说到哪里去了。
	讽刺	真没看出来!/还真拿自己当回事呢!
	责备	那像什么话?/谁知道别人怎么想的?
	拒绝	再说吧!/让我再想想。
	肯定	别看才这么点大!/谁说不是呢?
	夸张	要多傻,有多傻。/少说也有百来斤。

3.1.3 事实上,从我们研制口语语法大纲的目标来看,语法项目的选取是为了更好地实现表达功能,因此,从功能出发去描写语法项目可以看作制定口语语法大纲的一个很不错的做法。例如"还说呢!""真是!""什么呀。"等等,其结构后面隐含的丰富的语义内容,单从形式上是很难看出来的;而如果从功能上对它们进行分类和归纳,可能更有助于学生的理解。从交际的角度将表达功能进行细化,将有助于我们在语法项目的设置和描写中更好地建立起口语表达体系。

3.2 以真实交际环境为前提

3.2.1 以往大纲中语法项目的选取在重视真实交际环境上做得不够。例如《汉语水平等级标准与语法等级大纲》(1996)中,固定词组和固定格式出现在乙级、丙级和丁级里,口语格式出现在丙级和丁级里。如此处理可能会出现这样几个问题:一是固定词组的选取标准是什么？将惯用语和成语收录其中是否合适？二是将"了不起""感兴趣"这一类几乎词汇化的结构跟"不是吗""哪知道"这一类可以成句的结构放在一起是否合适？它们的内部是否同质？三是将很多高频口语格式人为地放在后面，是否能满足成人汉语学习者迫切进行汉语输出的要求？

再例如《中高级对外汉语教学等级大纲（词汇・语法）》(1995)，中、高级口语课程的语法大纲相比其他大纲来说，口语特色比较鲜明。但由于它是针对课程教学而制定的课程大纲，其中一些语法项目更倾向于书面语体而非口语语体，如"由此推论""就……达成……""自……之日起"等等。

3.2.2　口语本来就是要进行交际的，而交际活动自身的灵活性可能会使得使用者的语言输出超出专家对口语语法项目习得顺序人为干预的范围，比如非主谓句（"下雨了。""吃饭了！"等）、形容词谓语句（"天好热。"等），并非一定要等到高级阶段才有输出的必要。从汉语母语者的角度来看，这些句子的口语化等级和重要性等级都是非常高的。

3.2.3　可见，口语语法大纲中语法项目的选取既应该关注结构，更应该重视语境和实际的交际功能。我们认为，口语语法大纲的制定是为了给汉语口语教学提供指导性的意见，帮助学生更准确、更得体地习得汉语口语语法，那么我们就应该把汉语口语语法置于语言运用的真实环境中，从言语交际中提取那些被汉语母语者大量使用的口语语法项目，这些建立在真实交际环境中的口语语法项目才是最有资格进入口语语法大纲的。当然，相比于书面语语法来说，口语语法项目的"包容性"更强。这是由口语语法本身的特点决定的。

3.3　以话语分析为重点

3.3.1　具有真实交际环境的语言是口语表达的最大特征。在具有真实交际环境的语言中,口语交谈强调互动,口语语法特别注重提取交际在语境和人际关系方面的特征。话语层面上涉及的语法项目都是体现在这样的语言表述中,在话语层面有最充分的体现。

3.3.2 口语语法大纲中话语层面主要有四种表达方式(表12-3),这四种表达形式都是出现在句子之中的。

表12-3 口语语法大纲中话语层面的四种主要表达方式

表达方式	类型	例句
1.具有交流性语言显性标记语气词的句子	句末语气词	从沿海到沿江沿边,从东部到中西部,对外开放的大门毅然决然地打开了。/你就帮我这一次吧!/他到底是哪儿人呢?/我终于想起来了啊!/这难道还有什么错吗?
	句中语气词	其实吧,我也就是个一般人。/所以呀,他看到你就特兴奋。/要我说啊,谁也不欠谁的。/他这人别的事儿呢,全没兴趣。
2.具有"现场性"和"互动性"话语标记的句子	展开话题	你懂的,这照儿申请下来才复杂呢。/不瞒你说,今天找您还真有事儿呢。
	衔接和补充	对了,我们也是这么想的。/说真的,这方面我们还真没想到。
	转换	那么,我们这个工作,你是不想做了?/一打岔把正事给忘了,真是的。
	结束	就这样吧,今天就谈到这里?/我们就不说这件事了,好吗?
3.具有特殊的语用表达功能的非常规句子	主谓倒置	买东西了吗,你们?/快跑啊,你。/去哪呀,这是?/好看不好看,这电影?
	状语后移	她不高兴了,好像。/昨天碰到他了,在学校。/他退休了吧,大概。
	宾语提前	谁呀,她是?/他要结婚啦?我刚听说。/这些景点,她没有一个落下的。

续表

表达方式	类型	例句
4.运用了典型口语表达手段的句子	重复	看什么看，都滚一边去。（动词重叠）/他他他，他怎么来啦？（代词重叠）/上海啊上海，我终于到这个城市来啦！（名词重叠）
	省略	北京上海我都去过了。（连词省略）/我放桌上了。（介词省略）/他谁呀？这个房间八个人。（动词省略）
	追补	老张昨天就离开上海了，不，是前天。（改正"昨天"的错误）/我小时候，大概七八岁的时候，开始学钢琴。（对"小时候"的补充）
	插说	这种样式，我看销路不会好的。/去黄山，往少里说，也有七八次了。/啊呀，没想到这孩子个儿长得真快！

3.3.3 可见，口语大纲收录的语法项目，话语层面的短语、格式数量还是比较多的，这是口语大纲特色的体现。

四 交流性指数高低是口语大纲语法项目收录的标准之一

4.1 交流性语言的特点：实时交互性

4.1.1 交流性语言和非交流性语言理论的提出，使语体语法理论又朝前发展了一步。语体语法主要依赖语言中的词汇形式和句法结构，来分析不同语体之间的形式差异，交流性语言靠大量的交流句来体现，交流句是交流性语言的基本表述单位。

4.1.2 交流性语言的基本表述单位是交流句。宏观上来看，从句子互动语气和实时交际功能来看，我们认为疑问句、祈使句、感叹句、部分陈述句均属于交流句，最重要的形式标记就是句末语气词，即有句末语气词的一定是交流句，当然没有句末语气词的句子也有可能是实时互动的，这就需要从它出现的场合、语境等来判断。

微观上来看，词汇层面（一些特定的用词，如口语大纲析取出来的一些副词、介词等）、句法层面（如复合趋向补语加宾语"V出NP来"：他拿出一张相片来/你拿出一张相片来；"VNP出来"：他拿了一张相片出来/你拿一张相片出来；就有别于"V出来NP"：他拿出来一张相片/*你拿出来一张相片）一些特征可以看作交流句的表现。另外，语用上的变化，基于"实时互动性"需要的易位句（有的称"倒装句""后置句"，如"吃了吧，你"）都应该归在交流句。

4.2 交流性指数的含义

4.2.1 有语气词的就是交流句，并没有夸大语气词的功能。从语气词的完句功能考虑，说语气词是交流句的标志应该没有问题。尽管语气词完句功能讨论最多的也就是"了"和"的"，事实上，除了"了$_2$"外，几乎所有的语气词也都出现在典型的口语体语料中，而在典型的书面体语料中都极少出现。说完句功能是从句法形式角度考虑的，说是交流句的形式标志，则是从言语表达角度和交际角度考虑的。

4.2.2 语气词"啊"之所以具有多功能性，是因为这个语气词具有"语气放大器"的功能，就是说前面是什么语气，使用了"啊"就是放大了这种语气（而且"啊"的开口度也是最大的），如"他已经来了啊（啦）！""他到底是谁呢啊（哪）！""你快去啊！"等。

4.2.3 所谓的"交流性指数"，是指句子中特定语言成分（包括词汇和结构）与语气词的共现情况，以及对特定句类的选择情况的"互动参与度"。能够与语气词高频共现或者倾向用于祈使、疑问或感叹句的成分，其互动参与度高，倾向用于交流句，可以称之为"高互动性成分"，这些成分的"交流性指数"就高；反之，其互动参与度低，倾向用于非交流句，可以称之为"低互动性成分"，"交流性指数"相对来说就低。口语大纲中的语法项目的析取以交流性指数为相应的指标。

4.3 交流性指数的考核

4.3.1 汉语中的语气意义的把握对于第二语言习得者来说是比较难的同时也是非常重要的。语气意义主要是通过语气词、语气副词、情态助词、叹词、反问句、感叹句等典型的语言形式来表达，考核这些语言形式的标准就是交流性指数。

在相关的论文中，我们对以下问题进行过讨论，认为下列三组副词是有差别的：

A组：渐渐、丝毫、顿时、必定

B组：慢点、千万、快点、必须/务必

C组：慢慢、万万、马上/立刻、一定

A组例句：

① 东方那团渐渐上升的红晕在上升时同时散射，黎明前的高粱地里，静寂得随时都会爆炸。（莫言《红高粱家族》）

② 把这两句话送给张其应丝毫都不过分。（1994年《报刊精选》）

③ 正当庄稼人悠然歌吟的当儿，骤然间刮起大风，潮过一层乌云，顷刻间白雨如注，打麦场上顿时一片汪洋，好多人家的麦子给洪水冲走了。（陈忠实《白鹿原》）

④ 也有个把地块庄稼长得不怎样，你可以知道它的主人必定不是个勤劳人，而就是这样的人，前多年却在集体的大锅里捞走和别人一样的一份。（路遥《我和五叔的六次相遇》）

B组例句：

⑤ 这件事情千万千万要记住。（刘川平、潘先军《学汉语用例词典》）

⑥ 杨杏园道："快点发稿子罢，要像这样谈笑风生的闹下去，明天只好停刊了。"（张恨水《春明外史》）

⑦ 大家都希望听你的学术报告，请你务必去讲一次。（刘川平、

潘先军《学汉语用例词典》)

A组和B组副词出现的语境条件是不一样的。A组副词一般只能出现在陈述句中，基本上不会出现在疑问句、祈使句、感叹句中；B组副词出现的环境与A组相反，一般只能出现在非陈述句的语境中。因此，这两组副词的交流性指数是不一样的：A组副词交流性指数很低，而B组副词的交流性指数很高，是口语大纲必须收录的语法项目。

4.3.2 意义相近的词，交流性指数不一定相同，例如B组的"千万"和C组的"万万"。"万万"表示一种极端强调的语气，语气强度超过"千万"；但是"万万"既可以用于祈使句，也可以用于陈述句，交流性指数要低于"千万"：

⑧ 我万万也没有想到，我的新悲剧在开始时，居然是由于我考了全县第二名所造成的。(路遥《在困难的日子里》)(陈述句)

⑨ 无论多么痛，也要咬紧牙关，万万不可喊叫。(莫言《天堂蒜薹之歌》)(祈使句)

同样，B组的"慢点"和C组的"慢慢"意义相近，用法相近，但出现的语境条件不同：

⑩ 女经理等候在黑洞洞的楼梯口。粮站主任进来时，她自自然然地挨过身子去："老谷呀，慢点走，这楼口黑得像棺材，你做点好事牵着我的手！"(古华《芙蓉镇》)(祈使句)

⑪ "什么，什么？请你讲慢点呀。"颜组长打断他的话。(周克芹《许茂和他的女儿们》)(祈使句)

⑫ 我们小心停车，慢慢下来，没想到转眼间街道上很多人围过来观看。(余秋雨《千年一叹》)(陈述句)

⑬ 把劳改后留在外省的顾秋水弄回条件较好的北京，被吴为一句恶毒的"让他在那里慢慢受用吧！"顶撞回来。(张洁《无字》)

（祈使句）

"慢点"无论出现在动词前面还是后面，做状语或者做补语，都只能出现在祈使句句式里。"慢慢"则既可以用于祈使句，也可以用于陈述句，交流性指数要低于"慢点"。

4.4 以交流性指数作为收录标准

通过这样的比对，找出这些语言单位的交流性指数的高低。交流性指数高低既可以看作口语大纲语法项目收录的标准之一，又可以看作口语化等级确定的依据之一。所以，"在语境中则可以通过是否具有'实时互动性'来判断其交流句属性。从句子的语气和功能来看，祈使句、疑问句、感叹句均属于交流句，而陈述句则有可能是交流句，也有可能是非交流句"（齐沪扬、邵洪亮，2020）。以此作为交流性指数高低的标准是可行的。

第四辑
语法参考书和语法教学

导 读

　　语法教学的根本任务，在于通过情境化的语法规则讲解和操练，教导学生理解和应用语法点，从而逐步建构起学生的知识结构和能力结构，培养并提升学生的语言运用能力。语法教学与语法研究是不一样的：首先是研究目的的不同，语法研究强调语言规则的系统性、完整性；语法教学则不追求系统性，注重所教语法点的典型性和常用度，并通过"碎片化"的积累不断丰富该语言点的知识和技能；其次是教学策略的不同，语法研究是从形式到意义，先进行句法分析，再进行语义分析，最后是语用功能分析；语法教学则是从意义到形式，即从具体情境入手，通过语义、功能感知和理解，再用具体的语言形式表达出来。我们赞成这样的语法教学观，即语法规则不是教出来的，而是通过众多具体的实例概括和归纳出来的。这样的教学观正是搭建参考语法书系结构框架的基础。

　　教学参考语法书系直接以语法项目作为书名，这些语法项目的本体研究都有很多年的历史了，积累了丰富的研究成果，其中有许多观点已被学界广泛认可和接受。对于这些成果，我们应总结、整理和归纳，将其作为规律性的语言点固定下来，并在课堂教学中加以应用。对于本体研究中存在分歧和争议的问题，依据以下两条基本原则进行甄别和取舍：一是确保所选取的内容和表述，能够被包容在现有的汉语语法体系里；一是所选取的观点和理论比较符合二语教学的实际，容易被一线教师理解和接受。这样的原则解决了理论语法与教学语法的接口问题。

本辑的四讲是这样安排的：前面两讲是讨论宏观层面的问题，分别讨论教学参考语法书系的编撰背景、编撰理念、编撰特点、编撰原则等问题；后面两讲则侧重于一个语法项目亦即一本书的结构、体例、框架的具体分析和展示，便于读者了解教学参考语法的内容体现。选取的"了"和"宾语"，都是汉语二语教学中最重要的语法项目。

第十三讲是"教学参考语法书系的编撰背景、编撰理念与编撰特色"。全面介绍了教学参考语法书系编撰过程中的一些理论思考，在编撰背景、编撰理念与编撰特点三个部分的分析和展示中，读者可以体会到表现在教学参考语法书系的每本书中的一种编撰精神。

第十四讲是"教学参考语法书系的编撰原则和内容体现"。这是上一讲的延续，也是上一讲的注释。教学参考语法书系的编撰原则是普及性原则、实践性原则和典型性原则；内容体现则在理论篇、习得篇和教学篇中加以展现；一问一答是书系的外显形式，怎么把握这种外显形式，读者能在"问题设计"一节中得以了解。

第十五讲是"《助词'了'》的编写背景与内容框架"。怎么处理"了"，学术界一直有争议，"了"也是二语习得过程中偏误率比较高的一个虚词。《助词"了"》主要讨论三个问题：关于"了"的研究现状；编写《助词"了"》的出发点和必要性；《助词"了"》的内容框架。

第十六讲是"《宾语》的选题缘起与编写原则"。宾语是重要的句法成分，动宾词组也是主要的短语结构，谈宾语就会牵涉动词。详细介绍《宾语》一书在编写过程中考虑的三个问题：《宾语》的选题缘起；宾语的研究现状；《宾语》的编写原则和基本知识框架。

第十三讲　教学参考语法书系的编撰背景、编撰理念与编撰特点

一　教学参考语法书系的编撰背景

对外汉语教学发展多年，一直缺乏有针对性的、配合教学语法大纲的参考书系，给教师教学和学生学习都带来不便，编写教学语法参考书能满足教师学生的需要。书系是以大纲为参照编写的，作为本体研究和教学研究的重要工具书，是对大纲的深化和阐述。总之，书系的研究都是在"大纲"的作用下展开的。为什么要编撰这一套教学参考语法书系，原因在于以下几个方面。

1.1　原有大纲对语法项目的处理不够妥帖

1.1.1　描写不够详尽。结构主义语言学理论的影响，导致以往大纲的编写太过于重视体系的完整性，导致语法项目增多，这在影响甚大的《汉语水平等级标准与语法等级大纲》（1996）和《国际中文教育中文水平等级标准》（2021）中都有所表现。以《汉语水平等级标准与语法等级大纲》（1996）为例，所列语法项目总共1,168项（甲级129项、乙级123项、丙级400项、丁级516项），语法项目数量较多。所列项目过多带来的缺憾就是描写不够详尽，甚至缺失。这在现有研制出的四部"对外汉语教学语法大纲"中做了一定的改善，而教学参考语法书系的编撰，更是对语法项目的进一步描写、分析和解释：因为教学参考语法书系每本书就是以一个语法项目作为书名的。

1.1.2　排序不够科学。以往语法项目的排序也有很多不够科学的地方，例如"了"是第二语言教学中的重点和难点，也是学生习

得偏误出现较多的语法项目。从第二语言教学出发,对"了"应该怎么处理?《汉语水平等级标准与语法等级大纲》(1996)中多处出现语法点"了",如甲级的036、037、117,丙级中的305、306、307,这样分列是否有必要,能否进行适当的归并?排序较为混乱的现象直接给使用者带来了不便。教学参考语法书系的编写,在有限的篇幅里,尽可能地解决了上述问题。例如《助词"了"》一书中,详解"了"在第二语言教学中的各种问题,解决本体研究中"了$_1$""了$_2$"和"了$_{1+2}$"的分化和理解问题,加深读者对"了"的了解。对教学有更大的帮助,这也是书系研发的最重要的原因之一。

1.1.3 与教学实践结合不够紧密。体现在两个方面,一是有的语法项目的提取,采取完全和母语语法教学相同的方式,例如"词组"这个语法项目,就分成"按词组结构划分"和"按词组性质功能划分"两种分类方式,后面这一种分类,在第二语言教学中是否需要,是可以考虑的问题。二是大纲列举的语法项目只是一个"条目",缺乏形式、意义、用法上的分析和解释,对读者来说指导和参考的意义不大。教学参考语法书系就一个语法项目展开深入的描写和分析,在理论、习得和教学等方面,详细分析解释这个语法项目的语法性质、语法功能、句中位置、前后搭配、习得偏误、偏误原因、教学方式、教学建议、教学示例等各个方面,弥补了原有大纲的不足,对教师的使用和学生的习得都会有帮助。

1.2 大纲研制和书系研发是项目紧密联系的两个组成部分

1.2.1 书系是以大纲为参照编写的,作为本体研究和教学研究的重要工具书,将根据大纲项目设计为多卷本;书系在研究手段上,充分运用大规模语料库和计算机检索软件,力求做到观察充分、描写充分、解释充分,做到定性与定量相结合,体现出描写的科学性和时代性来，这也是延续了大纲的研究方法。

1.2.2 编撰参考语法书系是对外汉语语法教学的基础工作，能满足教师学生的需要，可以填补基于对外汉语教学语法大纲的教学语法参考用书的空白，可以培养一批研究和教学人才。但是，怎样编撰好参考语法书系，前人给我们留下可资参考的书和经验较少，只能由研究者自己根据新的教学语法大纲去探索、去总结，可以说是一项具有挑战性的创新性工程。书系编撰的基础工作必须系统、深入思考和谋划。例如，参考语法书系的编写方针是什么？从大纲出发，对大纲的深化和阐述，应该怎么体现？观察充分、描写充分、解释充分，做到定性与定量相结合的研究手段如何实现？等等，为此，在撰写之前要明确书系编撰的宗旨定位、编撰原则、书目确定的方式、丛书出版的计划、作者队伍的遴选方式、书系质量保障体系等，是书系研发顺利进行的基本要求。

1.2.3 书系书目的确定、编写方式的确定，以至于作者队伍的确定，都做到和大纲的研制同质同步，书系作者了解和参与大纲的研制过程，熟悉研制思想，有些作者还是大纲的制定者，真正体现了书系是"对大纲的深化和阐述"，体现了整个项目是两个有紧密联系的组成部分的指导思想。

1.2.4 大纲和教学参考语法书系对规范汉语教学将起到引领作用：面对不同层次不同要求的各类学生的学习及研究需求，都迫切需要这两类成果的支持；至于对外汉语教材的编撰，对外汉语课程的教学，更需要大纲和教学参考语法书系的研究成果作为一种规范，起到相应的参考作用；同时这两项研究的成果还可以对相邻学科大纲的研制具有示范作用和引领作用，在内容体系上可以为其他大纲的研究提供框架和参照，在研究方法上可以为其他大纲的研究提供学理依据和操作程序。从这一点说，这两项研究成果也是一体的，是不可分割的。

1.3 书系的研发可以满足对外汉语教学实践的需要

1.3.1 陆俭明（2000）曾指出对外汉语教学中要考虑三点：最急需教给学生的语法点、汉语和学生母语语法上的异同、学生学习过程中最容易犯的语法毛病。语言作为文化传承和发展的重要载体，对经济、政治和社会发展的影响越来越大。在这样的背景下，汉语作为第二语言教学和习得的重要性与日俱增。

近些年来，对外汉语教学和习得的研究虽然有了长足的发展与进步，但仍存在一些不足：（1）不少研究中提出的教学建议、教学策略、习得分析方法有一定的理论背景，却缺乏相应的操作性，无法运用于教学实践。（2）研究者的知识结构有待完善，外语背景的长于理论，但对汉语事实不了解，对汉语二语教学的情况不了解；一线的汉语教师有教学经验，但对较新理论的理解不够深入，分析解释略觉浅显。（3）研究方法大多陈旧，定性分析的论文仍占多数；近些年，用定量分析实证性实验方法的论文数量有所增多，但质量上的不够理想普遍存在，提高仍有很大空间。

1.3.2 上述的不足业已引起学术界的重视，学者也都意识到当前对外汉语语法教学的问题，汉语二语习得的问题，归结而言可以说仍是衔接问题。首先，是理论语法与教学语法如何科学衔接的问题：汉语语法本体研究成果颇丰，尤其是认知语言学、构式语法、互动视角的汉语话语研究等成果显著，切实解决了汉语语法研究中的一些难题。可是当前仍多以本体研究为主，集中在理论层面探讨，教学语法对这些成果的借鉴、吸收远远不够。其次，是教学语法与具体语法教学如何有效衔接的问题：教学语法需要建立科学的语法体系，需要有对教学、习得具有引领、规范作用的语法大纲，需要有对具体问题有指导作用的语法参考书，这样才能科学指导对外汉语教学实践。

1.3.3 书系的研发在一定程度上可以满足对外汉语教学实践的需要,在打通上述两个衔接问题上发挥作用。从研究对象上说,书系是以重要的语法项目作为书名,这些重要的语法项目都是教学和习得的重点和难点,如果书系能达到一定的规模,相信能解决教师教学、学生习得的主要问题。从内容体现上说,书系着重在理论、习得、偏误分析、教学等方面展开论述,在一个语法项目内部,做了打通理论语法和教学语法的衔接,以及教学语法和语法教学的衔接的工作。从方法运用上说,大多数作者都是以"解决问题"为主,不拘泥于某一种理论,这样的方法运用,增强了分析、解释的操作性和可靠性,在研究方法上有示范性的作用,对提高今后研究的质量有所帮助。

1.4 西方语言教学参考语法书编撰的启示

1.4.1 语法学科在吸收西方语言学理论上比语言学其他分支学科走得更快。书系编撰过程中,注重自己的理论创新十分重要,吸收和借鉴其他语言的研究经验同样重要。18—19世纪之交的对外英语教学的发展大大促进了英语的研究,对外汉语教学可以从对外英语教学的发展中吸取经验。

1.4.2 对外英语教学学科在编写教学参考语法书上做了很多研究,撰写了不少著作和教材,最近已有汉语翻译的、较有影响的教学参考语法书有:

(1)《牛津实用英语语法》。这是牛津大学出版社专门为非英语国家的英语学习者编写的学习用书。全书分34章,以词类为纲,用浅易的现代英语对英语语法结构及其习惯用法进行了全面系统的论述,特别是对外国学习者容易感到困难的项目作了细致透彻的讲解,对于许多意义相近的语法形式和词语在用法上的差别都作了扼要说明，在每一条说明下面都配有大量典型例句。《牛津实用英语语法》在深入分析各种语法要点和难点上体现出内容丰富、编排完善的特点。

（2）《英语教学语法》（第二版）。美国语法学家玛丽安娜·塞尔斯-穆尔西亚和黛安娜·拉森-弗里曼从教学实践出发，依据最新的语法研究成果，特别为英语教师编写的一本教学参考语法书。这本书将语法知识和交际目的结合起来，为英语语法勾勒出一副崭新的面貌。难能可贵的是，这本书还提供了开放性的教学建议和生动活泼的语法练习，帮助教师在今后的教学实践中以启发式的教学方式进行语法教学。

1.4.3　对外汉语教学参考语法书系的研发，秉承着"立足汉语本质特点，融入世界二语教学"的研究理念，既强调建构具有汉语特色的教学语法大纲，又坚持国际化的研究视野，和世界二语教学理论发展同步，以实例为世界的二语教学理论的完善提供支持。事实上，汉语二语教学参考语法的研究状况一直不够理想，尽管学界对之需要加快研发的催促之声不断，但仍然只停留在呼吁的层面，难见有影响、成系统的成果问世，明显地看出与世界其他语言二语教学参考语法研究的差距。这次研发的对外汉语教学参考语法书系应该看作从呼吁层面到落实层面的一个突破。

二　教学参考语法书系的编撰理念

"编撰理念"这个问题在成套书系的研发之前，就已经开始思考了；但"编撰理念"的最终形成，则是通过漫长的研发过程才逐步完善、渐渐成熟起来的。这套书系的编撰理念可以归结为以下三个方面。

2.1　明确教学应用导向，解释说明能简不繁

2.1.1　教学应用导向实际上也是一种问题导向，要有问题意识。

在对外汉语教学过程中，教师和学生都会遇到各种各样的问题或困惑，这些问题有的相对宏观，有的则比较琐细，尤其像一些用频高、用法复杂又具有一定灵活性的虚词，如语气副词、介词、语气词、助词等，教学过程中遇到的问题会非常多。我们不能奢望通过对某个虚词的简要的语法功能说明，学生就能够自主地、没有差错地生成合格的句子。事实上，对于复杂的使用规则和各种限制条件，应该融入学习者视角，以问题为导向，以先备知识为基础，分阶段地、零星地，由大入微、由简入繁、由易而难、由具体而抽象，从高频至低频，有层次地立体呈现。这也将是教学参考语法走向纵深的必然结果。

2.1.2 基于这样的考虑，对每一个具体的语法项目来说，拟采取碎片化的处理方式。碎片化处理，实际上就是强调语法教学的适时性、适度性和针对性，以符合学习者的学习需求。"适时性"是指与语言教学的阶段性相适应；"适度性"是指与学习者的理解和接受能力相适应；"针对性"是指与学习者的真正需要相适应。每本书都设计了60—80个问题进行一问一答。对这些问题的回答，合而是一个有机的整体，全书所有的术语和对这个语法项目的功能表述都作统一处理，一以贯之；分而又自成体系，直击各个问题的关键点，作出简洁扼要的回答，尽量使读者一读便懂。

也正是基于这样的教学应用导向，我们对这些语法项目功能的概括和说明，不追求理论上的标新立异，而是在现有本体语法研究成果的基础上，择取既能管得住现阶段所有合格语料的，又能解释得了所有偏误语料之所以为错的，且为汉语学界普遍接受和认可的成果。

2.1.3 碎片化的处理，就要求在解释说明上要能简不繁。"能简不繁"主要是从功能上加以说明、表达形式加以规则的角度而言的。说明性语言、解析用语和表达形式越简单越好，形式越简单，越方便学生记忆。面向对外汉语教学的以语法项目作为书名的教学参考语法研究用书,要尽量少用语言学术语,尤其是那些深奥晦涩的术语。

2.1.4 "能简不繁"还指"属于共知范畴的不教"(孙德金,2006)。所谓共知范畴,即承认人类有共同的认知基础,人类的思维和语言具有普遍性或是共性。在语法教学中应该充分利用二语学习者的认知能力,把它作为一种教学资源。共知范畴的不教可以优化有限的教学资源,既可以避免面面俱到的繁琐,又可以避免学生因被"幼稚化"看待而产生的反感心理。例如在说明"了"的"实现体"标记功能时,完全没有必要特别指出"是""姓"等表示关系的动词不能和表"实现体"的词尾"了"组合,学生一般不会造出以下的句子:

① *他是了老师。
② *他姓了王。

类似这样的病句在教学上从未发现过,这可能与学习者对"是""姓"一类词的语义范畴和"了"所表达的语法意义的认识有关,自然地认为二者不能组合。

2.2 穷尽所有偏误问题,描写分析充分细致

2.2.1 在语法学习中,一条概括恰当、浅显易懂的规则对学生来说固然重要,但是任何规则都不能单纯输入,要列举大量的语言事实帮助学生理解规则。"仅有例子,让学生自己发现规则是困难的,而仅有规则本身,这对学生也没有任何帮助。"(Lewis, Michael & Hill, Jimmie,2009:73)实际例子又分合格的例子和错误的例子。教师挑选出一些常用的合格例子作为典型的句模,可以起正面示范作用。而有时教师也需要筛选出学生易犯的偏误例子进行偏误分析,恰当示谬可以起防范作用。

2.2.2 学习者产生的偏误句,是在其尚未完全习得某个语言项目使用规则的情况下创造性地自主输出的必然结果,具有一定的规律性,也往往具有明显的群体特征。面向对外汉语教学的教学参考语法研究专书,尽可能囊括学习者的偏误情况并对之加以解析,可以帮助学习者更加透彻地理解该项目的功能和使用规则。

2.2.3 教学实践也表明,当我们尝试在正面说明后,在正确的例子中间穿插一些平时收集的常见的偏误例子,并让学生指出并改正那些偏误句,学生便会对此类偏误变得相对敏感,也会对相关的语言规则理解得更加透彻,在运用此类语言项目时也会格外谨慎,偏误率大大降低。

可见,有时候正面说明语法点,学生的印象不一定会很深刻,因为他们不知道自己容易犯错的地方在哪儿。面向对外汉语教学编撰的教学参考语法书系,通过穷尽学习者学习某个语言项目过程中出现的各种偏误类型,对偏误语料的说明反而会引起二语习得者的注意,防患于未然,提高学习的效率。

2.2.4 对列出的偏误问题,不管是作正面的说明,还是列出其他反面的例子加以补充分析,在描写解释上一定要充分细致。"充分细致"主要从给出规则适用条件的角度来说的,给出的条件越明确、越具体越好,要具有可操作性,少用"大多数情况下""习惯上""往往"等模糊字眼。教学语法需要的"不仅是描写的语法,更是讲条件的语法"(赵金铭,1994)。

例如,中级阶段学生复句习得过程中,关联词语经常用错,这是没有弄清楚前后小句之间的逻辑关系而造成的逻辑不当。例如学生的偏误句:

③*徐家汇很热闹,但是什么东西都有。

例③的"徐家汇很热闹"和"什么东西都有"不存在转折关系,如

果前一分句是说某个地方"很偏僻",后一分句是"什么东西都有",那么在逻辑上存在转折,可以用"但是"。例如:

④ 那里很偏僻,但是什么东西都有。

但是,如果是下面的句子:

④'*那里很偏僻,但是什么东西都没有。

那又是一个偏误句了。

不仅仅这样,教学中还应该讲出更多的使用条件,作出更为详细的分析:

"热闹"和表示物品丰富的"什么东西都有"语义是顺向的、是一致的,可以构成并列和递进的关系。例如:

⑤ 徐家汇很热闹,什么东西都有。(并列)

⑥ 徐家汇很热闹,而且什么东西都有。(递进)

2.3 着眼语法分析方法,兼顾形式意义对立

2.3.1 意义的建构是语法项目学习的核心。但是,语法形式是对语言现象的抽象概括,要达到形式与意义的完全匹配,往往需要一个较长的学习过程,这不是仅仅通过意义解释就可以完成的。Ellis(2001)提出的"形式聚焦"的观点,强调"在交际活动中,引起学习者对语言形式特征的注意"。当前"形式聚焦"已经成为第二语言习得领域一个颇受关注的热点话题。

2.3.2 "形式聚焦"的教学理念,认为意义对第二语言学习来说是必要的,也是学习者进行信息加工的前提,但仅关注意义是远远不够的,在汉语作为第二语言教学还应注重语言形式。"形式聚焦"是教学参考语法专书遵循的编撰理念之一。在所有问题的设计、分析和解释上,编撰者都应该利用各种手段营造有意义的语境,为学习者进行意义建构提供基本的前提条件。这样,就可以借助各种符号对语言点进行形式化的表达,这有助于汉语教师将学习者的注意

力引导到语言形式上来,这有助于将学习者的语法知识转化为语法能力。"形式聚焦"的教学理念其内核就是兼顾形式意义的对立。

2.3.3 例如考察每个虚词都须着眼于它的分布和功能(语法意义)。对于多功能虚词的教学一般有两个途径:一是从虚词的各种功能入手,然后描写其在句中相应的分布情况;二是从虚词的分布入手,然后说明该虚词在不同分布中所对应的功能。

其中第一个途径更为常见。这是因为一个虚词的功能相对有限,而各种功能下的分布情况却更为复杂(即一种功能下往往有多种分布)。但问题是,学界对虚词功能的分析往往会出现分歧。从学习的效率来看,应该特别注重功能归纳的概括性,尽量做到"能合不分",起到"以简驭繁"之效。比如"了"可以分化为"了$_1$""了$_2$"等等,但是从教学和习得的实际效果看,将这些不同的"了"统筹在助词"了"的范围内分析解释,可能更合适。同样的,对于表示动作持续的"着"和表示状态持续的"着",也统摄在一个助词"着"中,不再将之分化。除此之外,还要特别注意的是,在把握虚词的功能时,防止把本来不属于该虚词的功能(比如某个虚词的句式义或者语境义)强加到这个虚词身上去,否则会导致随句赋义、随文赋义,使得某个虚词的功能被不断地增加。

2.3.4 教学应用中也可以采取第二种途径。这是因为二语学习者首先接触到的是语言形式,所以从一个多功能虚词常见的分布情况或所处的常用句式出发,继而说明其相对应的功能,这也不失为一种教学策略。不过,前提是既要对该虚词的实际分布情况及其功能有一个总体的把握,不能挂一漏万也不能过度分化,又要考察各种分布的频率,并以此作为主要依据来进行教学排序。例如在以一个或一类虚词作为书名的书中,有很大的一部分内容是从这些虚词的常用句式入手,考察这些虚词的功能以及学习者的习得偏误。这是可取的，因为即使是相同功能的一个虚词，也会因为处于不同的句式而使得其习得难度有所不同，所以分句式考察虚词的偏误情况，更能把握学习者真正的学习难点。

三　教学参考语法书系的编撰特点

教学参考语法书系的特点决定了书系的编撰特点。

3.1　设计理念要接受多元的语言学理论指导

3.1.1　多年来，对外汉语教学语法体系经历了"句本位—词组本位—话语句子本位—以句子为核心的语法关系体系"的发展过程，理论的认识越来越深入，越来越清晰；教学的实践也越来越具体，越来越明确。随着功能主义、特别是认知理论的传入，面对对外汉语教学的实际状况，长期以结构主义理论背景建立起来的语法观得到了一定的改善。

3.1.2　对外汉语教学界自觉地接受多元的语言学理论的指导，一方面重视汉语的基本框架，即"语法格局"（赵金铭，2018），另一方面重视汉语的语法事实，即"碎片化语法"；既建立完整、简明的语法架构，又设立分级分类的语法大纲；既明确地将句子作为对外汉语语法教学的核心单位，又重视句子与其他语法单位如语素、词、短语、篇章之间的相互关系；既重视语言的共性，也关注汉语的个性；既重视语言理论的深入研究，也关注语言理论与语言教学实践之间的有效互动。努力建构一部"将汉语放在世界语言大背景下的，科学系统全面的对外汉语教学语法体系"（齐沪扬、韩天姿、马优优，2020）。

3.1.3　书系的理论背景，应立足于汉语的本质特征，既不排斥某一种理论，也不盲从某一种理论；既采用结构主义的研究方法，也采用功能主义的研究方法。这是基于大规模语料基础上的、有实证数据支持的一项研究。

3.2 编撰方针是多种语法分析方法的结合

3.2.1 对外汉语教学语法体系的建构,既要有理论上的思考,又要有针对具体问题的操作方法。从理论上来说,对外汉语教学语法体系的建构,要真正坚持"立足汉语本质特点,融入世界二语教学"的研究方法:既强调建构具有汉语特色的教学语法体系,又坚持国际化的研究视野,和世界二语教学理论同步发展,以实例为世界二语教学理论的完善提供支持。从具体操作上说,语法项目的提取,语法项目的分级,编撰具有特色的分级分类教学语法大纲,都有很多问题值得思考与努力。

3.2.2 规定性语法和描述性语法是语法分析方法中最基本的两种分析方法。教学参考语法专书的撰写,原则上以规定性语法作为主要的分析方法。规定性语法要明确规定出什么是正确的,什么是不正确的,这是对外汉语教学的需要,也是学习者习得过程中的需要。教学参考语法用书和本体研究的专书是不一样的,有关理论上有争论的、解释上有分歧的、语言变迁上涉及文化因素过多的问题,一般都不在讨论的范围之列。本着解释能简不繁、义项能合不分的编撰理念,尽量用"可以""不可以"和"能""不能"来分析问题、解释问题,给教师和学生带来方便。

3.2.3 "形式聚焦"也是教学参考语法专书编撰时强调使用的一种具体方法。意义的建构要落实在形式之上,形式是容易显现出来的,也是可以表述清楚的。对于母语为非汉语的二语习得者来说,他们在对汉语完全没有感性认识的情况下开始汉语的学习,首先学习汉语的语音系统,声韵拼合规律,然后进行拼读练习;同时学习汉语的表达结构和一个个具体的词,了解词语的读音、意义和使用方法,将词代入到结构中,组成词组或句子,进行表达和交际。这是一种从无到有建立感性认知的过程，靠的就是语言形式的掌握。

3.3 结构框架要考虑本体研究和教学研究的需要

3.3.1 教学语法的研究与应用必须建立在理论语法研究的基础上。书系直接以语法项目作为书名，这些语法项目的本体研究都有很多年的历史了，积累了丰富的研究成果，其中有许多观点已被学界广泛认可和接受。对于这些成果，我们应总结、整理和归纳，将其作为规律性的语言点固定下来，并在课堂教学中加以应用。

3.3.2 对于本体研究中存在分歧和争议的问题，依据以下两条基本原则进行甄别和取舍：一是确保所选取的内容和表述能够被包容在现有的汉语语法体系里；一是所选取的观点和理论比较符合二语教学的实际，容易被一线教师理解和接受。这样的原则解决了理论语法与教学语法的接口问题。

3.3.3 语法教学的根本任务在于通过情境化的语法规则讲解和操练，教导学生理解和应用语法点，从而逐步建构起学生的知识结构和能力结构，培养并提升学生的语言运用能力。语法教学与语法研究是不一样的：首先是研究目的的不同，语法研究强调语言规则的系统性、完整性；语法教学则不追求系统性，注重所教语法点的典型性和常用度，并通过"碎片化"的积累不断丰富该语言点的知识和技能。

其次是教学策略的不同，语法研究是从形式到意义，先进行句法分析，再进行语义分析，最后是语用功能分析；语法教学则是从意义到形式，即从具体情境入手，通过语义、功能感知和理解，再用具体的语言形式表达出来。我们赞成这样的语法教学观，即语法规则不是教出来的，而是通过众多具体的实例概括和归纳出来的。这样的教学观正是搭建书系结构框架的基础。

3.4 问题设计要以"碎片化"语法为主

3.4.1 对于外国学生二语习得状况的考察和分析的结果，证明了"碎片化"语法在问题设计上的重要性。二语学生有关语法项目的习得与偏误状况，相关研究虽然已经取得了一定的成果，但是目前的习得和偏误分析依然存在这两方面的问题。

3.4.2 一是我们只能从学生的语言产出发现他们已经习得或尚未掌握的语言点，却无法掌握学生刻意回避以及完全没有习得的部分；二是学习者来源多样，母语各异，也给我们分析偏误原因、确定习得顺序造成困难。因此，在选择偏误类型，确定语法项目难易度时，"碎片化"语法就发挥了作用。

例如围绕"趋向补语"这个语法项目时，考虑到任何两个趋向补语之间，无论在意义上还是用法上都不具有平行性。如果过于注重系统的研究和教学，很容易造成学生的类推性偏误，因而《趋向补语》这本书的问题设计亦即这本书的篇目，是以点状分布为主，将系统完整的"趋向补语"语法体系，拆分为多个碎片化的语法知识点，便于阅读这本书的教师和学生理解与掌握。

3.4.3 针对二语者的语法教学，基于类型学理论和方法取得的研究成果可以说是对症之药，更为行之有效，因为这类成果更能反映一种语言的类型特征，而目的语的类型特征，往往是二语者最容易出现偏误的方面，同时二语者母语的类型特征又是造成负迁移的重要原因之一。

所以，书系中不同语法项目的很多内容，力求从类型学视角切入。这也是目的语语法个性教学"碎片化"的一种做法。例如汉语名词也表现出一定的类型特征，一些属于"共知范畴"的，如形态上的"数"范畴特征可以少讲或者不讲，而汉语独有的韵律上的双音节倾向，构词上的前、后缀反映出的主观性，以及与其他词语组合上的意合性等"碎片化"问题，则是要着力体现和具体讨论的内容。

第十四讲　教学参考语法书系的编撰原则和内容体现

一　教学参考语法书系的编撰原则

对外汉语教学语法是针对第二语言教学的语法，是应用性的教学语法。使用和学习的对象既可以是外国学生，也可以是从事或将要从事对外汉语教学工作的教师。第二语言的教学语法一般不追求系统性，只尊重语言事实，尽可能做到描写分析详尽，把规则和用法一条一条地讲清楚。基于第二语言教学对象的特殊性以及现有研究中存在的问题，确定教学参考语法书系的编撰原则。可以这么说，编撰原则是编撰理念和编撰特点的具体体现。

1.1　普及性

1.1.1　如果把教学参考语法书系的编撰看成是对外汉语教学课堂上的授课，那么，编撰的第一个原则"普及性"，则可以视为一种"深入浅出"的授课方式。课堂教学中经常遇到的是"深入深出"和"浅入浅出"的教学方式，前种方式讲授者津津有味，自我沉醉，听课者云里雾里，不知所云；后种方式讲授者大摆噱头，空洞无物，追求所谓的课堂效果，听课者课后思量，毫无收获。难得是"深入浅出"的授课方式，如何将复杂的概念和知识点分解成易于理解的各个部分，并通过生动的例子和实践操作，来帮助学生更好地理解和应用所学的知识。

"深入浅出"的授课，需要教师具备一定的教学技巧和知识储备；编撰教学参考语法书系同样对作者有这样的要求。首先，作者需要了解读者的学习水平和知识背景，以便根据读者的实际情况进行写作。其次，作者需要有较为扎实的专业知识，能够将知识点进行合理的分解，并运用生动的例子对知识点进行讲解，读者通过一本书的阅读理解书本中传授的知识，并能在实践中加以应用。再次，教师需要及时了解和总结课堂上实际的教学情况，以便及时提取、调整内容安排、切入角度、论述方法等具体问题。

1.1.2 书系的编写要遵守的普及性的原则，体现在两个方面。

首先就是要做到对读者的普及。书系的读者群体，主要由在不同单位不同机构从事对外汉语教学的教师组成。当前从事汉语国际教育的教师队伍成分较为复杂，既有语言学或汉语国际教育专业毕业的专业人士，也有学术背景各异而有志于从事汉语教学的人士。目前后一类教师人群所占的比例也不在少数，尤其在海外从事汉语二语教学的教师队伍中。

对读者普及的基本点就是能让非语法专业出身的对外汉语教师都能读懂，对这些教师教学中问题的解决有所帮助。所列的目录，都是教学上容易出现的问题，便于教师查询和翻阅。同时，对读者的普及事实上又可以看作一种对大纲的普及，以大纲中的语法项目作为书名，用较为浅显的语言对这个语法项目作出专门的解读，这个过程和结果，使这个语法项目得到解释，得到普及，有利于教师对大纲的理解和使用。

其次是对语法知识的普及。语法知识普及要考虑两个方面的问题，一是理论知识的普及，一是语法术语的普及。就汉语本体而言，书系各书目所作的研究已经较为深入，且取得了丰硕的成果，尽管在某些方面还没能形成一致意见，但已在多处达成了共识。因此，书系各书目主要普及这些已达成共识的语法基本知识，讨论这些语法基本知识在对外汉语教学课堂上的运用，这也是汉语二语的教学性质所决定的，是和汉语二语教学的需要相吻合的。

另外，在语法术语上也尽量做到更多地采取在教学上使用的术语，不用或少用研究中的术语。例如在讨论趋向补语问题时，特意选择了一些基础知识点，如概念、组成、类别、意义等，以使非专业出身的汉语教师能够获得对汉语趋向补语的全面认识；在较为复杂的"了""着"等问题的讲解上，不用本体研究中常用的"体"概念的术语，统一用"助词"这个概念加以解释。使这些在本体研究本体教学中颇为困难的知识点，能够较为顺利和方便地为广大教师所接受。

1.2 实践性

书系的编写要遵守实践性的原则，这个原则体现在三个方面。

1.2.1 实践性体现在面向教学实践上。书系的编写来源于教学，最后落实到服务于教学。书系是为指导教学而编写的，是教学的参考用书，所提的问题都是在教学中发现提炼出来的；要紧密结合教学实践，深入挖掘并准确表述目的语的使用规则，帮助学习者将所学用于言语交际，力求做到研究成果的教学转化。

要求书系的作者全面梳理和理解语法研究中规定性语法和描述性语法的异同，了解这两种最基本的分析方法的要点。为便于教师的教学和学生的学习，书系对语法现象的分析，原则上采用规定性语法的分析方法，以规定性语法分析为基础，以描述性语法分析为参考。明确书系撰写时的研究方法，并制定参考语法编辑出版细则。例如《动词重叠与相关格式》一书，讨论的大多数问题都是用的规定性语法的分析方法，如"'V一V'式和'VV'式有什么不同？""为什么不能说'我已经去了去上海'？""为什么不能说'帮帮我抬?'"等，明确规定怎样是正确的，怎样是不正确的，占比超过90%，少量是跟描述性语法的分析方法相关，如"动词重叠具有主观性吗？""动词重叠的语法意义符合语言的象似性原则吗？"等，展示动词重叠相关问题的发展，占比不到10%。

1.2.2 实践性体现在面向教师群体上。书系中所选择的内容，所提出问题都是来自于教学实践。书系的读者对象主要是从事汉语国际教育的教师队伍，他们阅读这本书的目的是为了解决教学上的问题，因此，通过书系的指导，提高教师教学能力和科研能力，是书系编写的主要目标之一。

综合现有的汉语国际教育用语法类相关成果，结合语法教学的实际情况，每个语法项目的内容将通过本体理论、习得偏误分析和教学心得体会等不同视角进行具体展现，且每个篇目中都包含这个语法项目的知识框架，不过是以不同的问题形式从不同角度进行展示，意在使这些知识内容在理论学习、偏误分析和教学实践中各得其所，又相得益彰。这些内容的合理安排可以满足一线教师以及学习者的参考需要。相信通过这套书系的出版传播，会使对外汉语教学一线的教师获益，业务能力得到一定的提升。

1.2.3 实践性体现在面向教学语法上。所谓的面向教学语法，就是不求体系，专讲运用。书系不以学术高度与理论深度为追求目标，以能够解决实际问题为标准。对于问题的讨论最终落实到具体的教学指导上。书中涉及的知识点都是基本的语法项目，所提出的问题都是针对学生容易出现偏误的情况。每一个作为书名的语法项目，都会为这个语法项目制定专门的知识框架，搜索并考察了大量留学生习得这个语法项目的输出情况，从中整理出偏误率较高的相关现象作为框架内容。

例如"名词"的知识框架包含七部分的内容：句法成分功能、词法构成功能、数量表达功能、空间表达功能、事件表达功能、指称表达功能、词语搭配功能。上述七个方面是汉语名词表现出来的主要的常用的类型特征，例如韵律上的双音节倾向，构词上的前、后缀反映出的主观性,以及与其他词语组合上的意合性,等等,这些是框架中要着力体现的内容。

1.3 典型性

1.3.1 所谓的典型性,是指教学实践中经常出现的问题,或者是学生习得过程中容易出现错误的问题。容易出现的错误往往偏误率高,但是偏误率高的现象未必就典型,一些不是或还不能算是基本规则的语法项目,偏误率有时反而更高,但并不因此就作为书系的框架内容,所以,一些非典型的且尚未被认定为汉语语法基本规则的项目暂不考虑。

1.3.2 "典型"要考虑到"点""面"结合的问题。书系是以语言点/语法点为基点进行编写的,但语言的使用不是以语言点/语法点为单位的。就并列词组和并列复句而言,并列词组是语言的静态单位,并列复句是语言的动态单位。静态单位是材料单位,动态单位是表达单位。无论静态单位的并列词组还是动态单位的并列复句,都是一个完整的结构体,都需要整体看待,如果只见"点"不见"面",是很难达到对语言点/语法点的准确掌握和运用的。所以,在讨论"并列关系"时,不但要讨论静态的并列词组,也要讨论动态的并列复句;如果只是单纯地对并列词组进行讨论,或者单纯地讨论并列复句的问题,都难以了解"并列关系"的真正含义,也做不到"点"和"面"的真正结合,更谈不到"典型性"的贯彻问题。

1.3.3 "典型"是有层次的立体呈现。对于一个语法项目的分析,必须分阶段地、有层次地将所有问题呈现出来。例如对"形容词"的了解,是一般二语学生学习前都具有的先备知识;但是汉语形容词的复杂,又和其他语言有本质上的不同。尽管我们不奢望通过对汉语形容词的简要的形式标志、语义功能和使用条件进行说明,学生就能够自由地、无差错地运用形容词,生成合格的句子。但是,融入学习者视角，以问题为导向，对复杂的使用规则和各种限制条件，有层次地加以立体呈现，是我们编撰时要遵守的一项原则。

我们编撰《形容词》一书时，在总体介绍汉语形容词时，就汉语形容词的特殊性的一些问题展开重点讨论，如列出"形容词可以充当哪些句法成分？""性质形容词和状态形容词有何区别？""单、双音节形容词的句法功能有何差异？""形容词做定语一定要带'的'吗？""形容词做状语一定要带'地'吗？"这样具有类型学意义、显现汉语特点的问题进行讲解分析，廓清学生对汉语形容词的误解，为下面的偏误问题分析、教学问题展现做好先导，打下基础。

1.3.4 "典型"拟采取碎片化的处理方式。书系每部书都设计了60—80个问题，进行一问一答。对这些问题的回答，合起来是一个有机的整体，分开也自成体系。看似碎片化表现的各个问题，实际上都是围绕着这个语法项目大的"格局"展开的。

《形容词》一书对二语学生用法偏误的分析，一共设计了28个问题，都是用"为什么不能说……"来提问的。这些问题看起来是"碎片化"地将汉语使用形容词过程中的偏误排列出来进行讲解，事实上都是展示或回答形容词性质、特点、使用条件等基本问题的。如"为什么不能说'天安门广场大'？""为什么不能说'今天天气太好'？""为什么不能说'那列火车很长了'？"，是讨论汉语形容词做谓语的限制条件的；"为什么不能说'我比他很不高'？""为什么不能说'妈妈比五年前旧多了'？""为什么不能说'他比我少一岁'？"，是分析形容词在汉语比较句中的使用条件的；而设计"为什么不能说'很/不甜甜的月饼'？""为什么不能说'这条路很广'？""为什么不能说'我最近非常忙学习'？"等，则是回答形容词受"很""不"修饰时的条件限制的问题的。

二　教学参考语法书系的内容体现

书系贯彻的原则是一个语法项目，亦即一个知识点编写一本书，而这个知识点的相关内容则分散在该书的几十个问题当中。这些问题看上去是散落的，是独立的，事实上这些散落的点是成系统的，这些独立的问题合起来就是一个整体。形散神不散是这部丛书内容选择的特征。书系的内容在本体篇、习得篇、教学篇三个部分加以体现。

2.1　本体篇的内容

2.1.1　本体是教学的依据，理论是应用的前提，本着这样的理念，我们审视语言理论和语言教学之间的互动关系。认为二者之间，应该是存在着相互影响的互动关系的，认为长期以来语言理论和语言教学之间的这种互动是不平衡的。我们可以清楚地看到，在对外汉语教学领域，理论语法与教学语法之间存在着脱节现象，现代语法理论及描写对教学的指导性并不高，并未能为教师的问题提供圆满的解决办法，缺少对留学生汉语习得偏误实例的分析，缺少将理论语法与教学语法进行科学衔接的原则、技巧和方法等方面的指导，与教学实践结合得不够紧密。

2.1.2　一个语法项目，或者说一个语法点，从理论的角度进行阐述，首先要讲清楚的是这个语法点的性质。所谓的性质，是指这个事物本身所具有的、区别于其他事物的特征。一般来说，"……是什么"通常是对这个事物的性质描述的表述；其次要讲清楚的是这个语法点的范围，也就是这个语法点的界限或者说限制，通常用"什么是……"来表述。例如"主语是什么"，问的是"主语"的定义问题，也就是"主语"的性质问题：按照不同的观点，可以将主语看成施事，或者看成陈述的对象，或者看成话题，等等；而"什么是主语"则讨论主语的范围，问的是什么样的语法单位可以充当主语的问题，例如名词、代词可以充当主语，动词、形容词也可以充当主语，词组也可以充当主语，等等。讨论完性质（内涵）、范围（外延），接下来可以讨论的是内部分类问题，即这个语法点是否还可以切分为更小的单位的问题，例如"主语"还可以分为施事主语、受事主语、工具主语等等。

2.1.3　教学参考语法书系的本体篇的内容，位列整本书的前面，重要性自不待言。根据编撰理念和编撰原则，以下列几点作为本体篇内容的写作依据：（1）语法体系中有重大争议的，以通行的说法为主，不涉或少涉及其他说法；（2）意义复杂、用法多样的语法点，在义项上做尽量的归并，用简单表述的方式解释相对复杂的概念；（3）体现母语语法教学和第二语言语法教学的差异，语法术语的使用要服从第二语言教学的需要；（4）复杂概念辅以例句说明问题的，所用例句宜采用第二语言教学教材中或者课堂上常用的，慎用或不用母语语法教学中常用的例子。

2.1.4　本体篇是一部书整个知识框架的基础部分，也是最核心的部分。习得篇和教学篇的知识体系都是建立在本体篇上的。例如在《介词》一书中，本体篇用教学中常见的例子，介绍介词的语言学基础知识，使读者对现代汉语介词的定义、构成、分类、功能、地位、使用特点以及相关结构有一个基本了解，在脑中建立现代汉语介词的基本体系。在《"能"与"会"》中，本体篇从二语教学的规律出发，以语义为着眼点，基于"能"和"会"的情态义，分析它们的句法特征、与其他语法范畴的联系与制约关系等。

2.2　习得篇的内容

2.2.1　习得篇是这套书系每一部书的最重要的部分，主要包括这个语法项目的汉外对比、偏误分析和习得顺序。二语习得中与学习者母语的对比分析尤为重要，因为有些偏误可能最直接的原因就是受到母语的负迁移。学习者产生的偏误句是在其尚未完全习得某个语言项目使用规则的情况下，创造性地自主输出的必然结果，具有一定的规律性，也往往具有明显的群体特征。教师挑选出一些常用的合格例子作为典型的句模，可以起正面示范作用；而有时教师也需要筛选出学生易犯的偏误例子进行偏误分析，恰当示谬可以起防范作用。

2.2.2 例如《助词"了"》一书中，既有从正面解释的"如何理解'该出发了'中的'了'？""'他昨天来了'和'他昨天来过'有什么区别？"这样以合格例子讲解为主的内容，也设计了以纠正学生偏误为主的问题，如"为什么不能说'他什么时候来了'？""为什么不能说'我们看电影了再回宿舍吧'？"等等。同样，《存现句》一书中，既有对正确句子的解释分析，如"'路边建着房子'有几个意思？""'书上有答案''书里有答案'和'书中有答案'有何不同？"等等，也有以二语习得者偏误为主进行解释的问题，如"能不能说'办公室门口在贴着考试通知'？""能不能说'黑板上写着有一行字'？"等等，都是从正误两方面来解释二语习得者学习中常见的问题的。

2.2.3 掌握新理论，是二语教学提出的新要求，也是对教学语法书系作者提出的新要求。在习得篇章的内容体现上，可以看出偏误分析理论和中介语理论对作者的影响。偏误分析理论将学习者的语言系统看作独立于母语及目标语之外的动态变化的过程，这是二语习得研究理念的根本转变。通过对学习者过渡语言系统中出现的偏误进行描写、分类、分析、说明，反映学习者不同阶段的语言状态，论证包括心理机制、认知策略等因素在内的学习者的学习过程。可以说，偏误分析是第二语言习得研究重要的理论基础和基本的研究方法，特别是中介语理论的前身和有机组成部分。

偏误分析理论的缺陷在于只关注学习者语言的错误部分，而忽视正确部分，不能从整体上把握学习者语言的全貌。而中介语理论则将学习者语言的全部内容，包括不同发展阶段的状态、发展过程特点等纳入研究范围。中介语是学习者的语言，是二语习得研究的核心问题。

2.2.4 例如《语气副词》在习得篇章里，设计了两类问题。一类是以"……为什么不能说"的方式提问的，如"'他实在考上了大学'为什么不能说？""'我的钱包终于没有丢'为什么不能说？""'他们到底没有感情吗'为什么不能说？"；一类是以"……一样吗"的方式来提问的，如"'难道你不懂'和'莫非你不懂'一样吗？""'分明是他不对'和'明明是他不对'一样吗？""'果然下雨了'和'果真下雨了'一样吗？"。前一种问题是偏误分析理论的体现，着重对二语学习者的偏误进行了描写、分类和分析；后一种问题的设计可以看到中介语理论的影响和运用，通过辨析，目的是使二语学习者的偏误句子能向一语的正确句子靠拢。

2.3 教学篇的内容

2.3.1 习得篇和教学篇的知识体系都是建立在本体篇之上的，在分析、解释和应用这些语法项目时，都是以本体篇的知识为基点的。教学篇是前面两个部分的最终体现，主要展现这些语法项目的讲解、教学设计、教学步骤、教学方法、教学策略等内容。将有关本体和习得的成果充分应用到对外汉语教学中，切实服务于课堂实践，达到教师好教、学生易学的效果。教学篇中无论从宏观方面介绍这些语法点的教学原则和方法，还是从具体的教学案例的展示入手，都能起到为读者提供这个语法项目的教学框架和纲领，或者将教学原则具体化的服务教学的目的。

2.3.2 重视教学实践,突出"教什么""如何教"。教学篇中设计了具体教学案例,采用多种教学方法,直观地展示了教学的每一步,这就大大地增强了教学的实用性。教学篇内容的阐述主要集中在以下几个方面:(1)从汉语自身特点出发,对这个语法项目的教学方法与教学策略的讨论;(2)从学习者的视角考虑,这个语法项目具体的教学手段的运用;(3)汉外语法的比较分析与教学探讨;(4)对外汉语教材与课堂教学中的有关这个语法项目出现问题的探讨;(5)现代教育技术在这个语法项目教学中的运用。

2.3.3 例如《趋向补语》一书中,分别从"教学技巧""教学理念""教学模式"三个宏观角度入手提出问题,如教学技巧方面的问题"趋向补语的教学如何导入?",教学理念方面的问题"趋向补语教学中为何要实施语块教学?",教学模式方面的问题"趋向补语的慕课(MOOC)教学应如何进行?",等等,高屋建瓴,举一反三。《心理动词》则以例示的方式,从具体的词语教学入手,探讨某个具体心理动词的教学设计和教学技巧,为参考者讲授心理动词知识提供借鉴,例如提出"怎么理解话语中的'你知道'?""怎么教'了解'和'理解'?""怎么教'感到'和'觉得'?"等问题,以小见大,同样能起到举一反三的服务教学的作用。

2.3.4 难能可贵的是,有些作者能根据信息时代要求,关注多媒体信息技术在对外汉语教学中的运用,积极开展例如慕课(MOOC)教学,基于微视频和学习管理平台而开展的"翻转课堂",如"时间副词的慕课(MOOC)教学应如何进行?""被动句翻转课堂教学如何进行?"等,体现了鲜明的时代性特点。有些作者适时地引进本体研究中较新的语法理论,用来指导具体的教学活动,如运用构式理论,设计了这样的问题:"构式语块教学法如何在'把'字句教学中实施?""如何运用构式及构式启动效应设计存现句教学过程？"等等，初步尝试了理论语法和教学语法的贯通、教学语法和语法教学的贯通。

值得注意的是，三部分内容的展现，是以板块专题的形式设置的，根据每个语法项目设计问题的不同，每本书都设计了不同的板块。例如《助词"了"》一书，设计了"性质与功能""联系与区别""连用与共现""偏误与原因""教学与实践"五个板块；《语篇的衔接与连贯》一书，设计了"衔接与连贯""结构与衔接""指称语与衔接""衔接词语与衔接""语篇教学"五个板块。这样做，既避免了雷同，又彰显了各自的特色。

三 教学参考语法书系的问题设计

3.1 书系的作者和书目

3.1.1 这套书系的作者是从全国和海外相关高校通过推荐和自荐遴选出来的。入选的作者考虑三方面的因素：（1）考虑专业素养和教学实践的结合；（2）考虑教学经验和教学体会的结合；（3）考虑个人经验和众人经验的结合。具体地说，这些作者都具有相关的对外汉语教学经历和经验，在国内或者海外从事过3—5年的第二语言的教学工作，而且本人接受过较为严格的语法学科的训练。这些作者不仅懂语法、教语法，而且教的是第二语言的语法，所以他们能有的放矢地发现问题、解答问题，能做到科研与教学的真正互动。这些作者要有团队合作的经历或品质，善于听得进不同的想法和建议，因为在正式写作之前，所列写作大纲要经过多位专家的审阅。

3.1.2 书目的确定关涉到面对对外汉语教学，编撰大型教学参考语法用书的定位、理论背景等，最后定稿的第一批26本教学参考语法书，有如下特点：（1）突破结构主义的语言学理论框架，扩大了以往教学语法体系研究的范围，书名（语法项目）不仅包括传统研究中的一些语法项目，如词类、句式等，还有新增的如语素、语篇等；（2）顾及语法项目点和面结合，书系包括不同层次的语法项目，有虚词、实词、句法成分、常用句式等，例如虚词的书名，有词类一层的如"介词"，也有词类的下位一层的如"语气副词""范围副词""时间副词"等；（3）对于语法教学中的难点和重点，尽可能地列入书目，如"助词'了'""'把'字句""量词""'能'与'会'"等；（4）结合教学实践，发现有些在语法教学中容易忽视，但学生习得后仍存在较多问题的语法项目，也列入书目，如"名词""数词""定语""并列词组和并列复句"等。

3.2 问题设计的相关原则

书系是面向一线对外汉语教师编写的通用型教学语法参考书。在选择问题方面，不追求理论的深度和广度，但求入选的问题能契合教师的需要，解决教学中的实际问题。书系以问答的形式编写，每本书设计了60—80个具有代表性的问题。在语言表达方面，我们尽量不使用过于专业的术语和概念，而用浅显的表述与直观的例句分析和解释所论述的问题，以满足众多非专业背景的海外二语教师的需要。问题设计的相关原则有以下几点。

3.2.1 有限性原则。在讨论某一个语法项目的问题设计时，很难甚至不可能全面地提取所有的与这个语法项目相关的知识点进行描写分析。因此在选择教学目标时，不是全面覆盖所有与这个语法项目相关的知识，而是选择核心的、常用的知识点作为教学内容。教学参考语法用书不可能像词典的编撰方式一样，做穷尽式分析，只能选取最典型、最重要的知识点进行讲解。

有限性原则决定了各本书提问方式的不同。《语篇的衔接和连贯》认为，语篇语法教学不是作文教学，不应包括写作的所有知识。由于语篇是具体语境中运用的语言单位，而语境是千变万化的，是由语篇研究的性质决定的。这本书里的问题大都和语境相关，例如"'不是……吗?'反问句的背景化功能是什么?""'这''那'的指示功能有什么差异?"等等。《数词》一书从对外汉语教学实际情况出发，认为核心的、常用的知识点包括数词类别、数词使用和数词文化三类，将这样的问题作为讲解重点，如"'二'和'两'有什么不同?""'十万'是位数词吗?""为什么'三天两头'表多，'三言两语'表少?"等等。

3.2.2 倾向性原则。已有研究已经证明，语言学知识不仅仅限于语言知识，还包括百科知识和情境知识，因为语言除了客观地表达命题外，还要反映外在事物存在的规律以及人们表情达意的方式，而后二者也是语言学知识的重要组成部分。从我们掌握的二语者汉语语法项目知识的习得情况看，偏误主要发生在百科知识和情境知识两个方面。可以这么说，这套丛书的大部分问题设计，都是从学生的偏误分析开始的。偏误分析有利于准确地反映出这些语法项目的地位和作用，这样更有助于二语教学。

《名词》一书将汉语名词的空间表达功能、事件表达功能等看成属于"百科知识"范畴的，把指称表达功能看成属于"情境知识"范畴的，从而将本书设计的主要问题放在这两个部分，例如"什么是方位名词?""'工厂'和'厂家'有什么不同?""无指成分有什么样的句法表现?"等。同样，《"把"字句》一书中，根据倾向性原则，把提问的重点放在偏误分析上，从中介语语料库出发，设计了大量的以留学生习得偏误为分析材料的问题，如"为什么不能说'他把房子盖了'?""为什么不能说'你把门敲敲'?""为什么不能说'我们把酒喝在酒吧里'?"等等。

3.2.3 实用性原则。教学语法需要的不仅是描写的语法，更是讲条件的语法。这套书问题设计的实用性要求就是入选的问题能契合教师的需要，能解决教学中的实际问题。在语言表达方面，用浅显的表述与直观的例句分析和解释所论述的问题。为了方便读者"看得懂、记得住"，从而达到"好用、管用"的编撰目的，还规定了"就易不就难，从教不从研"的编辑细则。

《被动句》一书中，设计的问题都可以看作教师面对留学生提问时的一种回答，几乎囊括了课堂上可能出现的所有问题。例如"汉语的被动观念体现在哪些方面？""英语的被动句可以翻译成汉语的什么句？"，从理论上解释了"什么是汉语的被动句？""汉语被动句在什么情况下使用？""汉语被动句和英语被动句的差异"等一系列问题；而"为什么不能说'我们都被他糊涂了'？""为什么不能说'弟弟被妈妈挨打了'？""'饺子被吃了'和'饺子被我吃了'有什么不同？"则在偏误分析和辨析上作了解释；"怎样做好无标记被动句教学设计？"是针对被动句教学中的难点问题的。《被动句》的这种问题设计，其他书中都能见到。

第十五讲 《助词"了"》的编写背景与内容框架

一 关于"了"的研究现状

1.1 "了"在本体层面的研究概况

1.1.1 关于"了"的讨论由来已久,在本体层面对"了"的功能进行探究,学者们发表了许多观点,表达了对"了"的功能的各种看法。

1.1.2 学界主要是将"了"分为词尾"了"(一般所说的"了$_1$")和句末"了"(一般所说的"了$_2$"),并对二者的功能分别进行研究。到目前为止,不同学者对词尾"了"、句末"了"语法意义的理解仍各有所倾,因而在具体的论述上也不尽相同。这与语言表象的复杂性以及学者思考的角度不同有关。许多相关的论述虽然在观点上有所不同,但论证的过程给了我们很多启发和引导,成为我们进一步分析的基础。在众多的观点当中,"实现"说("体标记"说的一种)和"界限"说是相对而言最有影响力的。

1.2 "实现"说和"界限"说的由来和本质

1.2.1 刘勋宁(1988)提出词尾"了"是"实现体"的标记,表示谓词所指的动作行为或性状成为事实,是最早对词尾"了"的"完成"说提出质疑的学者。刘勋宁(1985、1990)还认为句末"了"(原文称为"句尾'了'")与词尾"了"之间"有一部分是同源的",即当词尾"了"位于句末,与近代白话的表申述语气的句末语气词"也"融合之后,形成了专门用以"申明"(申述事实)的语气词——句末"了",即"了也"合音是今天句末语气词"了"的来源。

孟子敏（2005）的研究也支持了这个结论。按刘勋宁的观点推导，句末"了"的语法功能便是"词尾'了'+也"的功能，句末不存在所谓的"词尾'了'+句末'了'"（即一般所说的"了₁+了₂"）的现象，因为词尾"了"和句末"了"本来就不能干脆地分开，句末"了"的功能蕴含了词尾"了"的"实现体"标记功能。当词尾"了"和句末"了"同现时，词尾"了"在句中的功能是羡余的。

1.2.2 近20年来，也有学者提出，"了"的本质功能是表"界限"（黄美金，1997；陈忠，2006），这就跳出了"体"标记的框架。其中，陈忠（2006）的论述比较充分。持"界限"说的理由主要是：(1)"了"的隐现问题，有时难以用"完整体"（即我们所说的"实现体"）加以解释，并非对应于"完整体"与"非完整体"的对立，即在时体意义相同的句子当中，存在"了"的隐现形式不一致、不对称的现象；(2)"了"的隐现形式对立，平行对应于"有界—无界"对立，即"了"倾向于与"有界"成分、结构在直接成分中同现，不与"无界"成分同现，或有条件地同现。第一条理由说明在时体意义背后，还有其他因素制约着"了"的隐现；第二条理由说明这个制约因素就是"有界—无界"的对立。据此，"界限"说认为，汉语的"了"，其语法功能是突显"界限"，通过有界和无界的形式对立，来间接体现和折射完整体和非完整体的意义对立。

1.2.3 我们认为，"实现体"与"界限"概念虽然不同，但两者具有本质上的一致性。"界限"与"实现体"的关系是一种上下位的关系。"有界—无界"由时间或空间来体现，既包括时间特征，也包括空间特征。相对抽象的"有界—无界"的对立，必然要通过动词的时体范畴、名词的数量范畴、时态助词和副词的时间特征以及形容词的程度等级来体现。"了"不可能绕开它的"体"标记功能，直接体现它的"界限"特征。按照我们的理解,"了"首先具有"实现体"标记功能(满足表达中的时体要求),从而"实际上就起着动作界化的作用"(张济卿,1998),因此,凡是用"了",都"能使无界概念变为有界概念"(沈家煊,1995),或者与其他具有"界限"特征的成分组配同现强化"界限"。这样看来,"了"的使用与"有界"特征的严格对应也就不足为奇。

1.3 "了"的添加具有一定的灵活性

至于为什么在时体意义相同的句子当中,存在"了"的隐现形式不一致、不对称的现象,其实可以从别的角度作出解释。"了"具有"实现体"标记功能,不同于屈折语的形态变化,它与"着""过"一样,都是一种添加手段,是"表示所属语法范畴的充分条件形式而非充要条件形式"(戴耀晶,1997),具有相对的灵活性。这种灵活性体现在:

1.3.1 "了"的标记体,可以通过作用于谓词本身来完成对事件状态的标记(即词尾"了"),也可以通过作用于整个句子来完成对事件状态的标记(即句末"了")。例如:

①a.他坐了下来。

b.他坐下来了。

②a.我吃了两碗米饭。

b.我吃两碗米饭了。

例①b、例②b中的谓词"坐""吃"后的"了"之所以可以隐去,是因为体意义都由句末"了"来承担了。

1.3.2 "了"并非"实现体"的唯一标记,"实现体"未必用"了"来标记,还可以有其他形式来标记。例如:

③a.任务完成了。

b.任务已经完成。

④a.前期工作落实了。

　　b.前期工作业已落实。

例③b、例④b中句末"了"之所以可以隐去，是因为"体"的意义分别由"已经""业已"来承担了。

1.3.3　一个多动词语结构的句子当中，并非一定要在每个动词后添加"了"方能体现"实现体"。例如：

⑤a.他搬了个凳子坐了下来。

　　b.他搬个凳子坐了下来。

⑥a.他抓了一条鱼放进了桶里。

　　b.他抓了一条鱼放进桶里。

例⑤b、例⑥b中的谓词"搬""放进"后的"了"之所以可以隐去，是因为"体"的意义分别由第二个谓词"坐"和第一个谓词"抓"后的"了"来承担了。

1.3.4　句末"了"所附带的"申明"语气以及由此带来的言外之意，导致它对与其组配的成分具有一定的语用限制。例如：

⑦a.他才睡了两个钟头。

　　b.*他才睡了两个钟头了。

⑧a.此时，饭店还坐了五六位客人。

　　b.*此时，饭店还坐了五六位客人了。

例⑦b、例⑧b之所以是病句，是因为句末"了"所体现的语用义与"才""还"相冲突。句末"了"具有"申明"的语气功能，表明言者认为，对听者来说，这是一个新信息、新情况，对事实加以肯定的同时，包含"达到或超出心理预期"的意思，而"才""还"则包含"尚未达到或落后于某种预期"的意思。因此，当句内有副词"才""还"时，句末不使用"了"。

1.3.5　句子中的"有界"和"无界"形式的对立对"了"具有

一定的制约作用。例如：

⑨ a.我吃了点东西。

　 b.*我吃了东西。

⑩ a.我在校园里转了一下。

　 b.*我在校园里转了。

例⑨ b、例⑩ b之所以是病句，是因为"了"作为"实现体"标记成分，是体现"界限"特征的因素之一，倾向与"有界"的成分、结构在直接成分中同现和匹配。

1.4 本体层面研究的一个归纳

1.4.1 这样看来，"了"的隐现形式不一致、不对称的现象都是有条件的，是各种因素综合作用的结果。因此，并不能否认"了"在本质上所具备的"实现体"标记功能。假设"了"的本质功能就是突显"界限"，不属于"体"标记，那么如何来解释"我吃了点东西"与"我吃点东西"之间在"体"的意义上的区别呢？

1.4.2 我们认为，纯粹的"界限"标记是不存在的，这些具有"界限"标记功能的成分，本身都有自己独立的词汇语义（就实词而言）或句法语义功能（就虚词而言），"界限"特征是对它们在更高层次上的抽象概括。"了"的隐现与"有界—无界"对立的平行对应，只能说明"了"作为"实现体"的标记成分，只与"有界"的成分、结构在同一层次（直接成分）中同现，不与"无界"的成分、结构在同一层次中同现，而不能说明"了"的本质就是突显"界限"。

1.5 教学应用层面对"了"的研究

1.5.1 如果说与"了"教学应用相关的探讨尚未深入，这是不够公允的。相对于其他助词，"了"在二语教学应用层面的研究还是有一定的进展的。对形成我们的看法有一定的启示和帮助。

1.5.2 结合国外二语习得中的"体假设"理论,对汉语中被普遍看作体标记的动态助词展开习得研究。杨素英(2016)通过对母语为英语的留学生习得汉语体标记"了"和"着"的情况进行全面考察,证明了"体假设"的普遍原则对汉语二语习得过程同样具有一定解释力,并结合汉语学习者的习得情况对"体假设"提出了两条补充修改建议。

1.5.3 彭臻、周小兵(2015)通过考察越南语母语者习得汉语完成体标记"了₁"的过程、特点与规律,也对"体假设"的普遍解释力进行了检验。

1.5.4 高顺全(2006)以助词"了"为例,讨论了对外汉语教学中语法项目的排序与语法化顺序之间的关系,为助词"了"的习得难度和习得顺序研究提供了一种思路。

二 编写《助词"了"》的出发点和必要性

2.1 "了"的功能倾向延用"实现"说

2.1.1 语法本体研究所得出的不同结论哪个更接近客观的语言事实,判断的依据当然是看这个结论是否能够管得住现阶段的所有语料。倘若不同的解析和说明具有同样的统摄力,那么还要看哪种解析和说明是相对简单的表达形式。同理,我们对虚词的研究,尤其对其语法功能的说明一贯坚持"能简不繁""能合不分"的原则。

2.1.2 根据上面的讨论,对于"了"的功能,我们最终仍倾向延用"实现"说,同时在体的标记功能上不刻意区分词尾"了"和句末"了",把词尾"了"和句末"了"作为同一个体标记在不同位置上的分布,尤其突显了词尾"了"和句末"了"的密切关系。句末"了"尽管属于语气词,作用于整个句子,旨在申明一种新情况、新信息,但同时句末"了"还有和词尾"了"一样的功能,表示

"实现"。因此,句末"了"可以看作兼有"实现体"标记功能的句末语气词。就是说,当句中没有其他"实现体"标记成分时,它的有无会影响句子的体意义(体意义属真值语义),因而句末"了"并非纯粹的语气词。

2.2 句末"了"与词尾"了"都看成助词"了"

《现代汉语八百词》也认为句末"了"与词尾"了"二者本来密切相关。这样的看法是有道理的,这也是将两个"了"都看作助词的主要依据。

2.2.1 在一些日常的会话当中,不难发现词尾"了"和句末"了"有着紧密的联系,不能截然将二者区分开来。例如:

① ——你买了菜没有?
　　——买了。
② ——我吃了。
　　——吃了什么?
③ ——我饭吃完了。
　　——吃完了饭再吃点儿水果吧。

例①—例③三组对话中,词尾"了"和句末"了"在一个话轮里的相承关系都非常明显,可见词尾"了"和句末"了"在"实现体"标记功能上应该是一致的。再如:

④ ——昨天晚上我做了一个梦。
　　——你梦见了什么?/你梦见什么了?

例④答句中的"了"尽管位置可以不同,但未影响句子的基本语义。

2.2.2 很多时候句子中的词尾"了"可以因为句末"了"的存在而省略,又不影响基本语义的表达。能够省略,说明句末"了"的功能蕴含了词尾"了"的"实现体"标记功能,从而使词尾"了"成为了羡余成分。(邵洪亮,2012)例如:

⑤a.小李报了名了。=b.小李报名了。
⑥a.老何有了对象了。=b.老何有对象了。
⑦a.我朗读了三遍了。=b.我朗读三遍了。
⑧a.我在北京住了半个月了。=b.我在北京住半个月了。

综上，句末"了"和词尾"了"在体意义上密切相关，都具有"实现体"标记功能，表明谓词所指的动作行为或性状成为事实，因此，对二者的体意义不必刻意求异，过分地纠缠于词尾"了"和句末"了"的绝对分别。

2.3 "体"和"时"的关系

2.3.1 值得注意的是，"体"和"时"是一对既有联系又有区别的语法范畴，词尾"了"、句末"了"所标记的"实现体"可以是过去的"实现"，也可以是现在的"实现"，还可以是将来的"实现"。比如"去年他俩才结了婚，现在妻子有了身孕，等再过几个月生下了孩子，一家子可就要忙喽"中的三个"了"分别用于过去时、现在时、将来时。在真实语料中，用于现在（说话时）的实现用例最多，因为当句中无其他参照时间的时候，即默认以现在时作为时间参照。过去的实现用例次之，如果"了"字句中有其他参照时间的话，这个参照时间确实是以过去的某个时间点居多，也因此，有学者认为"了"本身兼有过去时制的标记功能。

2.3.2 事实上，这不是因为"了"兼有过去时制功能，而是人认知客观世界的方式使然，对于过去，我们更多地关注发生了什么，而对于将来，我们更关注会发生什么，所以相对而言，表达将来的实现会受到一定的限制。关于这点，戴耀晶（1997）也有同样的论述，作者认为，"了"在未来事件的使用中受到很多限制：第一，未来事件要在未来参照时间之前或同时发生，才可以用形态"了"表示一种"虚拟的现实"，如"明天八点，我肯定已经离开了上海"。

第二,"了"用在未来假设关系的条件分句里,表示一种"虚拟的现实",如"你看了这本书,就会明白其中的道理"。除此之外,凡是在未来时间发生的事件都不可以用"了",这一点在单一事件中尤为严格,如"我明天离开了上海"显然是一个病句。

2.3.3 当然,词尾"了"和句末"了"之间同中也有异。尽管词尾"了"和句末"了"都具有相同的"实现体"标记功能,但是词尾"了"是通过作用于谓词本身来完成对事件状态的标记,句末"了"是兼有体标记功能的语气词,是通过作用于整个句子来完成对事件状态的标记。因此,词尾"了"和句末"了"在语法功能上既相联系又有明显的区别,这种区别甚至会影响到句子的基本语义,《助词"了"》会对词尾"了"和句末"了"的共性和个性以及由此带来的各种具体问题展开解析和说明。

尽管我们倾向"实现"说,但"界限"说的确给了我们许多启发,并为我们对"了"的一些隐现问题,尤其在多动词语结构当中"了"的分布位置的研究,提供了一种新的思考角度。

以上三点都可以成为编写《助词"了"》的出发点。

2.4 编写《助词"了"》的必要性

教学参考语法书系的编写以"一点一书"的形式呈现,将汉语语法系统中占有重要地位的、相对复杂的、具有一定学习难度的且在教学中存在较多问题的一个或一类语法项目,编写成一本教学语法参考用书,力求对该语法项目进行充分描写、充分解释,尽可能穷尽该语法项目在教学中所遇到的种种问题,并予以详细的解答、说明和指导。《助词"了"》就是该书系的第一批入选教学参考书之一。编写《助词"了"》的必要性在于以下几点。

2.4.1 "了"的出现频率极高,是仅次于"的"的高频虚词,因而它在汉语语法系统中占有重要地位。"了"本身的功能和用法十分复杂。"了"可用于各种句式、句类，并且"了"的隐现规律和语用条件难以把握，其隐现会受到语境、语体、句内共现成分、韵律、言者主观性等因素的影响。

2.4.2 "了"的某些用法与汉语其他虚词比较接近（有时可以互替而不影响基本语义，如"院子里种了一棵葡萄树""我吃了早饭了"可分别变换成"院子里种着一棵葡萄树""我吃过早饭了"，基本语义不变），也与学习者母语中某些词的功能有相近的地方。学习者很容易受到干扰而误用。

2.4.3 学界对"了"语法功能的提取和概括存在较大的分歧，进而反映在"了"的教学应用研究上仍然不够深入，对"了"的用法解析尚不尽如人意，也存在一些盲点。一些片面甚至错误的解析，不仅涵盖不了所有的语料，而且对学习者有所误导。

2.4.4 "了"也是二语学习者学习汉语的难点，是最易出现偏误的语法项目之一，需要教师在教学中积极处理。尽管学习者在初级阶段就开始学习"了"，但学习者对"了"的习得往往不能够全面、系统，即使其汉语水平达到了中高级阶段，在"了"的使用上还会经常出现各种各样的偏误。陆俭明（1980）统计发现，外国学生虚词使用不当占语法偏误总数的65%，而其中"了"字使用不当的就占语法偏误总数的12%。因此，有学者把"了"视为汉语二语学习者学习汉语过程中"最难缠的拦路虎"（王伟，2021）。可见，有理由把"了"的使用情况作为评估一个学习者汉语水平的"试金石"。

2.4.5 受二语学习者母语的负迁移影响，"了"的偏误和习得在不同母语背景下会有不同的表现。加强不同母语的二语学习者对"了"的习得研究，是十分必要的。近年来，"了"习得的国别化研究论文较多，分别涉及母语为阿尔泰语系的、印欧语系的以及南亚语系的二语学习者，如韩在均（2003）、崔立斌（2005）、王媚和张艳荣（2007）、陈晨（2011）、王红厂（2011）、刘敏和陈晨（2012）、周小兵和欧阳丹（2014）、王艺文（2015）等，说明"了"的习得研究已经引起了很多学者的关注。编写《助词"了"》一定会受到广大对外汉语教师的欢迎的。

三 《助词"了"》的内容框架

3.1 整体的框架安排

3.1.1 《助词"了"》的编写以问题为导向，以具体的例子为切入点，目的是服务于教学应用。每个问题、每个例子都具有一定的代表性和针对性，尽可能穷尽教师在教学过程中以及学习者在学习和使用过程中遇到的所有问题和困惑，并以比较浅显的语言加以精细的解析和说明。

3.1.2 全书共设计了85个问题，分为五个部分，方便汉语教师或学习者检索、阅读和理解。其中，"性质与功能""联系与区别"侧重于对"了"本体知识的说明与阐释；"连用与共现""偏误与原因"侧重于对"了"用法的描写与解析；"教学与实践"侧重于对"了"教学应用的探讨。

3.1.3 同时，每个部分的问题大致上由大入微，由简入繁，由易入难，依次排序，旨在为汉语教师或各个阶段的汉语二语学习者答疑解惑。每个问题的提出尽可能做到简洁、明确，说明和解析用语尽可能浅显，尽量避免使用生僻的语言学术语。

3.2 性质与功能

3.2.1 第1—18个问题属于"性质与功能"部分。主要涉及"了"的位置、功能，"了"与"时"的关系，词尾"了"与句末"了"的共性和个性，"了"所表示的"实现体"的内部小类，"了"使用的灵活性，"了"的实时交互性及其跟语体的关系，等等，并在此基础上重点分析"了"在一些句子中的性质与功能,这是因为这些句式中的"了",学界对其性质与功能的判断颇有争议。

3.2.2 例如其中一个问题:"如何理解'别吃了'中的'了'?"我们解答如下:

"别吃了"在不同的语境中可以有两种分析:第一种是"别/吃了",即阻止别人不要把某个东西吃了。第二种是"别吃/了",即要求别人不要再做出"吃"这个动作行为。

第一种情况下,其中的"了"当属词尾"了",句子可以变换成"别吃掉"或者"别吃完"。与此类似的如:

①别忘了!

②别让敌人跑了!

当其中的动词后添加宾语时,"了"只能位于动词词尾,而不能位于句末。例如:

③别吃了这个苹果。

④别忘了这件事。

第二种情况下,其中的"了"当属句末"了",句子无法变换成"别吃掉"或者"别吃完",但是可以理解成"到了这个时间,你就别吃了""目前这种情况下,你就别吃了"等,主要还是向听者申明一种新情况。与此类似的如:

⑤你歇歇吧,别跑了。

⑥人家都休息了,你就别跳了!

当其中的动词后添加宾语时,"了"只能位于句末,而不能位于动词词尾。例如:

⑦别吃这个苹果了。

⑧你歇歇吧,别跑那么多圈了。

⑨人家都休息了,你就别跳那么劲爆的舞了!

245

3.3 联系与区别

3.3.1 第19—40个问题属于"联系与区别"部分。主要涉及"了"与"过"、"了"与"着"、"了"与"的"、"了"与"啦"的联系与区别，词尾"了"与句末"了"的联系与区别，词尾"了"和句末"了"共现与其中一项缺省在语义和语用上的区别，连动式中"了"处于不同位置的区别，"不VP了"与"没VP"的区别，等等。

3.3.2 例如其中一个问题："'我家院子里种了一棵葡萄树'和'我家院子里种着一棵葡萄树'有什么区别？"我们解答如下：

这两个例子都是由处所词语"我家院子里"做主语，均表示某处存在某物，属于存现句，基本语义一致。

相比较而言，"我家院子里种了一棵葡萄树"强调某种状态成为一个事实，即重在描述已经存在着的事实，而"我家院子里种着一棵葡萄树"则强调了某种状态的呈现并持续。类似的情况如：

⑩ a.门口站了一个人。

b.门口站着一个人。

⑪ a.池子里养了许多鱼。

b.池子里养着许多鱼。

此外，刘勋宁（1988）列举了"红了脸说""低了头走"等例子，说明其中的"了"和"着"的可替换性；赵淑华（1990）也认为，在连动句中，当"V_1+O"表示方式，出现在V_1后的"了"相当于"着"，如"曹操只得带了他们从华容道逃跑"。

可见，"了"和"着"二者的互替是有条件的，除了主要发生在存现句式中之外，有时还发生在连动式中的前项，多表示动作行为的方式。

3.4 连用与共现

3.4.1 第41—54个问题属于"连用与共现"部分。主要涉及句末"了"与其他语气词的连用,句末"了"与语气副词、时间副词、重复副词、否定副词的共现,词尾"了"与时间副词的共现,词尾"了"与句尾"了"的共现,"了"与数量短语的共现,"了"与"经历体""将行体""进行体"等标记构成的复合态。

3.4.2 例如其中一个问题:"为什么'他去过美国了'中'过'可以和句末'了'共现?"我们解答如下:

语言事实表明,汉语态制的表达形式尽管以简单态为主,但也存在大量由这些简单态组合而成的复合态。例如:

⑫ 他曾经上了三年小学。

⑬ 我已经研究过这个问题了。

构成复合态的简单态之间有一定的层级关系,其中最外层的体标记决定了整个句子的"态"。如例⑫"曾经<上了三年小学>"是"经历体"包含了"实现体",即"经历<实现>";例⑬"已经<研究过这个问题>了"是"实现体"包含了"经历体",即"实现<经历>"。

同样,"他去过美国了"中"过"和"了"二者可以共现,表达的是"他去过美国"是一个事实,同时强调发生过的事件对现在的影响(即言者认为听者可能不知道,向听者传递了这么一种新情况、新信息)。

但是"了"和"过"二者共现时,只能是"V过(NP)了"(他去过美国了),即"实现<经历>",而不能相反,没有"V了(NP)过"(*他去了美国过)。如果要表达"经历<实现>",使用"曾经"而不能使用"过",如例⑫。又如:

⑭ 他曾经在美国待了三年。

247

3.5 偏误与原因

3.5.1 第55—80个问题属于"偏误与原因"部分。主要涉及汉语二语学习者在学习"了"的过程中所出现的各类典型的偏误问题,这些问题都是我们在长期从事一线教学过程中发现并加以收集的。

3.5.2 例如其中一个问题:"为什么不能说'我在这里住了不到五年了'?"我们解答如下:

句末"了"兼有"申明"语气,表明言者认为,对听者来说,这是一个新信息、新情况。言者对事实加以肯定的同时,包含有"达到或超出心理预期"的意思,因而凡与此相冲突的表达都不能在句内共现。例如:

⑮ *我在这里住了不到五年了。

⑯ 我在这里住了不到五年。

⑰ 我在这里住了差不多五年了。

例⑮"不到五年"是以"五年"作为基准,未及"五年"意味着尚未实现(达到)心理预期,因而此句"不到五年"与句末"了"在语用上是互相冲突的。例⑯没有句末"了"句子就合格了。例⑰"差不多五年",则没有尚未实现的意思,与"了"的使用不冲突,句子也是合格的。

也许有人会认为例⑮不合格是因为"了"的使用跟否定词"不"相冲突。其实不然,"了"可以跟"不"共现。例如:

⑱ 我们这套房子的租约不到一个月了。

例⑱的"不到一个月"不是表达未及,而是表达超出,因为租约是越来越短的,而例⑮的居住时长是越来越长的。因此,例⑱的"不到一个月"与句末"了"在语用上并不相互冲突,句子是合格的。

3.6 教学与实践

3.6.1 第81—85个问题属于"教学与实践"部分,主要涉及词尾"了"和句末"了"教学的排序,如何选择范式语料讲解句末"了"和词尾"了"的功能,如何结合典型的偏误语料以预防"了"的使用偏误。因为"教无定法",所以"教学与实践"部分所占篇幅相对会小一些。

3.6.2 例如其中一个问题:"如何选择范式语料讲解词尾'了'的功能?"我们解答如下:

词尾"了"作为"实现体"标记,表示动作行为或性状的实现(成为事实),存在以下几种情况:

第一,动作行为的结束,即整个动作行为过程的实现。例如:

⑲ 我已经询问了营业员。

⑳ 我刚看了场电影。

例⑲、例⑳中"询问""看"等动作行为实现后,这些动作行为本身也结束了。

第二,动作行为或性状的起始,即动作行为过程或性状从无到有的实现。例如:

㉑ 会场上响起了热烈的掌声。(未响→响)

㉒ 马走着走着就跑了起来。(未跑→跑)

例㉑、例㉒中"响""跑"均是动作行为过程或性状从无到有的实现,绝非动作行为性状的终结。

第三,动作行为或性状的持续,即动作行为过程阶段性的实现或处于某种性状中。例如:

㉓ 他已经睡了两个钟头还在睡。

㉔ 这活儿我干了半天还没干完。

㉕ 他知道了很多事情。

㉖ 池子里养了许多鱼。

例㉓、例㉔是动作行为的持续,例㉕、例㉖是性状的持续。

选择范式语料讲解词尾"了"的功能时,就得把上述的三种情况都要考虑进来,利用这些范式语料,让学生理解"了"的"实现体"标记功能。如果像一些教材那样只选取第一种语料,那么学生很容易把词尾"了"的语法意义仅仅理解成表示动作行为的完成。事实上,"了"所表示的"实现"与"完成"所指范围是交叉的。"实现"是就动作行为是否成为事实而言的,"完成"是就动作行为的过程是否结束而言的。过程的结束可以是一件事实,但是,是事实的却不一定是过程的结束。当"了"所标记的动作行为正好处于完成状态时,二者重合,只要超出了这个范围,二者就大相径庭了。当然,即便二者重合,"实现"和"完成"所标记的"体"意义还是不同的,前者重于动作行为全程是否成为事实,后者重于动作行为过程是否结束。

第十六讲 《宾语》的选题缘起与编写原则

一 《宾语》的选题缘起

1.1 宾语在二语语法教学中占有重要地位

1.1.1 选择宾语来进行研究，是由宾语在对外汉语语法教学中的特殊性决定的。不管是现代汉语语法教学还是对外汉语语法教学中，宾语都占有重要地位。而且，宾语涉及的相关知识点非常多，与宾语相关的汉语习得方面出现的偏误问题也非常普遍。因此，我们有必要把关注点投射到宾语，以期能对宾语的对外汉语教学起到一定的指导作用。

1.1.2 "宾语"这个语法项目一直是二语学习者的习得重点。宾语并非汉语所特有的句法成分，其他语言中也存在宾语，但是由于语言类型的差异，学习者母语和汉语的宾语并不完全相同，这一因素会影响汉语二语的习得。例如英语和汉语类型上的差异，会造成母语为英语的学习者习得常用动词带受事、处所、对象及同源宾语的正确率比较高，因为这些多为英语中常见的宾语类型；而常用动词带工具宾语的正确率低，其次是方式、原因等其他宾语，因为这些宾语类型在英语中没有或很少出现，学生不太熟悉这些表达方式，在语义理解和判断上就容易造成失误。

1.1.3 选择"宾语"这个语法项目作为书名，还有以下的原因。一是与宾语相关的本体研究成果虽然很多，但是无法直接用于对外汉语教学；二是现有的对外汉语教学研究的成果也相对薄弱，无法给目前的对外汉语宾语教学实践提供令人满意的答案。《宾语》一书不求解决关于宾语对外汉语教学的所有问题，但是会在普及性、实用型、散点式原则的指导下，搭建关于宾语的基本知识框架，以期在理论知识、宾语习得和宾语教学方面提供一些具体可行的教学参考与帮助。

1.2 宾语的重要性

对于一般人来说，提到句法成分，大家脱口而出的一句话就是"主谓宾"。从句法地位来说，宾语并不跟主语、谓语处于同一层面，而是谓语部分的连带成分。也即只有当谓语中心是动词时，后面才有可能出现动语的配对成分——宾语。虽然句法地位并不处于最高层级，但是宾语在各种句法成分中却显得格外突出。

1.2.1 首先，宾语的重要性体现在其在句法分析中的地位上。不管是传统语法，还是结构主义语法，都很重视宾语的句法地位，虽然宾语和主语不是一个层面上的：主语是相对于谓语而言的，而宾语是相对于动词而言的，但是，宾语常常和地位处于最高层级的主语放在一起讨论，"似乎不妨说，主语只是动词的几个宾语之中提出来放在主题位置上的一个。好比一个委员会里几个委员各有职务，开会的时候可以轮流当主席，不过当主席的次数有人多有人少，有人老轮不上罢了"（吕叔湘，1984）。由此看来，宾语的重要性并不低于主语，甚至可以说，有些情况下，有些词语是先有了宾语身份，再进而通过移位获得其主语身份的，比如"吃面包→面包吃了""写文章→文章写了。"来了一位老师→那位老师来了"，看上去宾语"一位老师"移位变成主语"那位老师"后，形式上有所变化，这是因为宾语常常要求是无定成分，而主语一般要求是有定成分。

另外，虽然汉语属于孤立语，语序相对固定，但现代汉语中依然存在一些主语和宾语可以自由换位而并不改变其逻辑真值义的可逆句式，例如"A.一锅饭吃三个人←→B.三个人吃一锅饭""A.大地覆盖着白雪←→B.白雪覆盖着大地""A.酒喝醉了老王←→B.老王喝醉了酒""A.校门对着车站←→B.车站对着校门"等。因此,宾语的句法地位不容小觑。

1.2.2 其次,从语义角度来看,宾语和主语一样,可以由多种语义成分来充当。虽然受事充当宾语是汉语中最常见的语义句法搭配关系,但是宾语也可以是动作的施事如"站着一个人""飞走一只鸟儿",结果如"熬小米粥""写文章",材料如"刷油漆""擦鞋油",工具如"吃大碗""写毛笔",原因如"避乱""抓痒痒",目的如"跑资金""考研究生",处所如"去北京""回山东",方式如"存活期""写楷书",等等。如此纷繁复杂的语义成分都可以充当宾语,因此宾语也是语义分析的重要对象。

1.2.3 再次,从语用角度来看,很多学者认为汉语属于话题性语言,句子的主语有时并非句子的话题;但是,与主语话题地位的不确定相比,宾语由于常常位于句末,因此常常是句子的自然焦点。也就是说,宾语往往是一个句子表达的最重要的新信息部分。因此,作为信息传递的关键部分,宾语也是语用分析的重中之重。

1.3 宾语相关问题的繁杂性

宾语是相对于动词而言的,说到宾语,就会涉及动词,动宾短语的情况相当复杂,这种复杂性表现在以下几个方面。

1.3.1 从宾语的角度考察,大致有以下一些情况。

(1)从充当宾语的成分看,不但名词性词语可以经常充当宾语,如"吃西瓜""学口语""唱流行歌曲"等,很多谓词性词语也可以放在宾语位置上,如"进行研究""看到他欺负人""主张明天去北京"等。

(2)从充当宾语的数量看,一般动词只能带一个宾语,而有的动词则可以带双宾语,如"给他一本书""问她一个问题""拿他一个桃子"等;有的动词后面正常出现宾语,如上述所举各例,而有的动词后面则出现了空宾语现象，如"吃饭了吗？——吃（饭）了。"等。

（3）从宾语在句子中的位置看，特别是当宾语和补语同时出现在动词后面时，有的宾语放在补语之前，如"看他两次"；有的宾语放在补语之后，如"看清一个人"；有的宾语则要求放在两个补语之间，如"跑回家去"等。

（4）从宾语承担的语义角色看，大多数语法教材里分为三类：受事宾语，如"看电影""织毛衣""拉小提琴"等；施事宾语，如"（前面）来了一个人""（院子里）蹲着一位大爷"等；中性宾语，如"（教室里）有三五个同学""（她）成为一名歌手"等。但事实上，充当受事宾语的语义角色是非常复杂的，如"编词典"是表示结果的，"跳绳"是表示工具的，"考大学"是表示目的的，等等。

1.3.2 从可以带宾语的词语角度考察，大致有以下一些情况。

（1）除了我们公认的及物动词可以带宾语外，不及物动词有时也可以带施事宾语，如"死了一口猪""过来一个战士"；兼属动词的名词、形容词也可以带宾语，如"编辑一份文件""导演一部电影"和"方便大家的生活""活跃现场气氛"等；离合词介于词和短语之间，部分也能带宾语，如"操心他的婚事""缺席了这次会议"等；介词都是由动词虚化而来，其所介引的成分也可以称为宾语，如"关于妇女解放问题""对他的一份心意"等。

（2）就带宾语的及物动词而言，每个动词各有各的语义特点，对其所带的宾语要求也各不相同：有的要求只能带名词性宾语，如"修理（机器）""砍（柴）"等；有的要求只能带谓词性宾语，如"准备（上课）""开始（讨论）"等；有的则既可以带名词性宾语，也可以带谓词性宾语，如"看见（一个人/他回了家）""担心（孩子/做不完作业）"等。除此之外，很多动词为多义动词，特别是越常用的动词,其义项越多,而这些动词在不同义项上所带的宾语也各不相同,如"打""搞""吃"等。

1.3.3 从宾语的使用情况看,还会遇到下面的问题。

(1)就主语和宾语的关系而言,大多数句子的主语和宾语不能自由换位,同一个词语,放在主语位置上和放在宾语位置上,其语义上也会存在一定的差别,如"客人来了/来客人了"。而汉语中却存在少数句子,主语和宾语可以自由换位,句子的逻辑真值义却保持不变。如"行人走人行道/人行道走行人""你淋着雨没有/雨淋着你没有"等。此外,宾语也可能是主语的类别、复指主语的代词、主语的数量等,如"他是我的老师""以前的恩怨不要提它了吧""西红柿我买了三斤"等。

(2)从句中宾语是否出现的角度看,有宾语和无宾语的句子,其语义有时基本一致,如"中国队打赢了日本队/中国队打赢了";有时则正好相反,如"中国队打败了日本队/中国队打败了""孩子丢了一只鞋/孩子丢了"。从宾语出现的句式而言,不同句式如"把"字句、"被"字句等中,宾语的表现也不尽相同。

(3)受事宾语中表示不同语义关系的组合在汉语中出现的频率并不一样,总的来说,"动词—承受者"(如"审稿子""看电影"等)的组合关系最常见,可类推性最强;其次是"动作—结果"(如"包饺子""写文章"等),再次是"动作—处所"(如"留学中国""住宾馆"等)。像"吃大碗""吃食堂"这样的组合很受限制,带有较强的固定语性质,不能随便类推,如"勺子"也是吃饭的工具,但不能说"吃勺子";"餐厅"也是吃饭的处所,但不能说"吃餐厅"。

1.3.4 以上我们只是对与宾语相关的问题作了例举说明,其所涵盖内容的繁杂性已经可见一斑。如此繁杂的内容,很多第一语言是汉语的中国人都不一定说得明白,更不要说把汉语作为第二语言进行习得的外国人了。因此，跟宾语相关的汉语偏误问题也就特别多，如我们最常举的例子"我见面他""我结婚她"就属于汉语离合词带宾语的偏误问题。

以上就是《宾语》的选题缘起。

二　宾语的研究现状

2.1　宾语的本体研究

2.1.1　20世纪50年代，汉语语法学界有三次大的讨论，主宾语问题的讨论就是三次大讨论中的一个。主要是针对当时语法学界对划分主宾语的标准进行的讨论。当时有各种看法，最主要的几家观点是（表16-1）：

表16-1　主宾语问题讨论的主要观点

作者	书名	这样的事情谁肯干	学生们功课做完了	钱花完了
黎锦熙	新著国语文法	宾—主—动	主—宾—动	主—动（反宾为主）
王　力	中国语法纲要	宾—主—动	主—宾—动	宾—动
吕叔湘	语法学习	宾—主—动	主—宾—动	主—动
丁声树等	现代汉语语法讲话	主—主—动	主—主—动	主—动
张志公	汉语语法常识	主—主—动（变式）	主—主—动	主—动

主宾语问题当时并未讨论出什么结果来。除了上述几位，还有很多学者如徐仲华、吕冀平等人都发表了文章。随着结构主义语法的传入和接受，特别是暂拟语法系统在中学语法教学中的贯彻执行，到20世纪80年代，已经没有人再坚持从意义出发划分主宾语了。

2.1.2 基于宾语在句法结构中的重要性，从而奠定了宾语的地位。汉语语法学界对于宾语的研究由来已久，取得的成果也非常丰富。20世纪60年代后，一些语法大家在他们的著述中都论述过汉语的宾语问题。

（1）丁声树等（1961）的《现代汉语语法讲话》中，把宾语和主语放在一起进行讨论，分析了宾语的不同语义类型、宾语和主语的关系、准宾语等。其中提到的施事宾语的不确定性、主语和宾语的可换位性等，都对后来的宾语研究影响很大，可以说建立了宾语本体知识框架的基本格局。

（2）吕叔湘（1979）的《汉语语法分析问题》重点讨论了主语和宾语的纠纷问题，简单说即受事成分居于句首到底是受事主语还是宾语前置的问题，帮助我们厘清了主语和宾语的概念，并指出了主语和宾语之间并非对立的密切关系。

（3）朱德熙（1982）的《语法讲义》按照句法成分的对应关系，把述语和宾语放在一起讨论，讨论了宾语的各种语义类型，宾语和主语的关系，粘合式述宾结构和组合式述宾结构，时间宾语、处所宾语和存现宾语，双宾语和准宾语，以及虚指宾语、程度宾语和谓词性宾语等。内容丰富而全面，其中涉及的很多问题都是我们熟视无睹的语言现象，让我们眼前一亮，耳目一新，使得宾语研究更深一层。

应该说，上述三本著作奠定了现代汉语宾语研究的基础，一直到今天，这三本著作中涉及的关于宾语的相关问题，都是我们宾语研究的主要方向。

2.1.3 在此基础上，宾语的相关研究也取得了丰硕的成果。李泉（1994）、王启龙（1995）考察了形容词带宾语的情况；任鹰（2000）、王占华（2000）、张云秋（2005）、胡勇（2016）等考察了非受事成分带宾语的理据；范开泰（1985）、方经民（1994）、方梅（1995）、刘丹青（2008）等分析了句子焦点与宾语的关系问题；朱德熙（1979）、马庆株（1983）等讨论了双宾语问题；尹世超（1991）、杨锡彭（1992）、吴锡根（1994）、毛颖（2010）等考察了必须带宾语的动词的情况；龚千炎（1997）、陈昌来（2002）等梳理了现代汉语中取消宾语前置的过程及原因；张伯江（1991a、1991b）、陆俭明（2002）、杨德峰（2005）、李劲荣（2017）等讨论了宾语和补语的排序问题等。总之，语法学界对宾语从不同角度、运用不同的理论展开了不断深入的分析与探讨。

2.1.4 宾语的研究涉及面很多，在某一个方面的研究往往呈现深入细致的特点。例如关于宾语与补语在句子中位置先后的讨论，论文就有几十篇。其中，有从总体上讨论补语与宾语的排序问题的，如董秀芳（1998）、孙淑娟（2012）、李劲荣（2017）等；有讨论趋向补语与宾语的排序问题的，如张伯江（1991a、1991b）、陆俭明（2002）、叶南（2005）、杨凯荣（2006）等；有专门讨论复合趋向补语与宾语的排序的，如杨德峰（2005）、张金圈（2010）；更有细化到讨论"来、去"或者单独一个"来"与宾语的排序的，如贾钰（1998）、王丽彩（2005）、高艳（2007）、陈忠（2007）、刘慧（2011）、盛楚云（2018）、吴玉珍和陈兆雯（2018）；还有专门讨论趋向补语与宾语中特定类型的排序的，如郭春贵（2003）、蔡瑱（2006）等。从讨论的角度来看，有从传统语法角度入手的，有从认知角度入手的，有从语用角度入手的，有从历时角度入手的，等等。

2.2 宾语的对外汉语教学研究

2.2.1 动词带单宾结构的教学习得研究，有如下较为突出的成果。

肖贤彬、陈梅双（2008）就留学生汉语动宾搭配能力的习得问题进行了考察。作者认为仅就词汇习得而言，留学生真实的汉语水平不只是掌握词汇数量的多少，更在于对那些所谓"已经学会"的词汇的习得深度。像汉语动词这样的情况，其习得深度不仅表现为对动词可否带对象宾语的掌握，更表现为对动词带各种复杂宾语的掌握。而实际上，对外汉语教材的编写、教师的课堂教学也往往忽略这一点，以致留学生在动词学习方面产生误解，以为掌握了对象宾语，听说读就会了；或者仅仅以词汇数量来衡量自己的学习水平，最终限制了汉语水平的提高。

魏红（2009）认为汉语的宾语语义类型、宾语结构形式、动词的义项以及留学生的汉语水平及其母语背景不同，会导致他们习得汉语常用动词带宾语表现出不同的特点。作者提出三点对外汉语中动宾结构的教学策略：针对汉语动词带宾语的特点和规律来实施教学，认为动词的教学要结合宾语讲解；针对学习者的汉语水平来确定教学的内容，对初级水平的学生，只讲授动词常用义项带最常用宾语类型的用例；针对学习者母语、中介语汉语之间的动宾结构的异同来设计教学策略，初级水平学生要注重与母语的比较，找到学习的重点和难点。

就特定类型宾语的对外汉语教学而言，王静（2009）从自然语料和问卷调查两方面研究了名动词宾语的习得情况，并据此提出了名动词宾语应放在中级阶段来教等相应的教学建议。

2.2.2　动词带双宾结构的教学习得研究，以下论文值得关注。

肖奚强等（2009）认为述语动词后带的是两个没有句法结构关系的宾语，语义上将双宾语句分为"给予""获取""述说"三类。通过对语料库中双宾语句的正确用例、偏误用例和使用频率及正确使用相对频率法的考察，作者认为在本族语者对主要双宾动词的使用顺序为：给—问—告诉—送—教—叫。外国学生习得双宾语主要动词的顺序为：给—教—告诉—送—问—叫，顺序基本一致。三类句式中给予类句式更容易习得，这个句式内部应先教"给"再教"送"。在述说类句式内部，应先教"告诉"等双宾动词，再教"问""叫"等双宾动词。

王静（2013）还分析了留学生中介语语料库中收集到的双宾语偏误，发现从偏误类型来说，遗漏、误加和误用比较多，错序和搭配不当较少。从双宾语类别来说，体词性双宾语偏误较多，小句双宾语其次，谓词性双宾语最少。

李昱（2014、2015）讨论了汉语双宾语结构的二语习得问题，主要研究了汉语双及物构式在二语习得中的语言变异现象。文章通过针对不同母语类型被试进行的专题测试，发现母语和目的语的语言类型对变异形式有很大影响。在汉语双及物构式的变异形式中，有部分变异形式具有跨语言或者跨类型的共性（汉语双宾语VRT构式），有部分变异形式则受到学习者母语语言类型的影响（介词结构）。但是，由于受到语言形式手段的局限和不同形式间显赫程度的差异，中介语中的变异形式有其特定的变异空间，受到变异机制的调节。

2.3 本体研究和对外汉语教学研究之间存在脱节现象

就宾语而言，尽管在本体研究上和对外汉语教学研究上，都有较多的成果，但二者间的脱节现象还是存在的。

2.3.1 未能体现母语教学和二语教学的差异性。汉语作为母语教学和汉语作为第二语言教学是有差异的，有些问题可能在母语教学中不是难点，但在二语教学时往往是学生的偏误集中点所在。例如"动+宾"离合词对于母语者不是习得难点，但对于二语者确实是普遍感觉困难的问题。如何将母语教学和二语教学区分开来，是使研究走向深入首先要考虑的问题。

2.3.2 有很多研究二语教学和习得的学者,对汉语基本知识、学生习得情况缺乏深刻的了解。汉语二语习得研究要建立在对真正体现汉语特点的语法属性有所了解的基础上,需要汉语语言学本体理论的支撑,需要对汉语学习者的习得情况的熟悉和掌握。例如在研究动宾短语时,将"吃苹果""喝啤酒"这类常规组合与"吃父母""打圆场"这类非常规动宾搭配作为同一层面的测试材料,进行无区别化测试。这种测试形式显然会影响调查结果的客观性,导致缺乏对习得情况的正确观察和判断。

三 《宾语》的编写原则和基本知识框架

3.1 基本遵循的编写原则

在编写过程中基本遵循的编写原则概括起来就是以下三点:普及性、实用型、散点式。

3.1.1 普及性。普及性原则的贯彻体现在两个方面。

(1)在编写过程中,不追求理论的创新性和高端性,而是力求简化概念,向下辐射,使相关知识尽可能照顾到大多数一线教学的教师。这样,我们在理论知识部分,首先从"什么是宾语"谈起,介绍了能够带宾语的词语、宾语的构成材料、宾语的语义类型、宾语的语用地位等与宾语相关的基础知识,以使非语言学专业出身的汉语教师,能够对宾语建立起相关的基本概念体系。

(2)设置教学实践的情境,基础性知识、概括性知识往往用浅显的例句加以说明,以使"宾语"这样的抽象概念能够普及到一般的读者层面,也可以让非专业出身的汉语教师能够获得对"宾语"的全面认识。例如主语和宾语可以自由换位的句子在学术界称之为"可逆式",为了读者了解"可逆式"的情况,设计了"宾语和主语可以互换位置吗?""什么情况下主语和宾语可以自由换位?""主宾可换位的可逆句有否定形式吗？"三个问题，通过多达45组例句的讲解，一般读者都会对"可逆式"有所了解。

3.1.2 实用型。编写成实用型的教学用书，是编写过程中始终需要考虑的一个重要方面，主要有以下几点做法。

（1）理论上不拘泥于某一种语法理论，结构主义语法也好，转换生成语法也好，认知语法也好，没有哪一种语法理论贯穿始终，而是实用当先，对于某一个问题的阐释，哪种理论更简洁、更有说服力，我们就选择哪种理论。

（2）在内容编排上，我们也是兼收并蓄，采各家之长，不追求使用理论的前沿性和自己观点的创新性，而是综合研究者们对于某一相关问题的认识，各取其长，从而形成对某一问题更为科学、也更便于教学的观点。我们所选取的也常常不是学界的最新研究成果，而是那些已经出现一段时间、在学界影响较大、接受认可度较高的观点。

（3）在描写与解释的关系上，从教学出发，我们以描写分析和说明为主，解释为辅。我们把编写重点放在对相关语言事实的描写分析和相关语言规则的说明上，而对于为什么有如此规则的解释，则不是我们的论述重点。这是因为一方面对于某一问题，语法研究者站在不同角度运用不同理论的解释各不相同；另一方面，从语法教学角度考虑，说明规则可能比说明原因更重要。

（4）为了方便教学，我们力避长篇大论，追求论述的简洁性，每一个问题的字数尽量控制在2,000到3,000字，把围绕这一问题的主要观点讲清楚即可，而不追求面面俱到，与之相关的特例情况不是我们讨论的重点。语言表述上，我们也避免使用过于专业的术语和概念，而是以尽可能浅显的表达方式，争取把问题讲得深入浅出。

3.1.3 散点式。《宾语》是一本教学语法参考用书,在编写过程中,散点式的编写原则体现为以下两点。

(1)不追求内容体系的完整性,不追求面面俱到,教学中的重点问题和难点问题,特别是学生在汉语习得中不容易搞清楚的问题,容易出现偏误的问题,是我们讨论的重点;而那些不影响学生汉语表达、偏误出现率较低的知识点,我们则一笔带过或者忽略不计。因此,整本书的各个知识点,呈现出来的不是一个严整的系统,而是围绕宾语这个主题而又各自相对独立的散点图。

(2)从选出的问题来说,全书62个问题,每一问题都是我们根据已有研究以及自身学习和教学的实践总结出来的。这些问题具有普遍性和典型性的特点,相信大多数读者也在各自的学习和教学过程中遇到过。62个问题的排列不一定有严格的顺序,散点式的目录编排,事实上提供了一份"宾语"的问题清单,我们希望教师学生在宾语的教学、学习过程中如果出现问题,翻开本书就可以找到答案。

3.2 基本知识框架

3.2.1 《宾语》一书是教学语法书系(多卷本)中的一本,在编写体例上,和书系其他著作一致,采用问答式展开论述,每节都围绕一个问题作答。

本书共设计了62个问题,分为理论篇、习得篇和教学篇三个部分。

3.2.2 搞清楚本体相关理论问题,是能够有效进行对外汉语教学的基础和关键。这部分一共设计了40个问题,主要是介绍与宾语相关的基本概念、基本构成、基本分类、基本特点等,相关问题例如"什么是宾语?""哪些谓词性词语可以带宾语?""哪些词语可以充当宾语?""宾语是不是都是动作的对象?""宾语是不是句子的表达焦点？"等等，以期使读者能对宾语有一个较为清晰的认识。

3.2.3 习得篇共设计了17个问题，主要讨论与宾语相关的几种具体表达方式的细微差别。这可能是一线教师在教学实践中可以直接参考或获取的知识信息。这部分内容以问差异的形式呈现，重点说明两种表达格式在句法、语义或语用方面的具体差异，基本格式为"A与B有何不同"，例如"'来客人了'与'客人来了'有何不同？""'中国队打败了'与'中国队打败了韩国队'有何不同？""'我恨死她了'与'她恨死我了'有何不同？"等。

3.2.4 教学篇共设计了5个问题，比重较小。是因为"教无定法"，每位教师都会总结摸索出自己行之有效的教学方法。书中介绍最基本最常用的教学方法，实践中还需要教师们因材、因地、因时施教。教学篇我们以"如何进行x的教学"等基本方式呈现，如"如何进行双宾语的教学？""如何进行不同语义类型宾语的教学？"等。

3.3 《宾语》书中的一个实例

问题："来客人了"与"客人来了"有何不同？

吕叔湘（1989）提到了三组很有汉语特色的句子，其中就包括"来客人了"与"客人来了"这组句子在内。"来客人了"与"客人来了"这组句子的差别，如果从深层次分析可能较多，也较为复杂。我们这里只是从句法、语义和语用三个角度来简单讨论一下它们的差别。

3.3.1 句法上的差别。从句法角度来看，这两个句子存在着非主谓句与主谓句的差别。"来客人了"是一个动词性的非主谓句，整个句子由一个动宾结构构成，"来"是动语，"客人"是宾语。而

"客人来了"是一个主谓句,是一个动词性谓语句。其中,"客人"是句子的主语,而"来"则是句子的谓语中心。

3.3.2 语义上的差别。虽然两个句子属于不同类型的句法结构,但是它们所体现出来的语义关系是一致的。也即不管"客人"是放在"来"前面充当主语,还是放在"来"后面充当宾语,"客人"都是动作"来"的施事,"来"和"客人"之间动作和施事的语义关系并未因为句型的变化而发生改变。

但是这两个句子在语义上也存在一定的差别,其差别主要体现在"客人"是否有定上。我们前面讲过,"汉语有一种很强的倾向,即让主语表示已知的确定的事物,而让宾语去表示不确定的事物"(朱德熙,1982)。"客人"是一个光杆普通名词,按照陈平(1987)的观点,光杆普通名词既可以是有定的,也可以是无定的。这样,"客人"的有定与否,就跟它所处的句法位置存在较为密切的关系。我们认为,"来客人了"中的"客人"处在宾语位置上,可以是无定的,也即听话人并不清楚地知道这个"客人"是谁,属于"不速之客";而"客人来了"中的"客人"处在主语位置上,是有定的,是听话人确切知道其所指的"如期而至"的客人。

3.3.3 语用上的差别。两种表达在语用上的差别跟它们在语义上的差别密切相关。"来客人了"中的"客人"在宾语位置上,是无定的、听话人不知道的"客人",从语用角度来看,也是句子所要着重传递的新信息,甚至是句子的焦点信息。而"客人来了"中的"客人"在主语位置上,是有定的听话人确知其身份的"客人",也是句子的话题,传递的是旧信息,而整个句子的所要传递的新信息则是"来了"这个事件的发生。

两个句子的使用语境也各不相同。举例来说,如果男朋友和女孩之间并没有事先的约定,男孩在女孩毫不知情的情况下突然上门造访，女孩开门看到男孩，不管是惊喜还是惊吓，她大概率对屋内的父母说的应该是"爸妈，来客人了"而不是"爸妈，客人来了"。而如果是男朋友到女孩家上门提亲，一定会事先约好时间，当约定时间到了的时候，女孩的家人应该会在家等候男孩的拜访。当门外有人敲门，女孩开门看到男孩的时候，她大概率对屋内的父母说的应该是"爸妈，客人来了"而不是"爸妈，来客人了"。

总之，"来客人了"和"客人来了"在句法上存在主谓句和非主谓句的差别，在语义上存在着"客人"是无定和有定的差别，在语用上则存在着"客人"是未知的新信息和已知的旧信息的差别。

第五辑
语法习得和语法教学

导　读

　　语法教学要以符合学习者的学习需求为导向，也就是说教师的语法教学要和学习者的语法习得紧密结合，要强调语法教学适时性、适度性、适合性的结合："适时性"是指与语法教学的阶段性相适应，不仅大纲、教学参考书的整体设计上要注意阶段性的问题，在具体问题的教学上也不能忽视阶段性的作用。"适度性"是指要与学习者的理解和接受能力合拍，在问题选择方面，不追求理论的深度和广度，但求入选的问题能契合学习者的需要；在问题解答方面，不使用过于专业的术语和概念，而用适度的浅显表述和直观的例句来进行分析和说明。"适合性"是指与学习者的真正需要相适应，对问题的解答做到简明扼要，尽量使读者一读便懂。对目标人群的深刻理解，在发现问题、解决问题上就能做到有的放矢。

　　一个语法项目，事实上可以看作"教什么""怎么教"和"怎么学"的结合体。以往研究最为人诟病的，就是大纲表现出的仅仅是一个孤零零的条目，缺乏解释，缺乏使用的条件和语境，丧失了实际的教学指导作用和学习参考作用。国家社科基金重大项目的研究，在一定程度上弥补了以往的缺陷：大纲从语义、形式、使用条件和例句诸方面体现了语法项目"教什么"的内容；教学参考书围绕一个语法项目在教学中可能出现的问题进行解答,也多少解决了对外汉语教师"怎么教"的种种困惑;而"语法教学研究""二语语法习得研究"两本综述汇编的编撰,则在"怎么教"和"怎么学"上为使用这些书的读者提供了可以广泛阅读、能够得到提高的众多资料。

本辑四讲主要展现的是具体语法项目的教学问题。所有四讲都着重于这些语法点的背景、问题、解答以及具体教学方式的展现和讲解上,在词类教学、句式教学、语篇教学和语气词教学上各选取一个或几个范例。但讲解的方式各有侧重,以满足读者的"按需索取"。

第十七讲是"汉语词类习得问题思考和教学实例举隅"。前面两节是宏观上的讨论,列举汉语词类习得问题已取得的成果和存在的不足;后两节是具体教学问题的展示,以二语教学中的难点"名+量"搭配为切入点,分别从量词和名词的角度考量,讨论教学对策、教学顺序等问题。

第十八讲是"'把'字句的习得问题和教学建议"。"把"字句的教学效果一直不太理想,可以讨论的问题很多,本讲就几个大的问题作出了回答,四节的标题是:"把"字句习得的主要成果和研究不足;留学生回避使用"把"字句的原因;"把"字句教学上的四个难点;谈谈"把"字句的教学顺序。

第十九讲是"高级阶段语篇教学的若干问题"。语篇教学不太为教师所熟悉,以往大纲中也不作为语法项目列出。前面三节对语篇教学情况作着重介绍,展示"现状及存在的问题""教学的出发点""教学的主要内容"三个问题,最后一节是就语篇中最主要的"衔接词教学"谈几个注意的问题。

第二十讲是"从标记性理论谈语气词'吗''呢''吧'的习得和教学"。语气词的教学、习得处于边缘化的状态,前面三节分别以标记性理论为背景,探讨三个疑问语气词"吗""呢""吧"习得情况,后面专设一节,探讨以"呢"构成的一些固定结构的教学情况,用以补充回答"呢"习得困难的问题。

第十七讲 汉语词类习得问题思考和教学实例举隅

一 汉语词类习得研究的主要成果

1.1 汉语词类的习得是语法习得的重要内容

1.1.1 汉语作为二语习得的过程中,语法的习得一直是学界关注的热点问题。语法是语言的结构规律,即词、短语、句子等语言单位的结构规律,其中词又是短语和句子的重要组成单位,因而词类的习得是语法习得中一个重要的方面,也是学者们长期关注的问题之一。

1.1.2 汉语词类的习得是语法习得的重要内容。近20年来,学界对名词、动词、形容词、代词、副词、介词、助词、量词、数词、连词、关联词、语气词、叹词等各大词类的习得情况进行了全面的考察,其中动词习得、副词习得和介词习得的研究较为充分,且有相关专著专书讨论。并且,随着第二语言习得理论的深化以及本体研究的推进,近20年来词类习得研究在研究对象的细化、研究方法的改进、研究范式的优化等方面都有了进一步的提升,取得了丰硕的研究成果。总体而言,有以下四个方面的表现。

1.2 研究内容更趋全面

近20年来,汉语二语词类习得的研究内容渐趋全面,主要体现在两个层面。

1.2.1 各大词类的习得研究覆盖面广。如前所述,近20年的词类习得研究覆盖了名词、动词、形容词、代词、副词、介词、助词、量词、数词、连词、关联词、语气词、叹词等词类的习得情况。

1.2.2 次类词的习得研究也日益丰富。学界对各大词类内部的次类词开展了较为全面的调查与研究，尤其是内部次类比较复杂的几大词类，如动词习得研究涵盖了常用动词、能愿动词、心理动词、路径动词、离合词、及物动词和不及物动词等次类的习得问题；代词习得研究覆盖了疑问代词、指示代词、人称代词等的习得问题；副词习得研究覆盖了程度副词、否定副词、时间副词、范围副词、频率副词、语气副词、关联副词等的习得问题；介词习得研究覆盖了表示时间、表示缘由目的、引介对象等介词的习得问题；助词习得研究覆盖了时体助词、结构助词等的习得问题。

1.3 研究范式更趋立体

与20世纪相比，近20年的汉语二语词类习得研究在研究范式上更趋立体化。20世纪关于词类习得的研究多为传统范式的偏误研究，步骤比较模式化，大多基于一定的语料，归纳偏误类型，分析偏误原因，进而提出教学建议。近20年来词类习得研究在研究范式上有了明显的突破，主要表现为两个层面。

1.3.1 研究范式由20世纪较为流行的偏向单一扁平的偏误分析转为更为立体的多层次研究。除了传统的偏误研究外，更多地关注习得顺序、习得难度以及习得过程的影响因素等问题的探讨。如汉语离合词的扩展形式繁多，用法复杂，学界对离合词的扩展形式进行编码分类，并考察这些扩展形式的使用准确率与习得顺序。（马萍，2008；林才均，2011）此外，学界还对"不""没"（李英，2004、2009；武宏琛、赵杨，2018）、"再""又"（李晓琪，2002；丁崇明，2011）、"还"（高顺全，2011；蒋协众，2013）、否定结构（常辉、郑丽娜，2014）、能愿动词"能""会"（赖鹏，2009）等的习得过程与习得顺序以及任指范畴的习得难度（袁嘉，2011）、关联副词的习得难度（宋扬，2016）、汉语心理动词的中介语表征和加工效率（赵静、王同顺、叶李贝贝，2015）等问题开展了调查。

1.3.2 共时层面的习得研究之外,增加了历时层面的个案追踪研究。如李英、徐霄鹰(2009)以两位母语为英语的留学生为对象展开口语中否定副词"不"和"没"习得的个案追踪调查,调查范围覆盖初一级到中一级的三个阶段,重点围绕口语中"不"和"没"的混用偏误展开个案性研究。此外,能愿动词习得的部分研究也采用了个案追踪的研究模式。如赖鹏(2009)采用了个案追踪的调查方式,对学习者历时三个学期的口头访谈录音语料进行分析,考察二语习得者对汉语情态动词"能""会""可以"选择的历时运作。

学界对词类习得研究开展的多层次的立体研究、共时分析与历时追踪相结合,进一步推动了相关研究向纵深化方向发展,加深了对相关词类习得情况的认识,也使相关研究结论更具说服力。

1.4 研究视角更趋多元

近20年来,汉语二语词类习得的研究者在吸收本体研究成果以及二语习得理论的基础上,对词类习得开展多角度的研究,研究视角更趋多元,具体表现为两个方面。

1.4.1 注重引入本体研究的新视角。

近年来汉语词类本体研究的新视角,加深了对各词类的本质特征的认识。词类习得的相关研究也十分重视与本体研究新成果的结合。有下列论文值得介绍:赖鹏(2009)引入"对应""内置"等认知因素来考察二语习得者对汉语情态动词的选择或者说不同情态动词之间的竞争的历时运作。杨圳、施春宏(2013)从配价角度对留学生习得汉语特殊的准价动词时框式意识的建构及其制约因素进行探讨。程潇晓(2017)基于路径动词的指示成分,探讨二语学习者指示与无指示路径动词、趋近与背离路径动词混用的倾向。赵静、王同顺、叶李贝贝(2015)从句法语义界面的角度对英语母语者汉语心理动词的习得情况进行考察。杨素英(2016)对母语为英语的留学生习得汉语体标记"了"和"着"的情况进行全面考察，结果表明，用来解释"体假设"的普遍原则在汉语中有直接的表现，且与习得者的普遍倾向吻合，有利于汉语体标记的习得。程潇晓（2015）开展尝试结合类型学对韩语、蒙古语、日语、英语和印尼语这五种母语背景汉语学习者习得汉语路径动词的情况展开研究。周文华（2014）和高顺全（2017）都以语序类型学为视角对介词的语序偏误进行了解释。

1.4.2 注重结合二语习得等理论的新成果。如赵杨（2009a）引入语言学习中"超集""子集"的概念，从"超集—子集"的角度探讨英语母语者习得汉语非宾格动词和心理动词的情况。高顺全（2011）根据国外相关理论假设，提出汉语多义副词的语法化顺序和习得顺序在很大程度上是一致的，可以根据语法化顺序预测习得顺序这一观点。通过对多义副词"还"的语义、用法进行分类梳理，构拟其语法化顺序，并据此推测"还"的习得顺序，然后借助语料考察留学生对"还"的习得状况，得到实际习得顺序，并与推测顺序进行对比。齐沪扬、韩天姿、亚鑫（2019）基于生成语法理论与类型学认为标记关系能够预测学习第二语言困难的语言项目的观点，分别对单双音节形容词、有构词标志的形容词的习得进行了考察，结果表明标记程度越低，越容易学，也越早学会；反之，则越难学，越晚掌握。崔希亮（2005）和周刚（2005）都借鉴了认知语言学中的"认知图式"对介词偏误的形成原因进行了解释。

1.5 研究方法更趋科学

词类习得研究在方法上也日趋科学，主要体现在两个层面上。

1.5.1 研究的统计方法日趋科学。统计方法由感性的举例法变为基于语料库的科学统计；研究采用的语料也更为全面，包括诱发性语料和自然语料，（林才均，2015）这在一定程度上保证了结论的科学性和可靠性。

1.5.2 实验方法更为科学。近20年的词类习得研究不再满足于北京语言大学HSK动态作文语料库等现成的语料来源,而是更加注重实证研究,通过实证研究调查词类习得的情况。(张蔚,2010;张江丽、孟德宏、刘卫红,2011;曾莉,2015;吴琼,2016、2020;马志刚,2017;陈卉,2018)同时,更加注重客观测试与主观测试相结合、输入与产出方法相结合,如可接受性判断测试和组句测试两种手段相结合(赵杨,2009b)、看图写句子和限时合乎语法性判断、口头描述和阅读判断(袁博平,2002)等,都在很大程度上提升了实验数据的科学性和有效性。

二 汉语词类习得研究的反思

近20年来,词类习得研究在研究内容、研究范式、研究视角和研究方法等方面都取得了不同程度的新进展、新成果,但也还存在一些不足之处,值得反思。主要表现为以下几个方面。

2.1 研究对象

就研究对象而言,当前研究存在的不足主要体现在两个层面。

2.1.1 对某些词类的关注不足,研究成果少。近20年来,汉语二语词类习得研究的文献较为集中。就词的大类角度而言,动词、副词、介词这几个词类的习得研究成果较为丰富。而形容词、助词、数词、叹词等词类的习得研究相对较少,其中数词习得和叹词习得的文献仅为1篇,拟声词习得的相关研究尚未涉及。

2.1.2 各大词类内部有部分特殊小类未被关注。就各大词类内部的小类词习得研究而言,当前研究主要集中在词类内部的某一个或某几个次类的习得研究上,较为关注动词中的能愿动词和离合词、形容词中的单音节性质形容词、副词中的否定副词、时间副词、频率副词和范围副词、介词中的时间类介词和缘由目的类介词、助词中的动态助词的习得研究，并且大部分研究为次类中的典型个案研究，如"能"和"会"、"着"和"了"以及"在""对"等的习得研究。而对这些大类词内部的其他小类的习得关注不足或鲜少关注。如形容词中的状态形容词和非谓形容词、动词中的言说动词、位移动词和非自主动词、副词中的语气副词和情态副词、介词中的空间类介词和对象类介词、助词中的"地""得"等其他助词的习得问题几乎没有涉及。而这些小类大多语法属性特殊，用法比较复杂，且大多具有区别于其他语言的汉语的独特性，因此这些小类也是外国学生习得的难点，但当前的研究对上述小类的习得问题的关注是明显不足的。

2.2 研究深度

当前学界对词类习得研究的深度有待提升，主要表现为三个层面。

2.2.1 研究成果分散，纵深研究仍有欠缺。总体而言，除了能愿动词、离合词、否定副词"不""没"、频率副词"再""又"、助词"了"等少数特殊小类或个案的习得研究比较集中外，其他小类习得的研究成果较为零散，不少次类词的习得研究仅有单篇文献，较少见对同一研究对象开展系列研究，也较少见学者针对某一问题进行连续的深入探讨，在研究深度上仍有欠缺。

2.2.2 对某一词类或次类的语法属性缺乏深刻的理解，相关习得研究较为薄弱。如前所述，汉语二语词类习得研究中对某个大类或次类的研究成果较为单薄，究其原因，大多与学界对该词类或次类的语法属性缺乏深刻的理解有关。比如当前研究中形容词的习得研究成果单薄，研究对象主要集中在单音节的性质形容词的习得上，少数研究也有涉及形容词的重叠、形容词后"的"字的隐现等问题的；但是诸如双音节性质形容词、状态形容词、非谓形容词的习得以及形容词与其他词类的混淆等留学生习得的难点问题，几乎都未见论文问世。现代汉语形容词的谓词性特征，是这个词类有别于大多数语言中形容词的一个显著的不同，这种不同会使二语习得者对形容词的使用感到陌生；再加上汉语词类和句法成分之间缺乏一一对应的关系，汉语形容词具有多功能性，可以出现在主语、宾语、谓语、补语、定语和状语等所有的句法位置上，更使二语习得者在形容词的使用上不知所措；形容词本身的复杂也增添了对形容词习得的困难，性质形容词和状态形容词的区别，形容词重叠有不同的形式，形容词内部有很多区别词和状态词的残留，而这些词的句法功能各不相同。另外，形容词与动词特别是不及物动词之间存在纠缠，涉及形容词能否带宾语的问题，像"红了脸""方便日常生活"等，要给二语习得者一个合理的解释也非常不容易。对形容词语法特征认识的不足，直接影响了学界对形容词的习得研究，导致某些难点重点问题未被关注，对有些问题的解释不够充分，这在一定程度上影响了研究的深度。

汉语动词小类如离合词、副词小类如语气副词、助词小类等大多具有自身独特的语法属性，这些词类习得的研究深度也受学界对其语法属性的认识的影响，仍存在较大的研究空间。

2.2.3 与本体研究和二语习得理论的结合仍显不足，解释力有待提升。近20年的动词习得研究开始注重吸收本体研究和二语习得研究的新成果，但总体而言仍很有限，且具有较大的滞后性。对偏误和习得过程的分析大多集中在母语迁移、目的语泛化、学习策略、教学策略等几个方面。在及时跟进本体研究的最新成果、重新审视二语习得的相关问题以及吸收二语习得理论等相关研究中的最新理论和实验方法方面，仍存在很大的不足，这在一定程度上限制了词类习得研究的深化。

2.3 研究范式与方法

2.3.1 虽然近20年来汉语二语词类习得研究由20世纪较为流行的偏向单一扁平的偏误分析转为更为立体的多层次的习得问题研究，但总体而言仍是以偏误分析为主，对词类习得过程、习得难度、习得顺序等问题的探讨仍然很不充分，需要进一步加强相关研究。如副词习得顺序的相关研究中，存在不同研究者对相同研究对象得出的习得顺序差异较大的情况，部分成果论证过程的客观性、科学性有待提高。这在一定程度上降低了成果的可靠性及对教学实践环节的指导意义。

2.3.2 在研究方法上，研究者目前主要借助语料库进行研究，但也存在一些问题。如有的研究所依赖的语料库规模较小，收集到的语料仅30条。有的研究既包括语料库调查，又有语言测试，但是语料库调查和语言测试中被试的语言背景不一致。有的研究语言测试时被试为某一特定语言的母语者，但在大规模语料库调查时，语料的选择又没有区分国别。就语料的搜集方式而言，当前研究多为共时层面收集的静态语料，而在历时层面对特定学习者进行动态追踪性质的语料收集的研究比较少见。这些情况都可能在一定程度上影响研究数据和结论的可靠性。

2.3.3 此外，实验的方法以及数据分析的依据还需进一步合理化。有的研究只依赖客观测试；有的研究虽然采用了客观测试和主观测试两个部分，但最终的数据分析基本以客观测试的语法判断测试结果为主，主观测试题只作补充和参考。总体而言，当前研究在实验设计和实验开展方面缺乏更多更为有效科学的研究手段和方法。

三 名量词的教学对策

名量词是量词系统中数量最多、用法最为复杂的一类量词。《现代汉语八百词》(1999：710—715)的附录中共收集了常用"量名"组合四百余条，且其中并未收录"集合量词""度量衡量词""借用量词"等小类，可见汉语中的名量词数量之多。因此，对于名量词的教学就显得尤为重要。

留学生名量词常见偏误类型有以下几类：名量词缺失、名量词泛化及名量词混淆。针对性的教学策略有以下几种。

3.1 构式教学

3.1.1 只要某个语言结构在形式或功能的某个方面不能从其组成部分或其他已知构式中严格预测出来，即可视为构式，另外，出现频率足够高的语言格式也纳入构式范围。从这个意义上来说，汉语中的"数+量+名"是一个典型的构式，而且是一个图示构式，即每个部分都可以用同类的其他词替换。如在"数词"的位置上，可以是"一"，也可以是"二""三"等；同理"量词"与"名词"的位置上也可以分别被替换。因此，在教学过程中，我们不应把数词、量词、名词三者割裂开来，而应把"数+量+名"视作一个构式来教学，让学生将该构式作为一个整体模块来记忆，并通过反复练习加深其记忆。

3.1.2 在汉语中，不同的名词往往对应不同的量词，"构式教学"就是要求我们在教授名词的同时，也把与其匹配的量词一起教授。如我们在教授交通工具名词"汽车""飞机"时，不单单是教授名词本身，应教授"一辆汽车""一架飞机"这样的"数+量+名"结构。

反过来，不同的量词所计量的对象也存在差异，我们在学习某个量词时，也同样应把其所计量的名词展示出来，并作为构式一起教学。如我们在教授名量词"把"时，可以将其与常用的搭配对象"雨伞""刀""椅子"一起组成"一把雨伞""一把刀""一把椅子"等构式进行教授，以加深留学生对构式模块的理解与记忆。这样，学生学习的不再是一个个孤立的"死知识"，而是学以致用的"活知识"。

3.2 认知教学

3.2.1 汉语中绝大多数量词与名词之间的搭配都不是约定俗成的，而是有一定的认知理据。因此我们在进行教学时，要引导学生发现量词与名词之间的关联，这样才能做到"既知其然，又知其所以然"。我们知道，量词与其所计量的事物在某些特征上存在一定的相似性或相关性，大部分的"同一量词可以修饰多种事物"现象都可以从认知上的"隐喻""转喻""家族象似性""范畴化"等方面得到解释。

3.2.2 以"隐喻"机制为例，隐喻在生活中无处不在，我们的思想和语言所依据的概念系统，就是以隐喻为基础建构起来的，隐喻参与了我们认知的整个过程。就"量词"来说，我们在教学中，可以尝试根据事物之间的相似性，有意识地将具有共同特征的事物归为一类，这样就会形成一个认知语义网络。教师可以引导学生把可以被同一个量词修饰的一类事物集中起来贮存于大脑，以方便检索，一旦大脑受到相关事物刺激时，便能激活、唤醒该量词。久而久之，这种认知关联就会形成一种思维惯性，有利于留学生对量词的习得。

3.2.3 我们可根据事物外形的相似性将量词分为"线状""点状""面状""体状"四大类，然后列出每一类的典型量词与常见搭配事物，用表格表示（表17-1）：

表 17-1

量词分类	典型代表	语义特点	常见搭配事物
线状量词	条	细长、可弯曲	裤子、河、路、腿、绳子、新闻、消息、法律等
	根	细长、硬、一般不可弯曲	筷子、棍子、针、香蕉、冰棍、火柴、手指等
	支	细长、硬	笔、烟、枪、球队、乐队、队伍、歌曲、舞曲等
	丝	量极少、细长形	头发、缝隙、风、温暖、留恋、笑容、疑惑等
点状量词	滴	水滴状、圆形、体积较小、液体	水、眼泪、墨水、汗、口水、油、雨等
	粒	颗粒状、圆形、体积小、固体	米、沙子、种子、花生、灰尘、芝麻、（进）球等
	颗	颗粒状、圆形、体积小、固体	糖果、巧克力、牙、星星、子弹、珍珠、心等
面状量词	面	扁平、可展开	镜子、墙、旗子、鼓等
	片	强调面积、外形薄	面包、树叶、西瓜、雪花、海、草地、树林等
	张	用平面功能、可卷起展开	桌子、床、纸、照片、卡片、人民币、邮票、脸等
	块	强调体积、外形厚	豆腐、石头、蛋糕、木板、地、砖头等
体状量词	团	圆球形、杂乱、模糊	棉花、毛线、纸、火、雾、热气、和气等
	堆	堆积、数量多	土、沙、石头、木头、垃圾、作业、事等

通过上面的展示，让学生对量词（这里主要以名量词为例）与搭配事物之间的联系有一个全面的了解，同时也能增强学生的联想、

类推能力，从而更好地促进量词教学。

3.3 对比教学

我们知道，现代汉语中有不少量词在"读音""词形"或"词义"上比较接近，给留学生带来了很大的困扰，针对这些易混淆量词，我们最好采取对比教学的方式，让学生真正明白这些量词之间的差异，才能更好地帮助他们学以致用。

常见的易混淆量词可分为"音似""形似"与"义近"三大类。

3.3.1 "音似"量词。有些量词的发音比较接近，甚至相同，这对于母语为拼音文字的留学生来说是一个很大的挑战。如"节"与"截"、"只"与"支"等。

对于这类量词，可以告诉学生，汉语的同音词很多，但是意义不同。对于同音量词的差别主要从搭配对象上进行区分，以上面两组量词为例，"节"的搭配对象是"长条形的分段的事物"，如"电池""竹子""车厢"等，也可指时间上的分段，如"课""比赛"等；而"截"的计量对象是"人为的切割后的一段物体或差距"，如"木头""水平"等。同理，"只"与"支"的区别为，前者的计量对象为"动物或非长条形事物"，如"猫""鸟""耳朵"；后者的计量对象为"非动物或长条形事物"，如"铅笔""蜡烛"等。

3.3.2 "形似"量词。外形上比较相似的量词在汉语中并不少见，如"副"与"幅"、"颗"与"棵"等。这类量词大都有一个共同的特点，就是声旁相同，但是形旁不同。因此，一般可以采用"形旁对比"的方式来区分这些量词的差异。如"副"与"幅"的声旁都是"畐"，二者的计量对象与形旁"刂"与"巾"密切相关。"刂"简称"立刀"，原指用来切割的工具，因此"副"所计量的事物一般是成对、成组且大都可以分开的事物，如"耳环""手套""扑克"等；"巾"的意义与巾帛、布匹等有关，因此计量的对象也是书画、布帛之类，如"画儿""书法""锦旗"等。

3.3.3 "义近"量词。还有一些量词，它们语音不同，外形也无相似之处，但是在语义上比较接近。如"对"与"双"、"群"与"伙"、"个"与"位"等。对这类量词的区分，我们就要从语音与字形之外寻找答案了。具体来说，"对"与"双"都可以指"两个"，但前者偏重于"后天配对"，如"一对恋人""一对夫妻""一对戒指"等；而后者多用于强调"先天成双"，如"一双手""一双眼睛""一双耳朵"等。"群"与"伙"在语义上有共通之处，都可以用来计量人，但是二者所表达的"感情色彩"却有明显的不同，前者一般具有褒义或中性的色彩，如"一群好汉""一群人"等；后者则常常带有贬义的色彩，如"一伙强盗""一伙土匪"等。"个"与"位"都可用于计量人，二者的区别主要体现在语体色彩上，前者多用于口语，有轻松随意的意味；而后者多用于书面语，有正式、尊重的语体色彩。

四 名词的数量表达功能的教学顺序

4.1 汉语名词的数量表达方式

汉语名词的数量表达有两种方式，一是前加数量词，二是后加表示复数意义的"们"，可以分阶段先后进行教学。

4.2 先教前加数量词的情况

名词通常能受数量词修饰，但这只是就大体情况而言，因为还有少部分名词不能受数量词修饰，同时，即使是能受数量词修饰的名词，内部也并不完全相同，而是存在一定的差别，因此，可以大致按照下列顺序进行教学。

4.2.1 区分名词为具体名词和抽象名词。名词一般可以受数量词修饰，而且初级阶段不会接触到那些无量名词（即不能受量词修饰的名词），所以可以先对名词的类别作出简单的区分，其中最直接的就是区分出具体和抽象两类，因为从意义上看，具体和抽象是名词最基本的一对范畴，具体名词如"杯子""剪刀""电脑""冰箱""眼睛""鼻子"等，抽象名词如"礼节""道德""观念""风气""情感""心意"等。同时区分出这对范畴也就将数量词一分为二：确定量的数量词（如"一个""一只""一条""一本"）和不确定量的数量词（如"一种""一类""一点儿""一些"）。

4.2.2 具体名词中区分出个体名词和集合名词。具体名词内部也不完全同质，还可作进一步区分。有些具体名词表示的是一个个的个体，有些具体名词则表示若干个体的集合。比如，"书"可以一本一本计算，"笔"可以一支一支计算，而"扑克"却不能一张一张计算，因为一张扑克完不成扑克的游戏功能，需要54张才能进行游戏，"餐具"也不能一个或一只，因为吃饭只有碗并不行，至少还需要筷子或勺子，"书""笔"等属于个体名词，"扑克""餐具"等属于集合名词。个体名词受个体数量词修饰，集合名词受集合数量词修饰。

4.2.3 个体名词受什么样的数量词修饰。个体名词受个体数量词修饰。常见的个体量词如：

把	瓣	本	部	册	出	处	床	道	点	顶	锭	栋	朵
分	封	杆	个	根	管	户	级	家	架	间	件	节	具
句	棵	颗	口	块	粒	辆	列	轮	枚	门	面	名	爿
盘	匹	篇	片	期	曲	扇	身	首	艘	所	台	堂	条
贴	听	挺	头	尾	位	项	眼	页	员	则	盏	张	枝
支	只	帧	株	桩	幢	尊	座

至于什么样的个体名词与什么样的个体数量词搭配，这需要根据名词和量词各自的语义特征并由它们相互作出选择。

有时，个体名词也能以成集合的形式出现，这时就可以受集合数量词修饰。比如"书"通常是以个体"本"计算，但像"四库全书"这类文献由多本组成，这时就受集合量词修饰，说"买了一套四库全书"，而不能说"买了一本四库全书"。

4.2.4 集合名词受什么样的数量词修饰。集合名词受集合数量词修饰，常见的集合量词如：

班 帮 笔 队 对 份 副 幅 股 伙 排 批 群 双 套 窝 系列 组

什么样的集合名词与什么样的集合数量词搭配，也是需要根据名词和量词各自的语义特征并由它们相互作出选择。

4.2.5 抽象名词受什么样的数量词修饰。抽象名词受不确定量的数量词修饰。不确定量的量词为"种""类""点儿""些"等少数几个，其中，与"种""类"搭配的数词不限于"一"，还可以是其他数词，而与"点儿""些"搭配的数词只能是"一"。

4.2.6 不能受数量词修饰的名词。汉语中不能受数量词修饰的名词包括专有名词和无量名词两类。专有名词因为具有唯一性特征而无法用数量词进行定量，如"中国""长城""泰山""鲁迅"等。

无量名词包括下面一些类别：

（1）含"度"类。如：

长度 程度 纯度 幅度 高度 广度 厚度 进度 宽度 浓度 强度 深度 湿度 速度 纬度 温度 知名度

（2）含"量"类。如：

产量 分量 剂量 流量 容量 食量 数量 音量 雨量 云量 重量 质量 总量

（3）含"数"类。如：

四肢　四邻　四季　五官　五岳　三军　百分比　两口子
双学位　双方　二进制　二重性　二线　一生

（4）"计数"类。如：

容积　流速　金额　体重　比例　种类　时差　升幅　收支
体积　温差　音域　大小　轻重　深浅　高矮　长短

（5）"全量"类。如：

全局　全程　全文　总价　总值　总和　大众　民众　公众
众人　众生

（6）"唯一"类。如：

本文　本土　本意　故里　家父　长孙　国度　国魂　国籍
匹夫　大局　大地　红颜　江山

（7）分类。如：

乘法　除法　加法　减法　阴性　阳性　鱼类　鸟类　唯心论
唯物论　内地　外地　卖方　买方

这类名词的构词成分本身就显示出了数量意义，而正是因为这种显性的数量特征而使其不能再被量化。

4.3　再教后加复数标记义"们"的情况

4.3.1　"们"虽然表示复数意义，但并不是所有的可数名词都能后加"们"。名词的复数标记有如下一个等级序列：

说话者＞听话者＞第三人称＞亲属名词＞表人名词＞有生名词＞无生名词

4.3.2　汉语的"们"对名词序列的标记基本符合这一序列，因为"们"可以出现在三身代词之后，构成人称代词复数形式，也可以出现在表人名词之后，但不能出现在动物名词、事物名词和无生名词之后。如以下例句所示：

① 我们等你们一起去博物馆。

② 咱们中国人吃饭都用筷子。
③ 同学们/孩子们玩得很高兴。
④ 叔叔阿姨们都已经来了。
⑤ *兔子们在飞快地跑。
⑥ *桌子们/杯子们都摆好了。
⑦ *大树们长满了叶子。
⑧ *沙子们/水们用完了。

所以，不能把"们"看作汉语的复数标记。

第十八讲 "把"字句的习得问题和教学建议

一 "把"字句习得的主要成果和研究不足

1.1 "把"字句是对外汉语教学的难点之一

"把"字句是现代汉语中的一个常用句式,也是对外汉语教学难点,汉语本体中关于"把"字句的研究相当丰富,作为第二语言习得的"把"字句成果也不少。从现有习得研究成果来看,研究角度多样,探讨较为深入:有的注重从偏误原因的角度去探索"把"字句的习得特点,如黄月圆和杨素英(2004)、肖奚强等(2009)等;有的则通过问卷调查考察"把"字句下位各句式的难易等级和习得顺序,如余文青(2000)、李英和邓小宁(2005)等;还有的专门研究学习"把"字句时的回避问题及泛化现象,如刘颂浩(2003)、张宝林(2010)等。对于"把"字句难以习得的原因及表现,学界曾有过多方面的讨论,例如吕必松(1992)指出:"'把'字句难是因为它在语义结构上要求的条件比较多,有施动者,有施动者的动作,有施动者动作的对象即受动者,而且这个受动者是有定的,还有受动者的变化情况。要表示这么复杂的语义结构,形式结构自然也复杂,而且要用一个介词'把'。其他语言里没有这样的句型。受动者变化的情况常常要用补语或'了'来表示,补语和'了'也是学生的难点。'把'字句难,就难在这些方面,可以说难点都集中在一起了。"也许正是因为如此,"把"字句才被学界认为是教学中的一个"老大难"问题。

1.2 "把"字句习得研究成果的主要体现

"把"字句是汉语作为第二语言教学、习得研究中颇有分量的研究热点，受到了极大关注。近20年来，对外汉语教学中对"把"字句的研究主要在以下三个方面：（1）"把"字句语法项目的选取、分类与排序；（2）"把"字句的偏误分析；（3）"把"字句习得中的"泛化"和"回避"。"把"字句作为第二语言习得的研究成果，体现了以下三个特点。

1.2.1 汉语语法本体研究中，对"把"字句的重视长久不衰，这是因为"把"字句是非常具有汉语特色的一种句式，同时是汉语使用频率较高的一种句式。从汉语二语教学的实际情况看，学习者普遍感觉"把"字句是很难习得的句式，受本体研究的影响，同时也为了教学的需要，使"把"字句在汉语二语习得研究中，相对于其他句式的研究来说，显得比较充分，论文涉及的习得范围比较广泛，研究角度也比较多样。无论是从"把"字句下位句式划分及其在二语教学中的应用，还是"把"字句语法项目选取、排序，又或是"把"字句的偏误分析、习得过程等习得方面通常会讨论到的问题，在"把"字句的研究上都有所涉及。甚至有一些习得领域尚未进行系统研究的问题，也在"把"字句上有体现，如学习策略领域中的"泛化"和"回避"现象，这既是心理学问题也是语言学问题，许多学者在这一方面都发表了自己的观点，充分体现了学界对"把"字句习得问题的重视。

1.2.2 "把"字句习得研究国别化特色明显。正由于"把"字句在汉语中的特殊性，"把"字句的习得难度大也是普遍问题，因此针对不同国别学习者的"把"字句习得讨论相对来说也比较丰富。从现有文献来看，国别化"把"字句研究主要集中在几种特定语言背景的学习者上，如英语背景学习者、韩语背景学习者、泰语背景学习者、越南语背景学习者等。

1.2.3 "把"字句习得方面的一些传统认识有了一定的改变和发

展。从以往的研究成果出发,汉语二语学术界普遍认为"把"字句是汉语学习的最大难点之一,学习者面对"把"字句都感觉束手无策。但近20年很多研究却提出,"把"字句的习得难度有被夸大的倾向,并非像过去说的那么难,在针对学习者的调查中也发现,他们对"把"字句的使用情况也有好的一面,比如使用率不算低,正确率也有令人满意的情况。过去所认为的"把"字句习得难,只是没有对"把"字句内部情况进行具体分析,因此目前比较一致的观点是,"把"字句内部各下位句式的习得难度有所区别,有的"把"字句习得难度高,有的"把"字句习得难度低,所以在教学上应该予以区别对待。

1.3 "把"字句习得研究的不足之处

虽然相对于其他句式研究来说,"把"字句的习得研究还算比较充分和丰富,但是在这一领域仍有很多问题值得思考和改进。

1.3.1 对"把"字句的分析流于表面,缺乏从类型学角度讨论"把"字句偏误原因的视角和方法。前面提到目前已有不少"把"字句国别化研究,但是这些研究大多限于比较初级的偏误分析,而绝大多数偏误分析几乎都只是从数据统计的角度进行考察,这样导致偏误分析不够专业,没有语言学理论基础的支撑。在偏误原因的追寻上大多也是从固有的语言迁移、学习策略、教学策略等角度去思考,流于形式。真正的国别化分析应该是从类型学角度来讨论"把"字句对于不同语言背景的学生有何不同的学习要求。

1.3.2 本体研究的成果未能很好地运用到教学上。"把"字句的习得研究未能从结构、语义上作深入细致的分析。"把"字句本体研究取得了丰硕成果,有许多有价值的观点和结论,如"事件说""位移说""致使说"等,没有在习得研究中得到很好的利用。近年来也看到有一些研究是以本体研究成果为基础来谈教学问题的,如有人将"把"字句的主观化研究成果引进教学领域，但是这尝试还是非常初步和有限的，未能在较大范围上得到重视和引起共鸣。这不能不说是习得研究领域的一种遗憾。

1.3.3 对"把"字句的语境条件注重不够，习得研究水平不高。"把"字句的语境使用条件复杂，语义多样，其本身特点会给习得带来一定的影响和阻碍，教学中明确"把"字句的语义、语境限制，会起到教学上的事半功倍的效果。而已有的研究似乎尚未注意到这一点，大多数都是从结构上去谈习得问题，教学中囿于句法结构教学的现象非常常见，这势必会影响到"把"字句的习得效率。

1.3.4 "泛化"和"回避"的原因尚未真正找到。如前所述，在"把"字句中谈泛化和回避问题引起了重视，但是泛化和回避不应仅仅局限在语言学领域来探讨，而是应该结合心理学研究共同分析。毕竟泛化和回避与学习者心理因素的影响是密不可分的，而如何确定泛化和回避的概念，泛化和回避的标准是什么，其背后的真正原因是什么，等等，这些问题似乎在学界尚未得到定论，这也是值得我们进一步思考的问题。

二 留学生回避使用"把"字句的原因

2.1 留学生回避使用"把"字句的现象极为常见

2.1.1 不少学者提到"把"字句偏误的时候，都会提到"泛化"和"回避"的现象。这两种现象都是指不恰当地使用"把"字句，一种是不该用而用，另一种是该用而不用。不同的学者在这个问题上有不同的看法，有的学者认为"泛化"和"回避"是学习策略的问题，有的学者认为这是学习过程中出现的偏误，甚至专门针对策略和偏误展开了具体的讨论，还有的学者认为要将"把"字句的下位句式进行区别化对待后再来谈所谓的"泛化"或"回避"。

2.1.2 对于"回避"这一术语,学术界有不同的认定。刘颂浩(2003)认为,严格意义上的"回避"是一种有意识的行为,确认回避行为时,必须有足够的来自学习者本人的心理活动或能够说明其心理活动的言语表现的证据。

2.1.3 "回避"是第二语言学习者在语言运用过程中常见的心理行为和交际策略。"把"字句是汉语中常用的一种结构和语义都比较特殊的句式,留学生回避使用的现象极为常见,究其原因,是因为"把"字句是汉语特有的语法现象,回避"把"字句是由于学习者母语和汉语差异大而引起的学习困难。更重要的原因在于"把"字句本身,必须承认"把"字句的研究还不够深入,教学上对"把"字句的处理也不尽如人意。具体有以下四个方面的表现。

2.2 很多语言没有相应的"把"字句的表达方式

2.2.1 "把"字句是汉语特有的一种语法现象,很多语言中没有相应的表达,大部分留学生刚开始学的时候较难正确理解和使用这一语法点,在汉语语法知识掌握得不够充分的情况下,会选择回避使用"把"字句。

2.2.2 通常,因为这一原因而回避使用"把"字句的情况主要出现在初中级阶段的二语学习者身上。由于"把"字句这一句式是汉语中所独有的,在其他语言中不容易找到相对应的形式,二语学习者在遇到需要选择"把"字句表达的意思时,受到自己母语的影响,如果母语中没有相应的表达式,会选择回避使用"把"字句。通常这种影响在汉语学习初期会比较明显,并且会一直伴随汉语学习的整个过程。教师这一方只能通过恰当的教学方式、更多的语言输入来激发学习者对"把"字句学习的兴趣,让学生尽快熟悉汉语的表达习惯,减弱母语的负迁移。

2.3 教材编排上有考虑不周的地方

2.3.1 教材语法点的编排、教师的讲解方法、练习的设计等方面存在的种种问题，导致留学生在学完"把"字句以后还是不清楚什么时候必须用"把"字句、什么时候可以用"把"字句、什么时候不能用"把"字句。

通过考察目前使用范围较广、影响较大的几套对外汉语教材，我们不难发现，不同教材在编排"把"字句不同句式结构的教学顺序时不尽相同，有的甚至无视二语学习者由易到难的习得规律，相关句式结构在教学顺序上的编排显得较为随意。此外，教材对"把"字句的讲解更多是泛泛地介绍各种规则，较少从句法层面、语义层面和语用层面相结合的角度充分揭示"把"字句的使用条件。

2.3.2 目前，无论是教师讲解"把"字句的教学方法，还是教材中相关练习的设计，较多采用将"被"字句、主动句与"把"字句进行互相变换的方法。这样做，虽然在教学、练习过程中似乎不失为一种较为有效的方法，但实际上会给二语学习者传递这样一个错误的信息："被"字句、主动句与"把"字句只是表达形式不同而已。正是因为没有向二语学习者清楚地讲解和引导"被"字句、主动句与"把"字句各自的使用规则和限制条件，从而使得学习者在实际运用时会有意无意地回避"把"字句。

2.4 "把"字句自身结构比较复杂

"把"字句由于其自身结构的复杂与特殊，一直是汉语作为第二语言教学中的重点和难点。教师花了大力气来教"把"字句，学生也花了大力气来学"把"字句，但二语学习者在实际使用时，仍会在"状语的位置""否定副词的位置""'把'的宾语""谓语动词的选择""谓语动词后面的其他成分""该用'把'字句而不用""不该用'把'字句而用了"等方面频频出错，这在很大程度上影响了二语学习者使用"把"字句的积极性。

2.5 教学方法上考虑语境因素太少

2.5.1 "把"字句的教学偏静态，缺少语篇的支撑，导致学生对"把"字句的整体句式义和"把"字句的语篇功能缺乏准确的认知，因此，学生在是否使用"把"字句的问题上就显得犹豫不决。

2.5.2 在二语学习中，某个语法点的使用条件是语法习得的一个难点，很多语法偏误就是由于把握不好语法点的使用条件造成的。"把"字句就面临这样的尴尬局面。二语学习者在学习"把"字句的过程中，既想用，又不敢用。各类教材中对"把"字句的语法描述重形式而轻语义，几乎没有语境介绍和分析。很多学生只是了解"把"字句局部的句法语义特征，但却缺乏对"把"字句整体意义的感知，也不清楚"把"字句在上下文语境中的具体使用情况。更何况，"把"字句形式和意义之间的选择和制约关系非常复杂，在实际使用中往往会表现出一种不稳定性。因此，即使到了汉语学习的中高级阶段，面对"把"字句这一常用句式，回避现象依然存在。

三 "把"字句教学上的四个难点

3.1 受汉语母语语法教学的方法影响

3.1.1 当前的对外汉语教材在"把"字句语法项目的分析上尚未摆脱汉语母语教学的语法体系，在内容上缺少教学的针对性，没有做到以用法为核心。

3.1.2 其实，不仅仅是"把"字句如此，其他重要的语法项目也是这样。当对外汉语语法项目的选取和分析始终摆脱不了汉语母语语法教学的桎梏时，自然，这样的语法项目也就不好用了。教材中语法项目所关注的问题和真正困扰学生的问题很难对应起来。如何将学生习得的"把"字句偏误与"把"字句的教学更好地结合起来，是教材编写者需要进一步考虑的问题。张旺熹（2010）认为，对外汉语教学语法体系应该是以用法为核心，而不是以理论知识框架体系为核心。可是实际上，对外汉语语法教学长期以来一直关注的是"教什么""怎么教"的问题，而对于学习者"学什么""怎么学"的问题至今没有引起足够的重视。语法教学关注"外在大纲"，却很少关注学习者语法习得的"内在大纲"。（王建勤，2016）因而，语法教学成为脱离学习者的纯粹的结构与规则教学，没有真正与学习者的学习需求相关联。

3.2 "把"字句的使用语境难以讲清楚

3.2.1 对于"把"字句的教学，教师通常遵循先教典型的、基础的、常见的用法，到中高级阶段再教非典型的、复杂的、特殊的用法。可实际上，"把"字句的教学体系并非想象中那么完美，那么一气呵成。到中高级阶段，我们会发现，"把"字句的各种非典型用法就越复杂，它们在语境中的使用条件就越不固定。虽然有不少研究者在对大样本的"把"字句进行考察之后，得出"把"字句或者是某事件导致的结果或实现的目的，或者是为了实现某个目的而采取的手段。总之认为"把"字句在实际语用中处于一个因果关系的意义范畴之中，即由于某种原因而需要执行某种特定的手段以达到一定的目的。（张旺熹，1991）但事实上，"把"字句的语用功能并非那么整齐划一。比如在口语中，"把"字句的功能并非始终处于一个明确的因果关系的意义范畴之中，我们也很难向学生用因果关系来解释"把"字句。例如：

① 他把我领到他住的地方，我吓了一跳，这地方怎么这么破？
② 这件事我就把它交给你来处理了，你看着办吧。
③ 我进门的时候他都没搭理我，只把头稍微抬了一下，然后又干自己的事了。

3.2.2 其实，各个形式下的功能是不一样的。我们对于"把"字句的每一个下位句式的语境规约并不是很清楚，对每一个结构的认知语义特点与规律并没有很清晰的了解。不同语境对句法结构的选择是不同的。所以在教学中，作为教师，想要把每一个结构对应的语境条件讲清楚并非易事，这也就造成学生在中高级阶段"把"字句学习过程中的困难。

3.3 "把"字句语法项目的排序还需要进一步研究

3.3.1 在以往的语法等级大纲中，"把"字句从甲级到丁级都有。这说明对"把"字句的习得确实有一定的难度。近年来有不少人探讨"把"字句的语法项目的选取和排序问题，是很有必要的。我们需要把"把"字句语法项目的选取和排序和"把"字句的实际教学问题结合起来考虑。"把"字句的语法项目的选取和排序如何体现出针对性来？如何充分考虑到不同的母语影响这个因素？如何设计和归纳出不同母语背景的学生习得"把"字句时的规则？等等。

3.3.2 从理论上说，对外汉语教学中的所有的语法项目，都应该从全局观念出发，把它们放在一个大的系统框架之下来考虑：哪些语法项目应放在初级，哪些应放在中级，哪些应放在高级？另外要考虑的是同一个语法项目要分成几个级别？每个级别如何安排？比如，到底应该先教哪一类"把"字句呢？是先教"我把地板擦干净了"这一类还是先教"我把书包放在床上"这一类呢？虽然陆庆和（2003）认为"把"字句的排序应该综合"结构、频率、内容、语用、语体"等多种因素，遵循结构上从简单到复杂；频率上，高频率使用的句型在前，低频率使用的在后；内容上，比较具体的在前，比较抽象的在后；语用上，单句形式必须要用"把"字句的在前，受语境制约必须用"把"字句的在后；语体上，口语语体在前，书面语体在后。但在实际的操作中，面对各种形式的"把"字句，究竟如何排序，并不是一件简单的事。

3.3.3 以《高等学校外国留学生汉语言专业教学大纲》为例。该大纲把结构上要求用的"把"字句放在了最前面，其次是意义上要求用的"把"字句，然后是动词后没有其他成分的"把"字句；到了中高级阶段，主要是表示致使义的"把"字句、"把"的宾语是表处所或范围的"把"字句以及其他几类复杂的"把"字句等。这样排序可能还是会有些问题。例如将动词后没有其他成分的"把"字句放在了表致使义的"把"字句的前面，是否合适？又例如，每一个序列的内部成员之间似乎也并非同一层级。如意义上要求用的"把"字句中，大纲把"大风把路边的两棵小树刮倒了"和"我们一定得把这个问题解决"放在了一起，二者在习得难度上是有差别的，放在同一类下是否合适？又如动词后没有其他成分的"把"字句中，既有"暴风雨就要来了，快把羊往回赶吧"，又有"她回到宿舍，把箱子一放，就去上课了"，二者也不是同一层级难度上的，这样放，也不合适。也就是说，目前已有的各个大纲对"把"字句语法项目的选取和排序都是不同的，这必然给教学或教师带来很大的困扰。要解决这个问题，还需要很长一段时间的探索和实践。

3.4 "把"字句语法形式和语法意义的对应过于复杂

3.4.1 如何将"把"字句的语法形式和语法意义之间有效地对应起来，也是"把"字句教学的难点之一。

各类教材和大纲中也都有"把"字句内部的详细分类。但是即便教师和学生都知道"把"字句具有丰富的下位句式，但整个"把"字句体系下大大小小的下位句式到底各自表达了怎样不同的语法意义，仍然是模糊不清的。

3.4.2 例如，"S+把O+V了"是"把"字句的一个下位句式，但这个形式可以生成下列句子：

④他把剩下的菜吃了。

⑤我把明天开会的事忘了。

这两个句子虽然形式上相同，但它们各自表达的语法意义并不完全相同。

"S+把O+V着"也是"把"字句的下位句式，同样这个形式可以生成下列句子：

⑥他把两眼紧闭着。

⑦你把手机带着。

这两个句子同样存在形式相同而语义不同的问题。

3.4.3　所以，形式和意义如果做不到统一的话，不管是教师教还是学生学，都会存在很大的问题。"把"字句教学的实效在哪里？如何在"把"字句教学中体现"从意义到形式"？能否真正从语法最本质的方面——形式和意义的统一的角度去考虑语法教学中的问题，对第二语言语法教学至关重要。（孙德金，2007）

四　谈谈"把"字句的教学顺序

4.1　两部大纲中"把"字句的编排顺序

4.1.1　《汉语水平等级标准与语法等级大纲》分为初、中、高三个水平等级，语法分为甲、乙、丙、丁四级，由语素、词类、词组、句子、句群构成五个层次。"把"字句在大纲中被视为特殊句式，在甲、乙、丙、丁四级语法中均有呈现。

甲级语法中的"把"字句有两种句式，分别是"主+把+宾+动+一/了+动"（如"你把你的意见说一说"）和"主+把+宾+动+补语（1）"（如"他把信寄走了"）；

乙级语法也是两种句式，分别是"主+把+宾$_1$+动（在/到/给）+宾$_2$"（如"他把那件上衣放在床上了"）和"主+把+宾+动+了/

着"（如"他把大衣丢了"）；

丙级语法涵盖了五类"把"字句句式，分别是"主+把+宾$_1$+动+成/作+宾$_2$"（如"他把试卷揉成一团"）、"主+把+宾+动+补语（2）"（如"我把开会的时间延长了一天"）、"主+把+宾+给+动"（如"大风把柱子给刮倒了"）、"兼语句与'把'字句套用"（如"我叫他马上派车把她送回家"）、"连动句与'把'字句套用"（如"我打电话让妹妹把他送回老家"）；

在丁级语法中，主要有以下几类句式："……+把+O+V+得+情态补语"（如"王教授的死把他夫人哭得吃不下饭，睡不好觉"）、"……+把+O+……化"（如"他们决定把工厂的各项规定制度化，以加强管理"）、"……+把+O+V+得+比……"（如"我们要把自己的家乡建设得比沿海发达地区还要好"）、"……+把+并列宾语"（如"他把一个破旧的小包、一条脏得要命的手绢，一齐塞进口袋里"）、"……把+宾+把+宾+把+宾……"（如"他发起疯来，把书、把衣服、把家里贵重的东西都烧毁了"）。

就"把"字句的基本句式来说，《汉语水平等级标准与语法等级大纲》中主要出现在甲级和乙级语法中。

4.1.2 《国际汉语教学通用课程大纲》的语法分级分为六级，"把"字句的分布情况如下：

一、二级语法未出现"把"字句；

三级语法中的"把"字句主要有两类句式，分别是"主+把+宾+动+在/到/给……"（如"他把书放在桌子上了"）和"主+把+宾+动+干净/完/成……"（如"他把衣服洗干净了"）；

四级语法中的"把"字句有三类句式，分别是"主+把+宾+动+了"（如"我把钱包丢了"）、"主+把+宾+动词重叠式"（如"你把衣服洗洗"）和"主+把+宾+动+补语"（如"请大家把书拿出来"）；

五级语法中的"把"字句分别是"把+宾+动+着"（如"你把书带着"）和"把+宾+给+动词短语"（如"我把这事给忘了"）；

六级语法的"把"字句主要是表示致使义的"主+把+宾+动词短语"（如"把他气得一夜没睡"）。

可见，《国际汉语教学通用课程大纲》中"把"字句的基本句式主要出现在三四级，且与《汉语水平等级标准与语法等级大纲》甲乙级有较高的重合率。

4.1.3 上述两本大纲，在"把"字句的句式划分上有粗疏之别，各有优劣，但在基本句式的编排上却呈现得较为一致。

4.2 单句和语段中"把"字句的教学顺序

4.2.1 上述大纲关于"把"字句的编排，对于对外汉语教学具有较强的指导意义，但实际教学时却不宜完全拘泥于大纲，应更注重灵活性和实践性。

关于"把"字句的教学顺序的安排，主要涉及两方面的内容：一是单句中的"把"字句和语段中的"把"字句的教学顺序问题；二是"把"字句的各类下位句式的教学顺序问题。

4.2.2 关于单句中的"把"字句和语段中的"把"字句的教学顺序这个问题，毋庸置疑，肯定是分层级教学比较合适。先教单句的"把"字句，再扩展到语段中的"把"字句。强制使用"把"字句的先教，日常生活中出现频率较高的先教，结构上较为简单的先教。

4.2.3 为了让学生更好地把握"把"字句使用的语用环境，可以考虑结合语境进行教学。可以选择最高频、最常用且习得难度不大的单句作为初级阶段的教学内容。对于那些使用频率高的单句"把"字句，可以将情景表达和机械训练相结合。例如以课堂中的交际话语作为现实情景进行教学，先从祈使句入手，等学生对"把"

字句有了一定的认知后再穿插进行陈述句的教学和训练。

4.2.4 在教学训练中，教师尽量创造真实的会话环境，如小组活动、角色扮演等。其次，将"把"字句放到语篇或话轮中，体会"把"字句在上下文语段中的衔接和关联，进行相应的语篇训练。这里的训练既可以是书面上的作业训练，也可以是口语中的语段训练。目的只有一个，就是强化学生对真实情景下的话轮转换机制的理解，不断提高自然语境下的交际能力。

4.3 "把"字句下位句式的教学顺序安排

4.3.1 关于"把"字句的各类下位句式的教学顺序安排，我们通常是遵循"从常用到非常用，从简单到复杂"的教学原则，但这条原则并非是绝对的，有时候具体问题得具体分析。过去，对于"把"字句的教学，常常有不少条件的设置。通常认为，在尚未学习一般的补语类型之前，是不适合讲授"把"字句的。事实上，学习者对语言结构的习得顺序并不能以其难易程度作为唯一的考量因素，使用频率等因素也起到了非常大的作用。

4.3.2 根据谓语动词的构成特点，从形式上可以将"把"字句分成了六大类：

第一类：S+把+O+V+了。

第二类：S+把+O+V+C。

  句式一：S+把+O+V+结果补语。

  句式二：S+把+O+V+趋向补语。

  句式三：S+把+O+V+动量补语。

  句式四：S+把+O+V+情态补语。

  句式五：S+把+O+V+介词词组补语（在/到/给）。

第三类：S+把+O+V成/作……。

第四类：S+把+O+V+其他成分。

句式一：S+把+N+V(一/了)V。

句式二：S+把+N+V（了）一下。

句式三：S+把+N+V着。

第五类：S+把+O+一V。

第六类：S+把+O+修饰语+V。

4.3.3 典型的"把"字句突显的是一个物体在外力作用下发生空间位移的过程，其相应的形式特征是"把"字句的动词后带趋向补语、结果补语、介词结构补语等。最能体现"把"字句典型语法意义的是第二类中的句式一、句式二和句式五。大量研究中的语料调查表明，（张伯江，2000；吕文华，2002b等）在"把"字句的六大类子句式中，这三个句式也是留学生和本族语者优先选择使用的句式。所以，这三个句式无论在教材的编写上还是在教学的安排上都应该放在最前面。

其次是第三类，即谓语为"V成/V作"的这类句式也是"把"字句里很重要的一类句式，使用频率也很高。而第四类、第五类和第六类是"把"字句中比较复杂的结构，即便是本族语者使用这三类句式也是很少的，更别说留学生了。所以，这三类的习得难度比较大，可以让它们出现在中高级阶段的课文里，随文释义，不必为重要语法点而单独呈现。

4.3.4 总的来说，"把"字句的各个下位句式的教学可以考虑按照下面三个等级来安排顺序：

第一等级

　第二类

　　句式一：S+把+O+V+结果补语（小张把房间打扫得干干净净。）

　　句式二：S+把+O+V+趋向补语（请把你的护照拿出来。）

句式五：S+把+O+V+介词词组补语（在/到/给）（下课后赶紧把作业交给老师吧。）

第三类

S+把+O+V 成/作……（玛丽把"未"字写成了"末"字。）

第二等级

第一类

S+把+O+V+了（他把手机丢了。）

第二类

句式三：S+把+O+V+动量补语（他把这本书看了两遍了。）

句式四：S+把+O+V+情态补语（孩子们把房间搞得乱七八糟的。）

第三等级

第四类

句式一：S+把+O+V（一/了）V（我把桌子擦了擦。）

句式二：S+把+O+V（了）一下（他把宿舍收拾了一下。）

句式三：S+把+O+V 着（你走时把钱包带着！）

第五类

S+把+O+一V（他把眼睛一闭，不再理我了。）

第六类

S+把+O+修饰语+V（都是自己人，你别总把我往外推。）

当然，规则是死的，教学是活的。有时候，教师不必拘泥于某些既定的规则或顺序。例如，当教师在课堂语言中用到"S+把+O+V（了）一下"（如"麦克，你把写错的字改一下。"）时，完全可以根据具体的语境进行"把"字句的教学或训练。

第十九讲　高级阶段语篇教学的若干问题

一　语篇教学的现状及存在的问题

1.1　语篇的定义和语篇的范围

一般来说，把等于或大于两个小句的语法单位都看作语篇，但并不是只要两个或两个以上的句子在一起，就能够组成语篇。有一些句子，意思相关，而且每个句子的句子成分齐全，但似乎也不成为一个语篇。如：

①他能在天亮的时候赶到，他把骆驼出了手，他可以一进城就买上一辆车。

在这个例子中，三个小句都是主谓成分齐全的，但在实际表达中一般不会出现这样的用法，所以似乎不构成语篇。原文为：

①' ¢能在天亮的时候赶到，¢把骆驼出了手，他可以一进城就买上一辆车。（老舍《骆驼祥子》）

从例①'可以看出，原文中，前两个小句的主语"他"都没有出现。由此可见，单独的小句都能说，几个小句在一起不一定能构成一个语篇，句子之间还需要其他的手段将它们衔接起来，使之连贯，才能构成语篇。例①'主要采用省略手段使它们成为语篇的。

关于语篇的范围，Halliday 和 Hasan（1976）认为语篇指任何长度的，在语义上完整的口语和书面语的段落。按照这个定义，一个小句也可能是一个语篇。胡壮麟（1994）指出语篇是指任何不完全受句子语法约束的在一定语境下表示完整语义的自然语言。所以语篇的范围包括两个方面：一是在书面语中，主要关注两个及以上小句组成的语言单位；二是在口语中，除两个及两个以上的小句组成的语言单位外,交际语境中一个小句的话轮也是语篇关注的内容,因为它与上下文一起,能够传递完整的信息,是达成交际目的的语言单位。

1.2 目前汉语语篇教学相关情况

自20世纪80年代以来,关于汉语语篇教学的研究和实践开始受到学者们的重视,在理论和实践方面,都在进行积极的探索和实践。主要有以下几个方面。

1.2.1 关于语篇教学观的讨论,主要是针对语篇教学到底是自上而下还是自下而上的问题。第一种观点主要是自上而下,如杨翼（2000）主张在中高级阶段突破长期以词、句为中心的观念,按照"语篇、语段、复句、单句、词组、词"的顺序,让学习者从语篇的角度来认识语段、句子、词组和词。第二种是自上而下和自下而上相结合的语篇教学观,如李春芳（2001）提出语篇教学的程序就是由整体到局部、再由局部到整体的教学全过程。

1.2.2 关于语篇语法项目的研究和教学。目前关于语篇语法项目的研究和教学主要是关于衔接方式的研究,如杨春（2006）提出初级汉语阶段可增加叙述体形式,有意识地将省略、照应、逻辑关联词等语篇知识引进来;覃俏丽（2008）指出初级阶段重点在词汇、语法的衔接,中高级阶段重点在修辞、语境、语用等方面的连贯;田然（2014）提出,"对外汉语语篇语法"包括语篇中的词语组织法、语法项目应用问题、句式使用问题等;彭小川（2004）指出,语篇语法教学的主要内容为语篇的衔接与连贯,具体包括照应、省略、关联词语、时间词语、词汇衔接、句式的选择等衔接方式,以及句式与语义连贯手段等;吕文华（2012）认为句法上的衔接方式和语义上的连贯顺序是开展教学中需要重点关注的内容,包括衔接方式和语义连贯等。

1.2.3 关于语体的语篇教学研究。不少学者都提出要关注语篇的语体教学，如李泉（2003）提出基于语体建构对外汉语教学语法体系；邢志群（2007）具体提出：语篇阶段，教学重点在于"篇章模式"，应针对语篇的开头、叙述语篇、描述语篇、说明语篇、辩论语篇和语篇结尾这六种篇章模式进行教学。

1.2.4 运用相关理论进行语篇教学研究。在探索过程中，多位学者将语篇本体研究的成果应用到教学中，运用衔接连贯理论、照应理论、信息结构理论等进行教学的探索，如刘月华（1998）用语篇衔接方式来进行语篇教学，张迎宝（2012）提出分语体教学，重视微观信息结构系统的外在影响等。

1.3 目前语篇教学存在的不足

总的来看，尽管学者们对语篇语法教学进行了比较深入和广泛的研究，但仍然存在着不少问题。从教学内容角度看，主要有以下几个方面。

1.3.1 体系缺乏系统性。吕必松（1994）就提出，在留学生学习汉语初级阶段教授的语法应当以词法和句法为主，但是到了中高级阶段的语法教学体系是缺乏系统性和计划性的，尤其在语段教学上几乎是一片空白。到目前为止，这一问题仍然没有大的改观，语篇语法应该包括哪些内容还没有取得共识，教学自然缺乏系统性。

1.3.2 语篇教学缺乏创造性。如吕文华（2002b）指出：目前的教学模式是通过不断让学生模仿、引导学生用指定词语连词成段进行训练的，这样学生获得的语言能力仍然停留在句型和词语阶段，从而导致了学生在机械模仿后仍然在句际衔接、语段衔接连贯等方面重复同样的错误。背后的主要原因是，语篇教学内容中关于如何组构语篇的具体语法项目的提取不足，在讲授的过程中针对具体知识点的操练不充分，语篇教学常常类似于作文教学，宏观上关注较多，微观上没有落实到语法项目。因此，语篇教学语法的内容不仅要讲授有哪些方式具有衔接功能，更要讲授应在什么情况下选择什么样的衔接方式。正如在词类教学过程中，如果只说汉语有名词、动词、形容词，并不能让学习者学会使用，还需要在具体句子中说明它们的功能和用法，这样学生才会有创造性。

1.3.3 教学内容缺乏应用性。语篇教学常常只涉及语篇的某些方面，例如有的是从如何完成一个语篇的角度来进行的教学和训练，这类似于中国学生的作文教学；还有的针对语序、关联词语进行操练等，大多是静态的练习。总体来说，在语篇内部进行的教学和训练较多，从语篇满足交际功能的角度出发来进行的训练较少，缺乏针对学习者信息传递目的而选择表达视角的操练。所以当学习者输出的时候，不知道选择哪一种方式才能准确表达自己想要表达的意思。

从上可知，语篇教学还存在着很多需要进一步研究的问题，推进语篇语法的体系建构具有必要性和紧迫性。

二 语篇语法教学的出发点

2.1 信息传递是语篇的主要功能

语言是交际的工具。人与人之间言谈交际的过程，就是彼此不断传递信息的过程。陆俭明（2014）认为说话一方所要传递的信息或听话一方所感受到的信息，可以统称为"语言信息"。徐盛桓（1996）有具体的阐述：语言学所说的信息指的是以语言为载体所传输出的消息内容，称为话语信息。话语信息可以分为三个子系统：语义信息、语法信息、语用信息。

词汇传递语义信息，把语言的形式与现实世界联系起来；语法信息提供规则，把词汇组合成可以使用的语言形式；语用信息就是语言形式在具体的使用过程中为达到交际的目的传递的相关信息。语篇的主要功能是传递语用信息。

2.2 语篇是信息传递的基本单位

语篇是交际的基本单位,其主要功能就是传递语用信息。交际的目的不同,就会选择不同的语篇组构方式。在汉语中,有很多同义的小句。例如:"他年轻""他身体好"两个小句,当它们作为独立的小句时,是静态的,不传递语用信息。将它们按不同方式组构,可以传递不同的语用信息。如:

① a.他年轻,身体好。

b.他年轻,身体也好。

c.他年轻,而且身体好。

d.他年轻,身体又好,……。

例①a传递两个独立的客观信息;例①b、例①c中分别选择了"也""而且"关联,表明言者希望突显的信息是"身体好",从突显度上看,c比b更高一些,是递进关系;例①d中,用"又"关联,表面上看似乎也是并列关系,但从篇章组构情况看,更倾向于将这个小句与前一个小句关联起来,共同成为后一个小句的背景信息(如果没有后续句,感觉话没说完)。

为了证实上述结论,可以看以下两个例句:

② 但是,因他学习好,表现又好,同学们选他当了学生会干部。

③ 1905年,欧洲人从中国和日本进口了竹竿,竹竿比木杆轻,弹性又好,使得撑竿跳高的成绩有了突飞猛进的发展。

上述两个例句中,"他学习好,表现又好"和"竹竿比木杆轻,弹性又好"先是并列关系,再共同成为后句"同学们选他当了学生会干部""使得撑竿跳高的成绩有了突飞猛进的发展"的背景,表明后句的原因。这两个例子中,用"又"关联传递的语用意义,与

"也""并且"不同，如果用后面两个词语关联，传递的信息有差异。

从上可以看出，以上的语篇虽然基本意义相同，但是传递的语用意义有差异。这种差异，在句法或者语义层面有时难以进行区分。

2.3 句子的意思不同于传递的信息

陆俭明（2014）提到，句子的意思≠传递的信息。他指出："句子的意义，是作为语言的句子的意义，它是由好几个部分的意义组成。""句子的信息，则是指作为言语的句子在一定的交际中传递的信息。作为一个语言的句子，只有意义，不传递信息。只有当它在一定的交际中作为'言语的句子'出现时，才传递信息。"所以同样的句子，在不同的交际语境中可以传递不同的信息。

换个角度看，在具体语境中，不同"语言的句子"也可以传递相同的信息。如：

④ 问：几点了？

答：a.七点五十了。

b.上课时间要到了。

c.要迟到了。（现在七点五十分，路上至少二十分钟）

d.老师应该已经进教室了。（老师要求学生比自己先进教室）

假设说话的语境是：八点上课，老师要求学生不要迟到，问"几点了"是想了解是否来得及，答者要传递的信息是要被批评了，那么这四个回答都传递相同的信息。

2.4 以信息传递为出发点进行语篇教学

由于不同的句子可以传递相同的信息，同时又存在一定的差异。所以可以从信息传递的角度出发，进行语篇教学。具体地看，客观信息的传递与主观信息的传递、言者希望传递的信息与听者希望获取的信息等选择的语篇组构方式存在差异。

从语篇组织看，可分为无标记的组构模式与有标记的组构模式，一般来说无标记的组构模式用来传递客观信息，有标记的组构模式，在传递客观信息的同时还传递主观信息。例如从叙事的角度讲，先发生的事件先讲，后发生的事件后讲；从说明和推论角度看，先讲事件发生的原因，后讲结果；先讲宏观，后讲微观；先讲一般，后讲特殊；先讲占有者，后讲被占有者。（张德禄，2006）这些都是无标记的组构模式。如果反过来，则是特殊情形，而它们会选择有标记的组构模式（包括标记词）。

从言听双方的角度看，言者希望传递的信息与提供听者希望获取的信息常常采用不同的语篇组构方式，后者的特点在对话中比较明显。

2.5 关于语篇语法的教学范围

长期以来，关于语篇教学主要有两个倾向：一是将复句教学看作语篇教学，但语篇语法教学包括但不限于复句教学，它的对象可以是几个小句之间的组构，也可以是几个句子之间的组构。是不是一个语篇，主要判断标准是是否传递独立的信息，线性序列上的几个小句或者句子如果不传递独立、完整的信息，则不是一个完整的语篇。如：

⑤ 除了微波炉，在吸收无线电波方面，水也十分擅长。2.4G频段的无线电波是最容易被水吸收的。

例⑤中，有两个句子，但是它们组合后表达的中心意思不清楚，所以不是一个完整的语篇。在原文中，后续句子主要是讨论"水与网络"相关的内容。之所以如此，是因为例中的"2.4G频段的无线电波是最容易被水吸收的"是一个背景信息，后续必须有前景信息。所以语篇教学的对象可以是几个小句的组合，也可能是几个句子的组合。

还有一种倾向是将作文教学看作语篇教学，作文的教学范围大于语篇语法的教学范围，语篇语法的主要教学内容是一些具体的语言形式或者知识点，比如具体的衔接方式等。至于使用的语言是否形象、生动不是语篇语法教学的内容。

三 语篇语法教学的主要内容

3.1 语篇的特点

吕文华（2002b）指出，目前语篇教学收效甚微的主要原因是对外汉语教学界没有将现有的语篇语法研究成果应用于教学，导致了在开展语段或语篇教学方面还是个空白。要想改变这种现状，只有重视并开展语段与语篇语法教学研究，将语篇理论研究和语篇偏误分析的成果转化、应用到二语教学中，才能彻底解决这一难题。所以语篇语法教学内容的确定，还需要从关于语篇的本体研究中来，从语篇的特点出发确定研究的思路和语篇语法的主要内容。

关于语篇的特点，学者们从不同视角进行了比较全面而深入的研究，徐赳赳（2010）所概括的典型语篇的三个主要特点，依据这三个特点讨论语篇语法项目的主要内容。

（1）功能。语篇的功能在于其能独立传递信息，完成交际任务。所传递的这个信息，在不同的语境中或者不同的交际者中也不会产生歧义。

（2）层次。层次是指语篇中各个小句之间的组合是有层次的，一般其中两个小句之间的关系是最低层次的关系，几个小句与几个小句之间就能组成高一个层次的语篇。缺乏层次的小句与小句之间的组合是杂乱无章的，不能构成语篇。

（3）关系。关系是指一个语篇中各个小句之间的内容应该有一定的联系。有些表达中，虽然几个句子单独看都是合乎语法的，但是它们在一起不能表示完整的语义，常常是因为关系不明确，也不是语篇。

3.2 语篇语法教学内容的确定范围

3.2.1 与功能相关的教学内容。教学内容可根据交际的目的性来确定。聂仁发（2005）认为目的性是语篇的功能特点。目的性表现为语篇有主题，并围绕主题展开，因而具有统一性。理论上一个语篇是可以出现在一定的语境中，完成某种交际任务的。所以语篇教学时，需要从功能的角度划分语体（比如叙事、说明、描写、推理等），并提取不同语篇的特点。

与完成交际功能相关的，就是语篇需要传递信息，包括客观信息和主观信息。张宝林（2001）认为在一个语段中，各个小句都是为表现整体的语义中心服务的，但其功用又不尽相同，段落中存在一个中心句，其他小句都是围绕这一中心句展开来表现语义的，所以可以在语体的基础上概括出各类的中心句以及"周边句"。换一个角度看，则是信息流的问题，即一个语篇，如何围绕这个话题（或中心）组织相关信息，且符合一般的认知规律。从言者传递信息的重要性角度看，重要的信息一般是前景信息，为前景信息服务的是背景信息，语篇组织常常是这两类信息的配置过程。从交际场景看，口语和书面语传递信息的方式存在差异。

3.2.2 与层次相关的教学内容。不同语体的语篇，其结构层次有差异。如廖秋忠（1988）讨论了论证体的论证结构，冯·戴伊克（1993）总结了新闻体的结构。由于它们的功能不同，结构层次也存在差异。所以不同语体的结构及其层次是语篇教学的内容。

不同层次的语篇衔接方式存在差异。例如小句与小句的衔接、句子与句子的衔接、段落与段落的衔接，可能有不同的特点。例如叙事语体中，时间或空间成分是衔接句子与句子时的常用方式，但在衔接小句与小句时却是非常用的。

3.2.3 与关系相关的教学内容。从语篇组构的情况看，两个小句之间最常见的是它们的某一个成分之间有依赖关系，即语篇中的一个成分和对解释它起重要作用的其他成分之间的语义关系。（Halliday & Hasan,1976：13）在汉语中，人或事物的指称语（名词、代词、零形式）、事件指称语（事件名词、代词、零形式）等都具有这种依赖关系。另外，共同的谓词性成分或者修饰语也是一种依赖关系。

衔接关系有显性与隐性之分。小句或句子之间的关系，有的比较符合认知的一般规律，这类关系常常是直接衔接，有些不符合一般的认知规律，或者衔接的距离比较远，常常选择显性的衔接成分进行衔接。

3.3 汉语语篇语法教学的框架性内容

语篇教学内容的确定，应该考虑的几个问题：第一，适应语言交际的需要；第二，寻求结构—功能相结合的更好途径。教学内容首先要根据语篇特点来确定，但具体教学内容则以语言形式为出发点，以这个点为基础，概括它的语法功能。这样，同样一个教学内容，可能与两个或两个以上语篇功能相关。

具体的汉语语篇语法教学内容主要包括以下几个方面。

（1）语体及其结构——涉及［功能］［层次］，应该总结不同语体的常用结构以及相应的表达方式，从宏观上把握不同语体的语篇结构之间的差异，可以依据它们的组构方式，概括出不同语体的典型结构，作为语篇教学的重要内容；

（2）影响语篇连贯的相关因素——涉及［功能］［关系］，语篇连贯是衡量语篇的完整性、一致性，甚至整体完好性和质量的标准，依据语体提取判断连贯的具体标准以及不同语域的表达方式，是语篇教学的重要内容；

（3）语篇的具体衔接方式——涉及［功能］［关系］，具体的衔接方式有多种，由于言者传递信息的目的有差异，选择的衔接方式也有差异，辨析衔接方式和表达功能的差异，是教学的重要内容之一；

（4）指称性与衔接性的关系问题——涉及［关系］［层次］，提取具有指称性的各种表达方式，将它们的指称性大小做一个排序，可以概括出指称性与衔接的相关性，是教学中应该密切关注的问题；

（5）前景/背景信息的配置方式——涉及［层次］［关系］，前景/背景的配置在各种语体中都有其具体方式和规律，与体标记、语气成分、标记词等有关，如何配置前景/背景是语篇教学的重要内容，前景/背景配置失当的语篇，其作为语篇的可接受度也会降低；

（6）多功能词的用法问题——涉及［功能］［关系］，汉语中的很多词，一方面具有修饰功能，另一方面具有语篇衔接功能，这类词的衔接功能可以依据学习者的水平，安排在不同的层次进行教学；

（7）主观性与交互主观性——涉及［功能］［衔接］，主观性和交互主观性表达了说话人或者听话人在说出或听到一段话的同时，表明自己对这段话的立场、态度和感情，是口语语篇语法关注的重点之一。

上述语篇语法的教学内容还是框架性的，还需要进一步研究。实际上吕文华（2002b）就指出，长期以来，对外汉语语篇教学存在很多问题，究其原因，就是教学方法上没有重视语段与语篇语法的本体研究，并将相应的本体研究成果应用在语段和语篇的教学中。所以，对外汉语语篇教学语法体系的最终建立，有赖于面向应用的更多研究成果的问世。

在语篇教学内容的安排上，学者们也早有思考。如赵金铭

（1996）指出，习得者在学习汉语的过程中，首先得解决正误问题，就是得把词语的位置摆对；其次要解决语言现象的异同问题，这就涉及具有隐性的语义理解；最后要解决高下问题，就是语言的应用问题。高级阶段侧重语用功能语法的教学，使习得者具备区别语言形式高下的能力。

以上语篇教学内容所涉及的各个语法项目，也需要根据语篇组构的需要分成不同的等级，有的是和句法知识混合教学，有些需要单独教学。

3.4 选择性是语篇教学的重要内容

由于语篇是交际的基本单位，从传递的信息出发、从交际意图出发进行语篇教学是与语言学习的目的相一致的。所以，语篇教学除了如何将小句变成语篇或小语篇变成大语篇外，还有一个重要方面是选择与信息传递匹配的句子，即语篇的选择性。例如："我吃了苹果""苹果我吃了""我吃苹果"等是基本义相同的小句，但在答句中选择不同的小句可以构成不同的语篇，传递不同的信息。

① 问：吃根香蕉吧。

答：a. 我吃了苹果。

b. 我吃苹果。

c.*苹果我吃了。

在回应"吃根香蕉"的时候，回答"我吃了苹果"传递的信息是"因为吃了苹果，所以不吃香蕉了"，回答"我吃苹果"，传递的信息是"我选择吃苹果，而不是吃香蕉"，c一般不能作为答句出现。

② 问：苹果呢？

答：a. 苹果我吃了。

b.? 我吃了苹果。

c.* 我吃苹果。

在回应"苹果呢"的时候,"苹果我吃了"可以作为回答,但b、c一般不能作为回答。

③ 问:你吃苹果吗?
  答:a. 我吃苹果。
     b.? 我吃了苹果。
     c.* 苹果我吃了。

在回应"你吃苹果吗?"时,"我吃苹果"可以作为回答,但b、c一般不能作为回答。从以上分析可以看出,虽然这几个小句的基本意义相同,但在传递的信息明确时,可供选择的组构方式是有限制的。

在语篇教学和学习中,学习者需要明确自己想传递的信息是什么,以及如何选择相应的表达方式;教学者需要根据传递的信息,教授哪些方式可以选择,选择不同表达方式之间的差异是什么,等等。

四 衔接词教学时需要注意的问题

4.1 衔接和衔接成分

衔接主要体现在语篇的表层结构上,它是通过词汇和语法形式等实现的。衔接成分的衔接,主要是指具有衔接功能的语言成分实现的衔接,包括连词、副词以及一些话语标记的衔接。如:

① 屈原看破了秦王的阴谋,劝告他不要去秦国,<u>楚怀王不但不听,反而</u>将屈原赶出了都城。

② 她参加新闻发布会,一定要留出时间让记者自由发问。<u>当然</u>,允许提问,就意味着要回答问题,就是有一定风险的。

③ 他很快即让我去约沈先生叙谈小酌,<u>可见</u>他对沈先生到这里工作是十分重视的。

例①中,后两个小句"楚怀王不听"和"将屈原赶出了都城",虽然两个小句之间有零形式与名词之间的衔接,但两个小句语义上不连贯，需要表示转折关系的连词"不但……反而"将两个小句衔接起来，使其连贯。例②中，后一个句子的主要内容是补充相关信息，前后句不在一条主线上，所以需要表示补充义的"当然"衔接。例③的前后部分都是表示言者的主观性，即语篇从客观到主观，所以需要衔接成分"可见"，表示后句的言者主语不是"他"，后句表示言者对前句的看法。

如果两个小句之间的成分没有直接或显性关系，可以用一定的衔接成分连接起来。例如：

④ 天气预报说明天下雨，所以我们取消了明天的运动会。

这个句子的两个小句中，所有的成分都是独立的，不需要依赖另外一个小句来解读，但是句中有"所以"连接，表明前后句是因果关系，它们也是衔接的。

当然，有的时候，两个小句是有衔接关系的，但仍然用词语连接起来。如：

⑤ 他学习一直很努力，而且进步很大。

⑥ 他昨天淋了雨，所以今天感冒了。

这两个句子中，分别由词语"而且"和"所以"连接起来，如果去掉，说成：

⑤' 他学习一直很努力，进步很大。

⑥' 他昨天淋了雨，今天感冒了。

由此可见，有的连接词语是强制性的，有的是非强制性的，非强制性的一般是突显小句之间的关系，同时表达言者的主观性。

4.2 衔接词教学要特别重视的问题

在语篇教学过程中，衔接词教学是重要的一个方面。在衔接词教学时，需要注意衔接词所衔接的基础句应该有其所表示的语义关系。有些虽然有衔接词，但是语篇仍然是不连贯的。这是教学中先要讲清楚的问题。

4.2.1 前后句之间是否具有衔接词标示的语义基础。在组构语篇时，需要考虑前后句之间有没有衔接词标记的语义关系，如果没有这个关系，就不能使用这个衔接词。例如：

⑦ 在马来西亚，学校大多是男女混合式教育。但是，同时也存在男子中学以及女子中学。对笔者而言，笔者由小学至中学都是在男女混合式学校受教育。<u>因此</u>，中国陆续出现了50多所女子中学，并且有某些中学进行男女分班实验的现象。

例⑦中，"因此"前说的是马来西亚的情况，而其后是中国的情况，前后没有直接的因果关系，所以没有使用"因此"的语义基础，不能使用。这个句子中，直接将"因此"换成"近几年"就可以了。

4.2.2 前后句之间语义关系与衔接词标记的关系是否一致。在现代汉语中，有些衔接词表示的语义关系虽然比较接近，但是仍有细微的区别，要关注语篇的类型，以及前后句之间语义关系与衔接词标记的关系的一致性。例如：

⑧ 然后父母离婚了，我跟妈妈一起住，<u>当然</u>不能跟爸爸每天见面。

⑨ 我很喜欢看成龙的电影，我不高兴的时候<u>一</u>看他的电影<u>就笑起来</u>。

例⑧中，"自然"一般是符合一般常理和规律的，"当然"主观性比较强，这是一个客观陈述事实的语篇，事件中的"父母离婚，我跟妈妈"与"不能跟爸爸每天见面"是一种符合常理的关系，用"自然"比较合适。例⑨中，"笑起来"一般表示事件的起点（开始发生），但是前文中"我不高兴的时候"表示这是一个惯常句，不能说"笑了起来"，为突显惯常情况，可以在"笑起来"前加上"能"，表达更加自然。

4.2.3 衔接词突显的信息是否符合言者的意图。有很多衔接词，同时具有标记主观性的作用，有时表示言者想突显某一信息，所以要关注衔接词突显的信息与整个语篇是否一致。例如：

⑩ 这天很有意思的，又吃月饼，又拜月亮。我觉得月饼很好吃，可是很贵的。不过，一年吃一次没关系。

⑪ 当时对这部书这么着迷，是因为它角色多，故事性强，够热闹。也许跟我出身大家庭，多少有些关系吧！

例⑩中，语篇中用"可是"衔接"很贵"，就突显了这一点，但是最后又说"一年吃一次没关系"，所以"很贵"不应成为突显的内容，可以用"虽然"将其处理为背景信息。例⑪中，前一个句子主要表达了"这么着迷"的主要原因，后一个句子是补充的可能原因，但是原文中没有突显这一点，也可以用"当然"来标记。以上两例可以修改如下：

⑩' 这天很有意思的，又吃月饼，又拜月亮。我觉得月饼很好吃，虽然很贵的，不过，一年吃一次没关系。

⑪' 当时对这部书这么着迷，是因为它角色多，故事性强，够热闹。当然，也许跟我出身大家庭，（也）多少有些关系吧！

修改的时候，例⑩将"可是"换成"虽然"，改变了层次和语义关系，与言者希望表达的意思更加一致。例⑪加上"当然"，标示其后是补充信息。

4.2.4 信息配置是否符合衔接词的标记功能。有些衔接词，在语篇中只能标示背景信息，这类衔接词所衔接的小句不具有独立性，要关注有没有前景句。如：

⑫ 有一次学校提供给我们去"卡拉巴德"的机会。这是乌克兰一座著名的山。很多本地和外地的人为了到那儿滑雪。当时我是一个滑雪迷，一听去"卡拉巴德"消息，就去报名了。

例⑫中的"为了",表示目的,是背景信息,所以必须补充前景信息。这个句子可以修改为:

⑫a 很多本地和外地的人为了滑雪到那儿玩。

如果希望将"为了"句表达为前景信息,可以在前面加上"是"。如:

⑫b 很多本地和外地的人到那儿(就)是为了滑雪。

4.2.5 要注意套叠的衔接词之间是否有衔接关系。有的时候,衔接词与另外的衔接词套叠,而且其中有些衔接词有对应的衔接成分,需要注意是否有遗漏或者衔接是否正确。如:

⑬ <u>虽然</u>妈妈每次我这样做的时候批评我,<u>不过</u>我知道妈妈<u>因为</u>爱我<u>这样</u>严格地批评我。

⑭ 我知道他非常爱我,<u>并不因为</u>我是他的独生女,<u>而且</u>他对每一个孩子都是这样,总是很关心。

例⑬中,"虽然……不过"是第一层关系,在"不过"后的句子中,还有一层因果关系,但这一层关系中缺少后一个关联词语,可以在"这样"前加上"才"进行关联。例⑭中,"因为"与"而且"套叠了,"因为"的小句后表示"非常爱我"的原因,这里用"而且"关联意思不明晰,可以用一组并列或补充关系的衔接词,如"不仅仅……,还……"。例如:

⑭' 我知道他非常爱我,<u>并不仅仅因为</u>我是他的独生女,<u>还因为</u>他对每一个孩子都是这样,总是很关心。

4.3 关于多种方式实现的衔接的主次性

在组构语篇时,可以是省略实现的衔接,也可以是衔接词实现的衔接,甚至可以是结构实现的衔接,在具体组构时,则可能选择两个或者两个以上的衔接方式,例如有的时候,主宾语都省略了,这种情况下以主语的衔接功能为主;有的时候,衔接词与省略方式都运用了，则以衔接词的衔接为主。是主要的衔接方式，还是次要的衔接方式，可以用替换或补全的方式进行验证。如：

⑮ 他学习好，但是体育也好。

例⑮，可以说成："他学习好，但是他体育也好。"即补全了省略的"他"，基本不影响连贯性，说明其主要是用衔接词"但是"进行衔接的；换一种方式，去掉"但是"，说成："他学习好，体育也好。"句子仍然是连贯的，但是表达的意思有所变化。再换一种方式，说成："他学习好，他体育也好。"即补全省略的"他"，则接受度降低了，这从另外一个角度说明例⑮主要的衔接方式是衔接词"但是"，次要的方式是省略"他"。

第二十讲 从标记理论谈语气词"吗""呢""吧"的习得和教学

一 标记理论对语气词"吗"遗漏现象的解释

1.1 标记理论和第二语言习得

1.1.1 发端于布拉格学派的标记理论,在语言类型学中有了突破,标记概念是指语言成分的非对称现象,是建立在跨语言的比较分析之上的。标记不再是传统意义上的绝对概念,而是一个相对概念,是有等级的,没有绝对的有标记或无标记,只有标记性程度高低的不同。与此同时,语言类型学改变了传统的只建立一个范畴内部的标记模式,而建立起新的一种关联模式,强调一个范畴和另外一个范畴之间的联系。一个范畴内部成员的不对称实际就是有标记项和无标记项的对立。(Greenberg, J. H., 1966;王立非,1991;沈家煊,1997、1999)

1.1.2 继布拉格学派之后,标记理论在语言学及其相关学科中得到了进一步的发展和应用。在第二语言习得研究中标记理论的应用体现在其对第二语言习得的顺序、第二语言学习的困难以及第二语言习得中的母语迁移等问题所具有的解释力上,而这种应用对第二语言的教学也具有一定的启发作用。

1.1.3 中介语的发展阶段是学习者所学语言结构处于何种程度的反映,成为标记理论对第二语言习得顺序解释的依据:语言现象里是无标记现象多于有标记现象,二语习得者习得时也是先习得无标记成分后习得有标记成分,遵循这样习得的顺序就能习得更多的内容。赵金铭(2007)也认为在对外汉语研究中首先要研究"教什么",建立"教什么""如何学""怎样教"的三角关系。标记理论提供的习得顺序和解释为我们对外汉语研究中"教什么"和"怎样教"即教材编写、教学策略和教学实践提供了理论依据。

1.2 标记性跟二语习得中母语迁徙有密切关系

1.2.1 Chomsky(1980)的标记概念认为人的语法知识由两部分组成:即普遍语法(先天遗传)与个别语法(后天习得)。而普遍语法包括核心语法(人类语言共有的原则)与参数系统(设置形成语言差异)。人类具体语言由核心语法(有标记和无标记的规则)和外围语法构成(不符合普遍语法,有标记)。生成语法理论认为,如果第一语言对应的结构有标记,第二语言输入的力度大,那么第二语言的结构就容易学会;如第一语言的结构无标记,第二语言的输入力度小,则第二语言的结构容易僵化,学习难度增大。(周小兵、朱其智、邓小宁等,2007)

1.2.2 其实,不仅是生成语法理论,从类型学角度说,对标记理论与二语习得的关系也有论述:类型学者根据对50种语言的调查指出,语言中普遍存在语法等级关系。关系从句化的可及性等级是:

主语 > 直接宾语 > 间接宾语 > 介词宾语 > 领属格 > 比较级宾语

得出的结论是:根据标记关系能够预料学习第二语言困难的语言项目。标记程度越低,越容易学,学会得越早。进而认为在第一语言基础上发现的类型学语言普遍性现象,是可以用来解释第二语言习得过程中的某些现象的。因此类型学认为可以不再研究母语—目的语区别、习得顺序、难度等,只要检验中介语是否符合语言普遍性现象就可以了。(王勇、周迎芳,2014;孙文访,2012)

1.2.3 母语、目的语的标记性对中介语的影响如表20-1:(唐承贤,2005)

表 20-1　母语、目的语的标记性对中介语的影响

	母语（L_1）	目的语（L_2）	中介语（IL）
1	无标记	无标记	无标记
2	无标记	有标记	无标记
3	有标记	无标记	无标记
4	有标记	有标记	无标记

当母语和目的语同是无标记的时候，中介语也表现为无标记（如1）；如果母语是无标记的，而目的语是有标记的，就会发生迁移现象（如2）；如果母语是有标记的，无论目的语有无标记，不会产生母语向目的语的迁移现象（如3、4）。母语的语言规则或现象是无标记的时候容易发生语言迁移，而当母语的语言规则或现象为有标记时，迁移现象就不容易发生，但并非不可能。（Ellis，1985）

1.3　语气词"吗"的习得表现

1.3.1　对于外国学生来说，语气词的误用或漏用往往形式上差之毫厘，意义上却谬以千里。赵果（2003）以15名初级阶段美国留学生为研究对象，考察他们对"吗"字是非问句的习得情况。发现他们对该问句的语序特点很早就已经习得，对语气词"吗"的习得则表现为一个循序渐进的过程，但她也提到了留学生初级阶段出现的"语气词缺失"现象。

语气词"吗"是"吗"字是非问的标记，美国学生对于标记词的掌握不像对语序的掌握那么快，而是表现为一个循序渐进的过程。是非疑问句不用"吗"只用"？"，例子如下：

① A：你贵姓？

　　B：我叫亚鑫。

A：你是留学生？

B：是，我是留学生，我学习汉语和英语。

1.3.2 上面的句子不是汉语的"语调是非问"，而是漏掉了"吗"的不完整的"吗"字是非问。根据刘月华（1988）对"语调是非问句"的研究，汉语的语调是非问句在意义上是依赖于上文的，或是对上文已出现过的某个内容的重复或是对语境中出现过的内容进行接引，"语调是非问句"表达怀疑、惊讶、证实、反问、打招呼等。汉语虽没有英语的那种形态标记和屈折变化，但汉语外显的语气词是比较特殊的系统，英语有虚词，但缺乏汉语中如此繁复、确切而精当的语气词，其各种不同的语气更多地是通过语音、语调、特殊的词语、特殊的词序结构、标点符号等综合在一起来表达的，汉语则主要通过加上不同的语气词来表示，汉语的语气词"的""吗""啊"都是英语所没有的。

1.3.3 丁雪欢（2009）通过个案跟踪调查和聚焦描述的研究方法考察是非问疑问标记和是非问疑问功能的纵向动态习得过程，试图揭示习得过程中潜在的习得模式和学习策略。研究的被试为在中国正规大学学习汉语的，处于第一、二、三学期的三位留学生，分别代表疑问句习得的不同时期，语料的搜集采用自由谈话的方式。文中提出，是非问习得过程的基本规律有三种体现："吗"标记从无到有的变化；"吗"所在句法环境从简单呆板到复杂灵活的变化；"吗"和同类项"吧"从混用到区分的变化，反映出了标记形式在二语习得中的一种普遍过程。在疑问功能的习得过程方面，总特点为初期多为单纯的高疑问（最纯粹的疑和问），中期出现少量常用型低疑问（有所测度的非单纯问），后期以低疑语用问为重，多语用突出问句（附加问、反问、语用语篇功能问），是非问中仅以句尾高音调表示猜测和疑惑的测度语调问在三个阶段始终占较高比例，文章在一定程度上说明了所概括的"是非问习得步骤"符合普遍的习得规律。

1.3.4 学习者遗漏"吗"原因的解释应该是：

（1）初级阶段习得时，语气词"吗"在习得者的母语中往往没有相对应的表达形式，无法产生积极的正迁移影响。母语的无标记，目的语中的有标记，学习者多数会采用无标记形式，因为无标记形式先习得，容易习得。

（2）对标记词的使用还没有自动化，当句子中有新的语法、词汇项目出现时，"吗"的使用特别容易受到干扰，如上述例中的"是"。在使用这些新习得的结构、词汇时，标记词"吗"就容易被忽略。

（3）随着学习时间的加长，学习者逐渐了解并掌握语气词"吗"的使用方法和使用语境，这种遗漏会呈现出下降的趋势，表明越来越自动化。

二 语气词"呢"的习得问题

2.1 语气词"呢"习得问题的相关研究

2.1.1 总的说来，语气词习得问题的相关研究是相当薄弱的，即便是语气词"呢"，尽管较为常见，用法多样，学习难度较大，但是关于"呢"的偏误研究的论文依然少见，与本体研究中对"呢"的研究较为深入形成明显对比。与"吗"相比，语气词"呢"的习得和偏误分析也是很有意义的，但为什么研究的成果不多，这跟"呢"本身在意义和用法上的复杂有关，这是"呢"的遗漏现象较为多见的最主要原因。

2.1.2 "呢"的习得问题研究较多的，是从国别化的角度对二语学习者的抽样调查和分析。较为突出的是以下两篇论文：

（1）徐棠、胡秀梅（2007）从母语负迁移角度对日本留学生学习语气词"呢"的偏误进行分析，选取北京师范大学汉语文化学院130个以日语为母语的留学生为研究对象，开展横向规模调查，并对其中2人进行了纵向个案跟踪调查。作者在已有研究基础上将"呢"从语法形式上分为七类，得出日本学生的三种常见偏误，一是语气词误用，表现为"呢"与"吗""吧"的混用；二是语气词缺失；三是综合偏误，主要是结构偏误和语气词误用的结合。突出体现了母语语法和语义的负迁移对留学生学习汉语语气词的影响。

（2）邢玲、朴民圭（2009）从"呢"的意义和用法出发，在北京大学CCL语料库的基础上展开论述。从语法意义来看，"呢"可以影响句子语气，具有完句功能；从情态主观意义来看，"呢"的语义不断虚化，主观性程度不断增强，作者认为不同的意义在对外汉语教学上具有不同的习得难度等级。研究发现，韩国学生对表示疑问的"呢"基本能够正确使用，学习难点存在于"呢"的其他用法上，学生总体上呈现出回避使用"呢"的特点。

2.2 语气词"呢"本体上的相关研究

2.2.1 由于汉语语气词"呢"的意义多样和用法复杂，引起国内外很多学者的关注，在"呢"上有深入的研究，例举如下：

（1）赵元任在《汉语口语语法》中将"呢"的用法细分为七种，即有上下文的问话、有特指点的问话、有意停顿、温和的警告、继续着的状态、肯定到什么程度以及对进一步的信息的兴趣。

（2）吕叔湘主编《现代汉语八百词》中认为，"呢"可以用于是非问句以外的问句后面。

（3）胡明扬（1988）认为，"呢"是表意语气词，提请对方特别注意自己说话内容中的某一点。在疑问句中"呢"仍然表示提请对方，即"请你特别注意回答这一点"。

（4）Charles N. Li & Sandra A. Thompson（1989）认为，"呢"具有"对期盼之回应"和"疑问标记"的两种不同功能。他们对"呢"的"对期盼之回应"功能的解释是，"呢"的存在是为了引起听话者对信息的注意，说话人告诉听话者，这个信息与听话者先前的陈述有关。

（5）陆俭明（1984）对"呢"的疑问语气词身份进行了分析，由于"呢"可以在非是非问句的语段成分后面构成疑问句，于是"呢"是负载非是非疑问信息的疑问语气词，使问句"又多了疑惑、猜想或焦虑的意思"。

（6）邵敬敏（1989）也有相同的观点，认为，"呢"在任何疑问格式中都不负载疑问信息，"呢"的基本作用是"提醒"，在疑问句中的派生作用是"深究"，在非是非问句简略式中还兼有"话题标志"的作用。

（7）齐沪扬（2002）归纳了"呢"的基本用法，认为"呢"表示疑问语气、反诘语气、感叹语气、肯定的陈述语气、疑惑的语气以及停顿。同时，他对"呢"的这六种用法作重新分析，认为"呢"的意义主要是"语气意义"，"表示疑问语气"是"呢"最基本的意义、最主要的功能。

2.2.2 石毓智、金立鑫的相关分析。

（1）石毓智（2004、2006）认为，句末语气词"呢"对特指问句产生一定的影响，只有问话者对所询问的答案既有未知的一面，又有已知信息或者某种倾向性时，才会使用句末带"呢"的特指问句。"特指问句＋呢"结构表达说话人对所询问、期望的答案已经有所了解，或具有某种程度的把握性。当询问的对象完全是未知的、新信息时不能用"呢"。石毓智举出下面例子来说明他的观点：

①你说谁？/你说谁呢？

（2）金立鑫（1996）认为，作为语气词的"呢"，它与疑问语气词"吗"不同。"吗"是通过附加在陈述句后面来实现它"构成疑问句"的功能的。可是"呢"不一样，"呢"是附加在已经具有疑问词的疑问句末尾的。其中有特殊疑问句、选择疑问句、反问句。

事实上，通过考察，句末语气词"呢"经常用于特指问句的末尾，而句末带"呢"的正反问句和选择问句较少。

② a.这些苹果放在哪儿？

　　b.这些苹果放在哪儿呢？

（3）金立鑫进一步分析，"呢"的疑问句是不自由的、有条件的、必须在上文或语境的提示下才可以使用。在无条件的情况下单独直接使用"呢"字疑问句会使人莫名其妙。用"呢"和不用"呢"的语用意义不同。所以 b"这些苹果放在哪儿呢？"可能出现的语境是"桌子上放满了东西/我的包太小了/自己是客人询问主人"。"呢"附加在疑问句的后面，它的语用功能在于提醒说话人，或者突出"根据当时的情况，对比目前所指的对象"，由于它和疑问句结合在一起，因此就使疑问句有了"请听话人注意，根据当时的情况，说话人想了解的对象Q（Q指"问题"）？"的意思，并使这一意义得到凸现。

2.3 学习者习得"呢"遗漏现象的分析

句末疑问标记"呢"的这些结构上的特殊性、意义上的模糊性以及使用上的复杂性，使得学生习得时更为困难，发生遗漏或误用的情况也更容易发生。语气词"呢"的遗漏现象较为复杂。原因在于：

2.3.1 "呢"的意义和用法比较复杂。很多学者都对"呢"有过相当深入的研究，表明有关"呢"的许多问题还没有研究清楚，从二语习得的角度说，要考虑的因素也自然比其他语气词要多一些。另外,"呢"的许多用法形成了一种所谓的固定结构,如"着呢""正在……呢""还……呢"等,是其他语气词如"吗""吧"等都没有的。这些结构都是学习者需要特意习得的,这也会增加习得的难度。

2.3.2 "呢"和"吗"不一样,"吗"只能用在是非问句中,"呢"则可以用在特指疑问句和选择疑问句等不同疑问句中。不同疑问句中,不像"吗"在疑问句中的角色单一。金立鑫、石毓智等人研究表明,作为语气词的"呢"与"吗"不同:"吗"是通过附加在陈述句后面来实现它的疑问功能的;"呢"是附加在已经具有疑问词或疑问结构末尾来实现它的疑问功能的。也就是说,"呢"在疑问句中的使用要考虑的语用条件更多。如果目的语的语言项目与本族语不同,并且比本族语更有标记,习得的困难无疑增大。

2.3.3 "呢"在疑问句中的使用是不自由的、有条件的、必须在上文或语境的提示下才可以使用,也就是说,"呢"的标记性不明显。从人类认知的角度看,标记性不是以另一种语言特征为参照物,而是根据母语者的心理直觉来判断:心理类型与心理距离联合起作用,形成标记的级差,标记性的程度与可迁移性程度相关。这关涉到学习者对于语言类型距离的看法:距离越大,可迁移性越小;这也关涉到学习者对母语可能迁移到项目标记性的看法:标记程度越高,可迁移性越小。

三 语气词"吧"习得困难的原因

3.1 标记差异假设和语言迁移

3.1.1 第二语言学习的困难一向是第二语言习得研究所关注的问题。有研究表明,兴起于20世纪50年代的"对比分析"试图通过比较学习者的母语与所学语言之间的差异,来预测和解释第二语言的学习困难，但结果却不能让人满意。这是因为对比分析所预测的错误常常没有出现，而实际出现的错误常常是对比分析没有预测到的。

3.1.2 20世纪70年代，标记理论所提出的"标记差异假设"对第二语言学习的困难作出了三种预测和解释：（1）L_2中那些不同于L_1且标记程度更高的区域，学习时会有困难；（2）L_2中那些不同于L_1且标记程度更高的区域，学习时其困难程度等于其标记程度；（3）L_2中那些不同于L_1且标记程度较低的区域，学习时不会有困难。

这一假设不再像传统的对比分析那样将差异与困难简单地等同起来，而是把学习困难与语言间的差异和标记程度联系起来：第二语言学习的困难程度与其标记程度成正比，即在第二语言中标记程度越高的项目就越难学，从而较好地预测和解释了为什么有些差异会造成学习困难，而有些差异不会造成学习困难。

3.1.3 最早的语言迁移现象的发现是在对比分析领域里展开的，后来认知理论拓宽了语言迁移的研究领域。在第二语言习得理论中，普遍认为语言迁移是一种心理过程，在这个过程中，学习者会激发其母语知识而去发展或使用中介语。学习者在激发自己母语去使用中介语的时候会发生两种迁移：交际中的迁移和学习中的迁移。在这一认知过程中学习者会采用一些认知策略，有可能选择性地迁移某些母语现象，同时又回避另一些现象。当相应的目的语形式为有标记时，学习者会迁移母语中的无标记形式；当相应的目的语形式为无标记时，学习者不会迁移母语中的有标记形式。（参见Lado，1957；Corder，1967；Schumann & Stenson，1974）

3.2 是非问句中的"吧"

3.2.1 现代汉语是非问句有两种：一种是语调是非问句，这种是非问句没有疑问语气词，因此它的语调必须是高扬的，句子的疑问信息由高扬的疑问语调来负载；另一种是用了语气词"吗""吧"的，句子的疑问信息是由语气词"吗""吧"来负载的。"吗"字是非问是高疑问句，主要功能是表达较高程度的疑问；"吧"字是非问则是低疑问句。黄国营（1986）认为高疑问句是有疑而问，目的是为了获取相关的信息；低疑问句是为了补充已知的信息，有时是为了请听话人对某一判断给予证实，或是征求意见。邵敬敏（1996）对各种问句格式的疑问程度有过这样的归纳："吗"字是非问＞正反问＞"吧"字是非问。

3.2.2 在大多数语言中，都没有与汉语"吧"相似的表示半信半疑、具有测度意义的语气成分，因此，"吧"作为疑问标记的典型性、普遍性都要大大地低于"吗"。在学生习得"是非问句＋'吧'"的过程中，往往直接用语调问，或者用"吗"替代，采取回避策略。

3.3 "吧"的习得困难的原因

3.3.1 徐晶凝（1998）对中高级二语习得者的语气词使用情况进行了调查，结果表明二语习得者对语气词的使用有三种情况：（1）基本上不大清楚四种句类中分别出现哪种语气词，更不了解语气词的具体的实现情况；（2）对常见的搭配格式没有明确的认识；（3）体会不出语气词所表达的语气义的差异。汉语语气词内部语义、语用、交际功能的细微差异，词语固定搭配，形式意义的多样化，使得语气词的自然分辨度低，二语习得者习得时无法体会区分掌握并正确使用，容易产生偏误。

3.3.2 已有的研究表明，二语习得者习得是非问句的次序是：高疑问句—低疑问句—无疑问句，这种发展次序是认知因素和语用因素的综合结果。"吗"字是非问句属于较高程度的疑问，而"吧"字是非问是以低疑问句为主的格局。与"吧"的习得相比，尽管"吗"的习得也存在困难，但"吗"属于无标记表达方式，其习得的困难程度小于"吧",在习得过程中较易于使用。这也是二语习得者习得"是非问句+'吧'"的过程中,往往直接用语调问,或者用"吗"替代,采取回避策略的原因之一。

3.3.3 在大多数语言中,没有与现代汉语"吧"相似的表半信半疑具有揣度义的语气成分,对二语习得者来说,汉语语气词的有标记性会给二语习得造成困难,容易受母语负迁移影响,体现出"L_2中那些不同于L_1且标记程度更高的区域,学习时会有困难"的规律来。母语对第二语言的学习会产生影响,这种影响主要表现为"迁移"和"回避"。回避是指学习者回避第二语言中那些自己感到困难的语言结构,实际上回避也是母语语言知识干扰所致,可以理解为一种隐性的负向迁移。

3.3.4 汉语的"吧"体现了较强的主观性,具有较高的主观度。张小峰(2003)的研究认为,语气词具有明示话语结构,突显交际双方重要信息,引导对方建构理解语境的语用功能。"吧"体现了说话人主观情绪的多样性,具有较高的主观认知度、主观关切度、主观驱动度。屈承熹(2006)根据"语篇标记"和"关联理论",将"吧"界定为一个表示情态的"语篇标记"。其基本性能为"说话人的迟疑",语篇标记功能为"对听话者而发",增强说话人和听话人之间的互动及"增强与其语境的关联性"。"吧"本身的复杂增加了习得的困难。

3.3.5 教学回避,教材输出过于笼统,对语气词内部意义用法缺乏形式上的一一对应,举例脱离实际语境或对话,等等,这些都给学生的习得造成了障碍。如对外汉语相关词典、教材、辅导书对"吧"的多种用法有提及,但缺乏一一对应的例子及用法或给了例句却没有给出语境、没有结合篇章进行展示说明,给二语习得者习得造成了一定困难。

① a.老没见你哥哥,他上哪儿去了吗?
   b.老没见你哥哥,他上哪儿去了吧?

这样的展示都是表达疑问,缺点是脱离语境及对话问答,使得二语习得者很难从例句中体会出它们在实际交际中的差别。

四 几种常见"呢"字结构的教学

4.1 几种"呢"字结构

语气词"呢"是汉语中一个比较复杂的语气词。在第二语言教学中,"呢"常与一些词语共现,并表达相对固定的意义,暂且称之为"呢"字结构。这些"呢"字结构有利于汉语二语学习者整体记忆并使用,因此是汉语二语教学和教材编写的重点。下面讨论这些"呢"字结构的教学要点和教学安排。

4.2 "正在/正/在……呢"结构

4.2.1 教学要点。"正在/正/在……呢"一般出现在汉语二语教学的初级阶段,主要教学习者如何表述某一时间下正在进行的、持续发生的事件。

"正在/正/在……呢"结构包含三个教学要点。

(1)现在或当下正在进行或持续的事件,如:

① 你等一会儿,我正在做计划呢。

② 他这会儿肯定在睡觉呢,你过一会儿再打试试。

例①中,我们通过上下文可知,说话人用"正在……呢"介绍的是自己当下正在做的事情;例②中有一个比较明确的时间短语"这会儿",因此"在睡觉呢"猜测的就是当下正在持续的事情。

(2)过去某一时间点正在进行或持续的事件,如:

③ 昨晚这个时候,我正和朋友打扑克呢。

④ 往年这个时候,我都在老家陪老妈蒸馒头呢。

例③中的"昨晚这个时候"和例④中的"往年这个时候",都是过去的某一个时间点,例③讲述的是过去某个时点一次性发生的事件;例④讲述的是过去某个时间点惯常发生的事件,由上下文可知,这个事件在当下的这个相同时点中断了。

(3)将来某个时点正在进行或持续的事件,如:

⑤ 明晚的八点,我可能正在家里舒舒服服泡澡呢。

⑥ 十年后的这个时候,他再也不会如此奔波了,可能正在家里享受生活呢。

例⑤和例⑥中,都有明确的未来的某个时间点,并且"正在/正/在……呢"结构前有"可能""也许"等表不确定性的副词。

4.2.2 教学安排。在课堂教学或教材编写中,一般都先教授最易理解的表当下持续的"正在/正/在……呢"形式,然后再教授过去某时点下以及未来某时点下的用法。从结构形式入手,教学中先教授完整的"正在……呢"形式,然后教授"正……呢""在……呢""……呢""在……",最后再教授"正……",因为"正……"并不完句,通常以"正……时"结构出现,如:

⑦ 我正吃饭时他就来了。

⑧ 我正要睡觉电话就响了。

在这一结构中,关于语气词"呢"的作用,我们应该结合上下文语境,帮助学习者理解语气词"呢"的目的是引导听者理解说话人的潜在心理动机。

4.3 "着""呢"共现结构

4.3.1 "着""呢"共现有两种形式,一种是可以插入其他成分的,如:

⑨ 外面下着雨呢,你别出去了。

另一种是以合成性语气词"着呢"的形式出现,如:

⑩ 我们白着呢。

无论哪种形式，"着""呢"共现都突显某个动作或状态的持续性。

4.3.2 教学要点。

（1）动词性词语+着呢，表动作的持续性，如：

⑪ A：快点儿吃，来不及了。

B：我吃着呢，没看见吗？

⑫ 你稍等一会儿，我正做着饭呢，做完了就给你回电话。

（2）形容词性词语+着呢，"着呢"作为合成语气词，整个结构表极高的程度，语气上带有夸张的意味，通常用于说话人以这种夸张的极高程度来否定前述话语中的观点。

⑬ 谁说我们黑，我们白着呢。

⑭ 人家两口子关系好着呢，你别掺和了。

例⑬中，说话人说的"白着呢"，除了说明"特别白"以外，还表达了说话人的心理动机，即用来否定前述话语"黑"，这一动机从前半句也可以得到佐证；例⑭中，说话人说的两口子关系"好着呢"除了说明他们的关系特别好以外，还表达了说话人对听话人"掺和"行为的否定，这一点从后半句可以得到佐证。

4.3.3 教学安排。在教学中，一般首先教授学习者"动词性词语+着呢"形式，然后再教授"着呢"的合成语气词用法。前者一般出现在汉语二语教学的初级阶段，与"着"的教学同步；后者作为一个非常口语化的语气词，一般在准中级阶段出现。在教授"着呢"合成语气词用法时，要讲清楚表示程度和表达心理动机两层功能，以便于学习者理解和正确使用。

4.4 "还……呢"结构

4.4.1 "还……呢"结构中通常出现名词或名词短语，主要表达说话人对所陈述对象的不屑、不以为意、不满等负面情感。如：

⑮还好朋友呢，连我的生日都没记住。

例⑮中的"还……呢"结构表达了说话人对好朋友的不满，认为连生日都没记住就不配当说话人的好朋友。

在具体上下文中，"还……呢"的用法也有所差别。

4.4.2 教学要点。

（1）"还……呢"与"连……也"结构连用，语义上表达某人或某事达不到某种标准，语气方面表达说话人的不屑、不满等负面情感。如：

⑯还数学老师呢，连这么容易的题都做不出来。

例⑯中说话人认为某人不符合当数学老师的条件，对这个人的态度是不屑、不满的。

⑰你连这么简单的句子都翻译不出来，还去美国生活呢。

例⑰中，说话人觉得听话人"连这么简单的句子都翻译不出来"，达不到"去美国生活"的标准，因此对他的"去美国生活"的提法是持否定态度的，整个句子含有挖苦、讽刺的意味。

（2）说话人在对话中的应答句中以"还……呢"重复上文，用以否定上文所提出的信息，并在后半句以"都……了"申明事实。如：

⑱A：孩子还小嘛，慢慢教。
　B：还小呢，都快大学毕业了。

⑲A：她闺女有对象了吧？
　B：还有对象呢，人家都当妈了。

例⑱中，说话人B先是以"还小呢"否定了A的话，然后以"都快大学毕业了"表明事实是孩子已经不小了。例⑲中，说话人B先是以"还有对象呢"否定闺女有对象这个说法，然后以"都当妈了"

来申明事实是她闺女不仅有对象了，而且当妈了。

（3）说话人通过"还……呢"提出比前述话语更进一步的事实，来否定前述话语，表达自己的不认同、不满、不屑等负面情感。如：

⑳ 去过国外有什么了不起的，我还在国外生活了十多年呢。

㉑ 你是局长？我还市长呢！

例⑳中，前述话语应该是某人觉得去过国外很了不起，说话人以"在国外生活了十多年"这一比"去过国外"更进一步的事实，来否定前述话语，表达自己觉得"没什么了不起"之意。例㉑是一个典型的冲突型话语，说话人以比"局长"高一级的"市长"来否定听话人的身份，用来表达自己对听话人的负面情感。

4.4.3 教学安排。在"还……呢"的若干用法中，其核心功能是表达说话人对前述话语的负面情感，因此应该首先对教学要点（1）进行教学，然后再安排其他要点的教学。

综上所述，上述三种典型结构的语义都包含说话人借助"呢"字结构与听者进行互动，传递说话人心理动机这一功能，而这种功能正是语气词"呢"带来的。教师有必要在教学中帮助学生理解"呢"的这一核心功能。

参考文献

北京大学外国留学生中国语文专修班(1958)《汉语教科书》,北京:时代出版社。

北京语言学院(1980)《基础汉语课本》,北京:外文出版社。

蔡　瑱(2006)论动后复合趋向动词和处所名词的位置,《暨南大学华文学院学报》第4期。

曹秀玲(2000)对朝鲜语为母语的学生汉语宾补共现句习得的研究,《延边大学学报》(社会科学版)第3期。

常　辉、郑丽娜(2014)母语为英语的留学生对汉语否定结构的习得研究,《对外汉语研究》第十一期,商务印书馆。

陈昌来(2002)《二十世纪的汉语语法学》,太原:书海出版社。

陈　晨(2005)英语国家学生中高级汉语篇章衔接考察,《汉语学习》第1期。

陈　晨(2011)越南留学生汉语"了"习得特点及语际迁移现象研究,《海外华文教育》第3期。

陈　卉(2018)韩国学生对汉语疑问代词作存在极项词习得情况的实证研究——基于界面假说,《当代外语研究》第2期。

陈建民(1984)《汉语口语》,北京:北京出版社。

陈敬玺(2012)国际汉语语言交际能力的结构模式,《西安电子科技大学学报》(社会科学版)第2期。

陈　珺、周小兵(2005)比较句语法项目的选取和排序,《语言教学与研究》第2期。

陈　平（1987）释汉语中与名词性成分相关的四组概念，《中国语文》第2期。

陈　忠（2006）《认知语言学研究》，济南：山东教育出版社。

陈　忠（2007）复合趋向补语中"来/去"的句法分布顺序及其理据，《当代语言学》第1期。

程美珍主编（1997）《汉语病句辨析九百例》，北京：华语教学出版社。

程潇晓（2015）五种母语背景CSL学习者路径动词混淆特征及成因分析，《华文教学与研究》第4期。

程潇晓（2017）汉语二语者路径动词的混用倾向及其成因——聚焦指示语义成分的类型学分析，《汉语学习》第5期。

崔立斌（2005）韩国学生对"了"的误用及其原因，《语言文字应用》第S1期。

崔希亮（2005）欧美学生汉语介词习得的特点及偏误分析，《世界汉语教学》第3期。

崔永华（2015）汉语作为第二语言教学需要什么样的语法研究——一个汉语教师的视角，《国际汉语教学研究》第1期。

戴炜栋、陈莉萍（2005）二语语法教学理论综述，《外语教学与研究》第2期。

戴耀晶（1997）《现代汉语时体系统研究》，杭州：浙江教育出版社。

德力格尔玛（2005）汉语带结果补语的述补结构在蒙古语中的表达形式，《中央民族大学学报》第5期。

邓恩明（1998）编写对外汉语教材的心理学思考，《语言文字应用》第2期。

邓守信（2003）对外汉语语法点难易度的评定，《对外汉语教学语法探索：首届国际对外汉语教学语法研讨会论文集》，北京：中国社会科学出版社。

丁崇明（2009）韩国汉语中高级水平学生语法偏误分析，《北京师范大学学报》（社会科学版）第6期。

丁崇明（2011）外国学生副词"又"习得研究，《云南师范大学学报》（对外汉语教学与研究版）第2期。

丁声树等（1961）《现代汉语语法讲话》，北京：商务印书馆。

丁雪欢（2008）留学生汉语正反问句习得中的选择偏向及其制约因素,《世界汉语教学》第4期。

丁雪欢（2009）留学生疑问代词的习得研究,《语言教学与研究》第6期。

董秀芳（1998）述补带宾句式中的韵律制约,《语言研究》第1期。

范开泰（1985）语用分析说略,《中国语文》第6期。

方　梅（1995）汉语对比焦点的句法表现手段,《中国语文》第4期。

方经民（1994）有关汉语句子信息结构分析的一些问题,《语文研究》第2期。

房玉清（2001）《实用汉语语法》(修订本),北京：北京大学出版社。

冯·戴伊克（1993）《话语·心理·社会》,施旭、冯冰编译,北京：中华书局。

冯胜利（2010）论语体的机制及其语法属性,《中国语文》第5期。

冯胜利（2011）韵律句法学研究的历程与进展,《世界汉语教学》第1期。

冯胜利、施春宏（2011）论汉语教学中的"三一语法",《语言科学》第5期。

冯志伟（1996）《自然语言的计算机处理》,上海：上海外语教育出版社。

高顺全（2006）从语法化的角度看语言点的安排——以"了"为例,《语言教学与研究》第5期。

高顺全（2011）多义副词"还"的语法化顺序和习得顺序,《华文教学与研究》第2期。

高顺全（2017）语序类型学视角下的汉语框式介词习得偏误研究——以"在……上"为例,《海外华文教育》第12期。

高　玮（2014）从语篇角度看先行语中数量结构的偏误及其成因,《语言教学与研究》第3期。

高　艳（2007）趋向补语"来""去"使用不对称的语用考察,《晋中学院学报》第2期。

龚千炎（1997）《中国语法学史》(修订本),北京：语文出版社。

郭春贵（2003）复合趋向补语与非处所宾语的位置问题补议,《世界汉语教学》第3期。

郭风岚（2007）对外汉语教学目标的定位、分层与陈述,《汉语学习》第5期。

郭　熙（2002）理论语法与教学语法的衔接问题——以汉语作为第二语言教学为例，《汉语学习》第4期。

郭颖雯（2002）汉语口语体口语教学语法体系的建立与量化，《汉语学习》第6期。

国家对外汉语教学领导小组办公室编（2002）《高等学校外国留学生汉语言专业教学大纲》，北京：北京语言大学出版社。

国家对外汉语教学领导小组办公室编（2002）《高等学校外国留学生汉语教学大纲（长期进修）》，北京：北京语言大学出版。

国家对外汉语教学领导小组办公室汉语水平考试部（1996）《汉语水平等级标准与语法等级大纲》，北京：高等教育出版社。

国家汉语水平考试委员会办公室考试中心（2001）《中国汉语水平考试大纲［初、中等］》（第七版），北京：现代出版社。

国家汉语水平考试委员会办公室考试中心（2001）《汉语水平词汇与汉字等级大纲》（修订本），北京：经济科学出版社。

H. H.斯特恩（2018）《语言教学的基本概念》，刘振前、宋 青、庄会彬译，北京：商务印书馆。

韩玉国（2011）面向汉语国际推广的教材编写理念初探，《国际汉语教育》第2期。

韩在均（2003）韩国学生学习汉语"了"的常见偏误分析，《汉语学习》第4期。

郝　琳（2019）基于汉外对比的对外汉语动结式教学，《广西民族大学学报》（哲学社会科学版）第5期。

胡明扬（1988）语气助词的语气意义，《汉语学习》第6期。

胡明扬（1993）语体和语法，《汉语学习》第2期。

胡明扬（1995）现代汉语词类问题考察，《中国语文》第5期。

胡　勇（2016）"吃食堂"的认知功能分析，《世界汉语教学》第3期。

胡裕树主编（2011）《现代汉语（重订本）》，上海：上海教育出版社。

胡壮麟（1994）《语篇的衔接与连贯》，上海：上海外语教育出版社。

黄国营（1986）"吗"字句用法初探，《语言研究》第2期。

黄美金（1997）"了"：汉语中一个标示"界限"的符号，《台湾学者汉语研究文集》，天津：天津人民出版社。

黄月圆、杨素英（2004）汉语作为第二语言的"把"字句习得研究，《世界汉语教学》第1期。

黄自然、肖奚强（2012）基于中介语语料库的韩国学生"把"字句习得研究，《汉语学习》第1期。

贾　钰（1998）"来/去"作趋向补语时动词宾语的位置，《世界汉语教学》第1期。

江　新（1999）第二语言习得的研究方法，《语言文字应用》第2期。

姜丽萍（2007）关于构建"以培养交际能力为目标"的对外汉语教学框架的思考，《汉语学习》第1期。

蒋协众（2013）日本留学生汉语副词"还"的习得考察——基于HSK动态作文语料库的研究，《海外华文教育》第1期。

教育部中外语言交流合作中心（2021）《国际中文教育中文水平等级标准》，北京：北京语言大学出版社。

杰弗里·利奇、简·斯瓦特威克（1987）《交际英语语法》，张婉琼、葛安燕译，北京：北京出版社。

金立鑫（1996）关于疑问句中的"呢"，《语言教学与研究》第4期。

金立鑫（2003）漫谈理论语法、教学语法和语言教学中语法规则的表述方法，《对外汉语教学语法探索：首届国际对外汉语教学语法研讨会论文集》，北京：中国社会科学出版社。

柯彼德（1991）汉语作为外语教学的语法体系急需修改的要点，《世界汉语教学》第2期。

柯彼德（2000）汉语作为外语教学语法体系革新的焦点——汉语动词词法，《汉语学报》第3期。

孔子学院总部/国家汉办（2014）《国际汉语教学通用课程大纲》，北京：北京语言大学出版社。

赖　鹏（2009）竞争模式视角下的情态助动词习得过程分析，《云南师范大学学报》（对外汉语教学与研究版）第5期。

黎锦熙（1992）《新著国语文法》，北京：商务印书馆。

李春芳（2001）语篇教学初探，《江汉大学学报》第5期。

李大忠（1996）《外国人学汉语语法偏误分析》，北京：北京语言文化大学出版社。

李德津、程美珍（1988）《外国人实用汉语语法》（修订本），2008年，北京：华语教学出版社。

李恩华（2009）"V到+NP""V在+NP"结构的汉韩翻译特征及教学策略，《汉语学习》第2期。

李芳杰（2000）句型为体 字词为翼，《第六届国际汉语教学讨论会论文选》，北京：北京大学出版社。

李劲荣（2017）"宾补争动"的焦点实质，《汉语学习》第5期。

李　泉（1994）现代汉语"形+宾"现象考察，《中国人民大学学报》第4期。

李　泉（2003）基于语体的对外汉语教学语法体系构建，《汉语学习》，第3期。

李　泉（2004）面向对外汉语教学的语体研究的范围和内容，《汉语学习》第1期。

李　泉（2016）对外汉语教学语法体系：目的、标准和特点，《国际汉语教学研究》第1期。

李　泉、金允贞（2008a）论对外汉语教材的科学性，《语言文字应用》第4期。

李　泉、金允贞（2008b）对外汉语教学语法体系研究纵览，《海外华文教育》第4期。

李先银（2020）互动语言学理论映照下对外汉语教学语法系统新构想，《语言教学与研究》第2期。

李晓琪（2002）母语为英语者习得"再""又"的考察，《世界汉语教学》第2期。

李　英（2004）"不/没+V"的习得情况考察，《汉语学习》第5期。

李　英（2009）过去时间对留学生使用"不"和"没"的影响，《云南师范大学学报》（对外汉语教学与研究版）第6期。

李　英、邓小宁（2005）"把"字句语法项目的选取与排序研究，《语言教学与研究》，第3期。

李　英、徐霄鹰（2009）母语为英语者口语中混用"不"和"没"的个案调查，《暨南大学华文学院学报》第3期。

李宇明（1995）《儿童语言的发展》，武汉：华中师范大学出版社。

李　昱（2014）汉语双及物构式二语习得中的语言变异现象研究，《世界汉语教学》第1期。

李　昱（2015）语言共性和个性在汉语双宾语构式二语习得中的体现，《语言教学与研究》第1期。

梁德惠（2012）近30年来汉语作为第二语言语法习得考察与分析，《云南师范大学学报》（对外汉语教学与研究版）第1期。

廖秋忠（1988）篇章中的论证结构，《语言教学与研究》第1期。

林才均（2011）现代汉语离合词及其泰籍学生的习得研究与教学探讨，皇太后大学硕士学位论文。

林才均（2015）泰国初级学生汉语离合词之习得研究，《海外华文教育》第2期。

刘丹青（2008）《语法调查研究手册》，上海：上海教育出版社。

刘　慧（2011）动词后"来/去"充当的趋向补语与宾语的语序问题，《现代语文》第2期。

刘　敏、陈　晨（2012）泰国留学生汉语"了"的习得考察——基于HSK动态语料库的研究，《海外华文教育》第3期。

刘颂浩（2003）论"把"字句运用中的回避现象及"把"字句的难点，《语言教学与研究》，第2期。

刘　旭（2018）泰国大学生汉语名词习得机制探析——以名词句法功能习得为中心，《语言文字应用》第3期。

刘勋宁（1985）现代汉语句尾"了"的来源，《方言》第2期。

刘勋宁（1988）现代汉语词尾"了"的语法意义，《中国语文》第5期。

刘勋宁（1990）现代汉语句尾"了"的语法意义及其与词尾"了"的联系，《世界汉语教学》第2期。

刘月华（1988）语调是非问句，《语言教学与研究》第2期。

刘月华（1998）关于叙述体的篇章教学——怎样教学生把句子连成段落，《世界汉语教学》第1期。

刘月华（2003）教学语法和语法教学，《对外汉语教学语法探索：首届国际对外汉语教学语法研讨会论文集》，北京：中国社会科学出版社。

刘月华、潘文娱、故 𰀀（1983）《实用现代汉语语法》，北京：外语教学与研究出版社；北京：商务印书馆，2001年；第三版，北京，商务印书馆，2019年。

刘 壮、阎 彤、邱 宁（2013）人的语言能力水平是可比的——Can do理念对汉语能力标准的意义，《语言文字应用》第4期。

卢福波（1996）《对外汉语教学实用语法》，北京：北京语言文化大学出版社；修订本，北京语言大学出版，2001年。

卢福波（2003）对外汉语教学语法的层级划分与项目排序问题，《汉语学习》第2期。

鲁健骥（1994）外国人学汉语的语法偏误分析，《语言教学与研究》第1期。

陆俭明（1980）关于汉语虚词教学，《语言教学与研究》第4期。

陆俭明（1984）关于现代汉语里的疑问语气词，《中国语文》第5期。

陆俭明（1997）配价语法理论和对外汉语教学，《世界汉语教学》第1期。

陆俭明（2000）"对外汉语教学"中的语法教学，《语言教学与研究》第3期。

陆俭明（2002）动词后趋向补语和宾语的位置问题，《世界汉语教学》第1期。

陆俭明（2003）《现代汉语语法研究教程》，北京：北京大学出版社。

陆俭明（2005）汉语作为第二语言之本体研究，《作为第二语言的汉语本体研究》，北京：外语教学与研究出版社。

陆俭明（2014）试说语言信息结构，《学术交流》第6期。

陆俭明（2018）汉语教学中汉语语法的呈现与教法，《国际汉语教育（中英文）》第2期。

陆俭明、郭锐（2000）现代汉语语法研究所面临的挑战，陆俭明主编《面临新世纪挑战的现代汉语语法研究》，济南：山东教育出版社。

陆庆和（2003）关于"把"字句教学系统性的几点思考，《暨南大学华文学院学报》第1期。

陆庆和（2006）《实用对外汉语教学语法》，北京：北京大学出版社。

吕必松（1990）《对外汉语教学发展概要》，北京：北京语言学院出版社。

吕必松（1992）《华语教学讲习》，北京：北京语言学院出版社。

吕必松（1993）《吕必松自选集》，郑州：河南教育出版社。

吕必松（1994）对外汉语教学概论（讲义）（续七），《世界汉语教学》第1期。

吕必松（2010）"把"字短语、"把"字句和"把"字句教学，《汉语学习》第5期。

吕叔湘（1953）《语法学习》，北京：中国青年出版社。

吕叔湘（1979）《汉语语法分析问题》，北京：商务印书馆。

吕叔湘（1984）《汉语语法论文集（增订本）》，北京：商务印书馆。

吕叔湘（1989）未晚斋语文漫谈之三，《中国语文》第2期。

吕叔湘主编（1999）《现代汉语八百词》（增订本），商务印书馆。

吕文华（1992）对《语法等级大纲》（试行）的几点意见，《语言教学与研究》第3期。

吕文华（1994）《对外汉语教学语法探索》，北京：语文出版社。

吕文华（1995）关于对外汉语教学中的补语系统，《语言教学与研究》第4期。

吕文华（2002a）对外汉语教材语法项目排序的原则及策略，《世界汉语教学》第4期。

吕文华（2002b）关于对外汉语教学语法体系的若干问题，《海外华文教育》第3期。

吕文华（2012）语段教学内容的选择和分布，《语言教学与研究》第1期。

吕文华（2014）《对外汉语教学语法讲义》，北京：北京大学出版社。

M.C.玛丽安娜·塞尔斯-穆尔西亚 & D.L.黛安娜·拉森-弗里曼（2002）《英语教学语法》（第二版），马晓蕾等译，北京：北京大学出版社。

马　萍（2008）留学生动宾式离合词习得研究——以统计学为视角，《汉语学习》第5期。

马庆株（1983）现代汉语的双宾语构造，《语言学论丛》第十辑，北京：商务印书馆。

马志刚（2017）汉语"什么"类代词疑问义、存在义和全称义的中介语句法实现研究，《语言教学与研究》第4期。

毛　颖（2010）《现代汉语粘宾动词研究》，上海师范大学硕士学位论文。

孟子敏（2005）句末语气助词"也"的意义及其流变，《语言教学与研究》第3期。

聂仁发（2005）汉语语篇研究的几个问题，《宁波大学学报》（人文科学版）第5期。

欧洲理事会文化合作教育委员会编（2008）《欧洲语言共同参考框架：学习、教学、评估》，刘骏、傅荣译，北京：外语教学与研究出版社。

潘海峰（2015）论主观化理论在汉语教学中的运用——以现代汉语副词教学为例，《国际汉语教学研究》第2期。

彭小川（2004）关于对外汉语语篇教学的新思考，《汉语学习》第2期。

彭　臻、周小兵（2015）越南留学生汉语体标记"了$_1$"习得研究——基于情状类型的考察，《广西民族大学学报》（哲学社会科学版）第1期。

齐沪扬（2002）《语气词与语气系统》，合肥：安徽教育出版社。

齐沪扬（2004）21世纪的现代汉语语法研究，《21世纪的中国语言学（一）》，北京：商务印书馆。

齐沪扬（2007）作为第二语言的汉语语法应该研究什么，《世界汉语教学》第3期。

齐沪扬（2010）带处所宾语的"把"字句中处所宾语省略与移位的制约因素的认知解释，《华文教学研究》第1期。

齐沪扬（2019）对外汉语教学语法大纲研制的一些具体问题，《汉语应用语言学研究》（第8辑），北京：商务印书馆。

齐沪扬（2023）对外汉语教学参考语法书系编撰的几个理论问题，《汉语学习》第1期。

齐沪扬、曹　沸、刘亚辉（2016）对外汉语教学研究的发展概况和学术进展（2013—2014），《汉语应用语言学研究》（第5辑），北京：商务印书馆。

齐沪扬、唐依力（2004）带处所宾语的"把"字句中V后格标的脱落，《世界汉语教学》第3期。

齐沪扬、韩天姿、亚　鑫（2019）形容词的形性功能考察，《汉语学习》第6期。

齐沪扬、韩天姿、马优优（2020）与对外汉语教学语法体系建构相关的一些问题的思考，《杭州师范大学学报》（社会科学版）第1期。

齐沪扬、邵洪亮（2020）交流性语言和非交流性语言，《语言教学与研究》第3期。

齐沪扬、张旺熹（2018）革新对外汉语教学语法体系，满足时代需求，《中国社会科学报》11月27日。

齐沪扬主编（2005）《对外汉语教学语法》，上海：复旦大学出版社。

齐沪扬主编（2007）《现代汉语》，北京：商务印书馆。

覃俏丽（2008）对外汉语语篇结构与连贯教学，《黑龙江教育学院学报》第6期。

屈承熹（2006）《汉语篇章语法》，北京：北京语言大学出版社。

任　鹰（2000）"吃食堂"与语法转喻，《中国社会科学院研究生院学报》第3期。

杉村博文（2010）可能补语的语义分析——从汉日语对比的角度，《世界汉语教学》第2期。

尚敏锐、郁婷婷（1998）汉英语言补语之比较，《新疆大学学报》（哲学社会科学版）第2期。

邵洪亮（2012）"了$_1$""了$_2$"的实现体标记功能羡余研究，《对外汉语研究》

第八期，北京：商务印书馆。

邵敬敏（1989）语气词"呢"在疑问句中的作用，《中国语文》第3期。

邵敬敏（1996）《现代汉语疑问句研究》，上海：华东师范大学出版社。

申修言（1996）应该重视作为口语体的口语教学，《汉语学习》第3期。

沈家煊（1995）"有界"与"无界"，《中国语文》第5期。

沈家煊（1997）类型学中的标记模式，《外语教学与研究》第1期。

沈家煊（1999）《不对称和标记论》，南昌：江西教育出版社。

盛楚云（2018）"来"充当简单趋向补语与宾语共现的语序问题探究，《兰州教育学院学报》第8期。

石毓智（2004）疑问和感叹之认知关系——汉英感叹句的共性与个性，《外语研究》第6期。

石毓智（2006）现代汉语疑问标记的感叹用法，《汉语学报》第4期。

施家炜（2002）韩国留学生汉语句式习得的个案研究，《世界汉语教学》第4期。

施家炜（2006）国内汉语第二语言习得研究二十年，《语言教学与研究》第1期。

宋　扬（2016）《韩国留学生关联副词习得考察》，武汉：华中师范大学出版社。

孙德金（1995）《HSK词汇等级大纲》问题浅见，《第四届国际汉语教学讨论会论文选》，北京：北京语言学院出版社。

孙德金（2006）语法不教什么——对外汉语语法教学的两个原则问题，《语言教学与研究》第1期。

孙德金（2007）对外汉语语法教学中的形式与意义，《语言教学与研究》第5期。

孙德金（2012）《现代书面汉语中的文言语法成分研究》，北京：商务印书馆。

孙德金（2015）完善对外汉语教学语法的几点看法，《国际汉语教学研究》第1期。

孙德金主编（2012）《对外汉语语法及语法教学研究》，北京：商务印书馆。

孙瑞珍主编（1995）《中高级对外汉语教学等级大纲（词汇·语法）》，北京：北京大学出版社。

孙淑娟（2012）认知语言学视界下动趋结构带宾语语序差异分析——以"下去$_2$"为例，《贵州社会科学》第7期。

孙文访（2012）基于语言类型学的第二语言习得研究，《语言教学与研究》第2期。

唐承贤（2005）标记理论在第二语言习得研究中的应用，《语言与翻译》第2期。

唐曙霞（2004）试论结构型语言教学大纲——兼论汉语教学语法体系分级排序问题，《世界汉语教学》第4期。

Thomson A. J. & Martinet, A. V.（1998）《牛津实用英语语法》（第4版），彭义、李阳译，北京：外语教学与研究出版社。

田　然（2014）"对外汉语语篇语法"研究框架的探索，《宁夏大学学报》（人文社会科学版）第1期。

佟秉正（1996）从口语到书面——中级汉语教学课题之一，《世界汉语教学》第4期。

王　还（1956）"就"与"才"，《语文学习》第12期。

王　还（1957）说"在"，《中国语文》第2期。

王　还主编（1995）《对外汉语教学语法大纲》，北京：北京语言学院出版社。

王红厂（2011）俄罗斯留学生使用"了"的偏误分析，《汉语学习》第3期。

王鸿滨、王予暄（2023）《国际中文教育中文水平等级标准》和《HSK考试大纲》语法项目对比研究，《对外汉语研究》第二十七期，北京：商务印书馆。

王建勤（2016）对外汉语语法教学的认知视角，《汉语应用语言学研究》（第5辑），北京：商务印书馆。

王　静（2009）汉语名动词宾语的习得情况调查研究，《云南师范大学学报》（对外汉语教学与研究版）第3期。

王　静（2013）留学生汉语双宾语偏误分析，《海外华文教育》第4期。

王　力（1946）《中国语法纲要》，北京：开明书店。

王立非（1991）布拉格学派与标记理论，《外语研究》第1期。

王丽彩（2005）"来""去"充当的趋向补语和宾语的次序问题，《广西社会科学》第4期。

王　媚、张艳荣（2007）俄罗斯留学生"了"字句使用偏误分析，《云南师范大学学报》（对外汉语教学与研究版）第1期。

王启龙（1995）带宾形容词的统计分析，《语言教学与研究》第2期。

王若江（1999）对汉语口语课的反思，《汉语学习》第2期。

王　伟（2021）《说"了"》，上海：学林出版社。

王艺文（2015）韩国留学生习得"了（le）"的偏误调查分析，《海外华文教育》第3期。

王　勇、周迎芳（2014）二语习得研究与语言类型学，《中国外语》第5期。

王占华（2000）"吃食堂"的认知考察，《语言教学与研究》第2期。

魏　红（2009）汉语常用动词带宾语的习得研究，《语言教学与研究》第5期。

吴　琼（2016）二语学习者汉语非常规动宾结构习得研究，《汉语学习》第6期。

吴　琼（2020）汉语二语学习者动名搭配认知理解层级研究，《汉语学习》第2期。

吴锡根（1994）粘宾动词及其构成的句型，《杭州师范学院学报》第1期。

吴玉珍、陈兆雯（2018）"V+来/去"与"O"共现的语序研究，《兰州交通大学学报》第6期。

吴　越（2007）中高级对外汉语口语教材中口语语体情况考察与分析，北京语言大学硕士学位论文。

吴中伟（2000）对外汉语教学语法体系中的主语和主题，《汉语学习》第4期。

武宏琛、赵　杨（2018）英语、韩语母语者汉语否定标记习得研究，《世界汉语教学》第2期。

肖奚强（2000）韩国学生汉语语法偏误分析，《世界汉语教学》第2期。

肖奚强（2001）略论偏误分析的基本原则，《语言文字应用》第1期。

肖奚强等（2008）《汉语中介语语法问题研究》，北京：商务印书馆。

肖奚强等（2009）《外国学生汉语句式学习难度与分级排序研究》，北京：高等教育出版社。

肖贤彬、陈梅双（2008）留学生汉语动宾搭配能力的习得，《汉语学报》第1期。

邢　玲、朴民圭（2009）韩国学生"呢"的习得偏误及教学，《海外华文教育》第4期。

邢志群（2007）对外汉语教师培训：篇章教学，《汉语教学：海内外的互动与互补》，北京：商务印书馆。

徐晶凝（1998）语气助词的语气义及其教学探讨，《世界汉语教学》第2期。

徐晶凝（2016）对外汉语口语教学语法大纲的构建，《语言教学与研究》第4期。

徐赳赳（2010）《现代汉语篇章语言学》，北京：商务印书馆。

徐盛桓（1996）信息状态研究，《现代外语》第2期。

徐婷婷、郝瑜鑫、邢红兵（2018）汉语作为第二语言习得研究现状与展望（2007—2016），《云南师范大学学报》（对外汉语教学与研究版）第1期。

徐　棠、胡秀梅（2007）母语负迁移对日本留学生学习语气词"呢"的影响，《语言文字应用》第S1期。

杨　春（2006）初级汉语教学中的"语篇意识"与"语篇教学意识"，《玉溪师范学院学报》第10期。

杨德峰（2005）"时间顺序原则"与"动词+复合趋向动词"带宾语形成的句式，《世界汉语教学》第3期。

杨　翼（2000）培养成段表达能力的对外汉语教材的结构设计，《汉语学习》第4期。

杨凯荣（2006）论趋向补语和宾语的位置，《汉语学报》第2期。

杨诎人（1996）与汉语补语对应的日语句子成分，《现代外语》第1期。

杨素英（2016）"体假设"及"了""着"的二语习得，《世界汉语教学》第1期。

杨素英、黄月圆、孙德金（1999）汉语作为第二语言的体标记习得，*Journal of the Chinese Language Teachers Association*，Vol.34（1）。

杨锡彭（1992）粘宾动词初探，《南京大学学报》第4期。

杨圳、施春宏（2013）汉语准价动词的二语习得表现及其内在机制，《世界汉语教学》第4期。

叶南（2005）趋向补语方向的多维性与宾语位置的关系，《西南民族大学学报》（人文社科版）第6期。

尹世超（1991）试论粘着动词，《中国语文》第6期。

余文青（2000）留学生使用"把"字句的调查报告，《汉语学习》第5期。

袁博平（2002）汉语中的两种不及物动词与汉语第二语言习得，《世界汉语教学》第3期。

袁嘉（2011）外国学生习得汉语任指范畴的难易度探析，《汉语学习》第4期。

曾莉（2015）语境对汉语长距离反身代词习得的影响，《对外汉语研究》第十三期，商务印书馆。

张宝林（2001）语段的语义中心的获取及表现形式，《语言教学与研究》第3期。

张宝林（2006）《汉语教学参考语法》，北京：北京大学出版社。

张宝林（2010），回避与泛化——基于"HSK动态作文语料库"的"把"字句习得考察，《世界汉语教学》第2期。

张伯江（1991a）动趋式里宾语位置的制约因素，《汉语学习》第6期。

张伯江（1991b）关于动趋式带宾语的几种语序，《中国语文》第3期。

张伯江（2000）论"把"字句的句式语义，《语言研究》第1期。

张德禄（2006）语篇连贯的宏观原则研究，《外语与外语教学》第10期。

张德鑫（2000）对外汉语教学五十年——世纪之交的回眸与思考，《语言文字应用》第1期。

张济卿（1998）论现代汉语的时制与体结构（上、下），《语文研究》第3、4期。

张江丽、孟德宏、刘卫红（2011）汉语第二语言学习者单音多义词习得深度研究——以动词"打"为例，《语言文字应用》第1期。

张金圈（2010）"复合动趋式+宾语"语序演变的动因与机制，《宁夏大学学报》（人文社会科学版）第5期。

张旺熹（1991）"把字结构"的语义及其语用分析，《语言教学与研究》第3期。

张旺熹（2003）关注以句子为核心的三重关系研究——谈对外汉语教学语法系统的建设，《对外汉语教学语法探索：首届国际对外汉语教学语法讨论会论文集》，北京：中国社会科学出版社。

张旺熹（2010）对外汉语教学语法概说——课题与路向，《对外汉语研究》（第六期），北京：商务印书馆。

张旺熹（2019）基于认知语法研究的汉语教学语法体系建构，《对外汉语研究》（第十九期），北京，商务印书馆。

张旺熹、崔永华（2000）对外汉语教学语法问题研究的基本态势，《世纪之交的中国应用语言学研究》，北京：华语教学出版社。

张旺熹等（1999）对外汉语教学语法问题研究的基本态势，《世纪之交的中国应用语言学研究》，北京：华语教学出版社。

张旺熹等（2005）从句子的及物性看欧美学习者汉语"被"字句的偏误，《对外汉语研究与评论》，北京：教育科学出版社。

张　蔚（2010）英日母语者在学习汉语形容词时迁移作用的异同，《知识经济》第21期。

张小峰（2003）《现代汉语语气词"吧"、"呢"、"啊"的话语功能研究》，上海师范大学博士学位论文。

张迎宝（2012）《汉语中介语篇章宏观信息结构对比研究——以韩日留学生论证性语篇为中心的考察》，浙江大学博士学位论文。

张云秋（2005）动词对受事宾语典型性强弱的制约，《汉语学习》第3期。

张志公（1953）《汉语语法常识》，北京：中国青年出版社。

赵国军（2008）《现代汉语变量表达研究》，华东师范大学博士学位论文。

赵　果（2003）初级阶段美国留学生"吗"字是非问的习得，《世界汉语教学》第1期。

赵金铭（1994）教外国人汉语语法的一些原则问题，《语言教学与研究》第2期。

赵金铭（1996）对外汉语语法教学的三个阶段及其教学主旨，《世界汉语教学》第3期。

赵金铭（2001）对外汉语研究的基本框架，《世界汉语教学》第3期。

赵金铭（2002）对外汉语教学语法与语法教学，《语言文字应用》第1期。

赵金铭（2006a）从对外汉语教学到汉语国际推广（代序），商务馆对外汉语教学专题研究书系，北京：商务印书馆。

赵金铭（2006b）从类型学视野看汉语差比句偏误，《世界汉语教学》第4期。

赵金铭（2007）对外汉语教学能力标准评析，《语言教学与研究》第1期。

赵金铭（2008）汉语作为第二语言教学：理念与模式，《世界汉语教学》第1期。

赵金铭（2011）初级汉语教学的有效途径——"先语后文"辩证，《世界汉语教学》第3期。

赵金铭（2012）现代汉语词中字义的析出与教学，《世界汉语教学》第3期。

赵金铭（2014）附丽于特定语言的语言教学法，《世界汉语教学》第4期。

赵金铭（2016）汉语动结式二字词组及其教学处理，《世界汉语教学》第2期。

赵金铭（2018）汉语作为第二语言教学语法：格局+碎片化，《语言教学与研究》第2期。

赵　静、王同顺、叶李贝贝（2015）英语母语学习者对汉语心理动词的习得研究，《世界汉语教学》第4期。

赵立江（1997）留学生"了"的习得过程考察与分析，《语言教学与研究》第2期。

赵淑华（1990）连动式中动态助词"了"的位置，《语言教学与研究》第1期。

赵淑华（1992）句型研究与对外汉语教学——兼析"才"字句，《语言文字应用》第3期。

赵淑华、刘社会、胡 翔（1997）单句句型统计与分析，《语言教学与研究》第2期。

赵 杨（2009a）汉语非宾格动词和心理动词的习得研究——兼论"超集—子集"关系与可学习性，《世界汉语教学》第1期。

赵 杨（2009b）中介语中的题元层级——母语为日语的学习者对汉语心理动词习得研究，《云南师范大学学报》（对外汉语教学与研究版）第6期。

赵元任（1979）《汉语口语语法》，北京：商务印书馆。

郑艳群（2007）《面向对外汉语教学的汉语知识表达研究》，上海师范大学博士学位论文。

郑懿德（1991）对外汉语教学对语法研究的需求与推动，《世界汉语教学》第4期。

郑懿德（1995）外国留学生汉语专业高年级语法教学的实践与思考，《语言教学与研究》第4期。

周 刚（2005）汉语"离"和日语"から""まで"的认知模式和语用特征之对比，《对外汉语研究》第一期，北京：商务印书馆。

周国光（1994）试析汉语被动句的习得机制，《世界汉语教学》第1期。

周国光（1997）《汉语句法结构习得研究》，合肥：安徽大学出版社。

周国光、孔令达、李向农（1992）儿童语言中的被动句，《语言文字应用》第1期。

周文华（2014）母语语序类型对目的语习得的影响——以汉语介词语序偏误为例，《语言教学与研究》第5期。

周小兵（2003）对外汉语语法项目的选择和排序，《对外汉语教学与中国文化——2003国际汉语教学学术研讨会论文选集》，香港：汉学出版社。

周小兵、邓小宁（2009）两种"得"字补语句的习得考察，《汉语学习》第

2期。

周小兵、梁珊珊（2014）韩国学生叙述性口语语篇逻辑连接情况调查，《语言教学与研究》第3期。

周小兵、欧阳丹（2014）日本学习者句末助词"了$_2$"的习得情况考察，《华文教学与研究》第4期。

周小兵、朱其智、邓小宁等（2007）《外国人学汉语语法偏误研究》，北京：北京语言大学出版社。

朱德熙（1979）与动词"给"相关的句法问题，《方言》第2期。

朱德熙（1982）《语法讲义》，北京：商务印书馆。

朱德熙（1985）《语法答问》，北京：商务印书馆。

朱德熙（1987）现代汉语语法研究的对象是什么？，《中国语文》第5期。

朱德熙（1999）《朱德熙文集》（第三卷），北京：商务印书馆。

朱曼殊主编（1990）《心理语言学》，上海：华东师范大学出版社。

祖人植（2002）对外汉语教学语法体系研究思路述评——从语言共性与个性的视角，《北京大学学报》（哲学社会科学版）第4期。

Charles N. Li & Sandra A. Thompson (1989) *Mandarin Chinese*. Auckland: University of California Press.

Chomsky, N (1965) *Aspects of the Theory of Syntax*. Cambridge, MA: MIT Press.

Chomsky, N (1980) On cognitive structures and their development: a reply to Piaget. In M. Piatelli-Palmarini (ed.). *Language and Learning*. London: Routledge and Kegan Paul.

Corder, S. P. (1967) The significance of learner's errors. *International Review of Applied Linguistics in Language Teaching* 5 (1-4): 161-170.

Corder, S. P. (1971) Idiosyncratic error and error analysis. *IRAL* 9, 147-159.

Ellis, Rod (1985) *Understanding Second Language Acquisition*. Oxford: Oxford University Press.

Ellis, Rod (2001) Introduction: Investigating form-focused instruction. *Language Learning* 51 (1) : 1-46.

Greenberg, J. H. (1966). *Language universals, with special reference to feature hierarchies.* Janua Linguarum, Series Minor, 59. The Hague: Mouton.

Halliday, M. A. K. & Hasan, R. (1976) *Cohesion in English.* London: Longman.

Hymes, Dell. (1972) On communicative competence. In Pride, J. B. & Holmes, J. (Eds.), *Sociolinguistics.* Harmondsworth: Penguin.

Lado, R. (1957) *Linguistics Across Cultures: Applied Linguistics for Language Teachers.* Ann Arbor, MI: University of Michigan Press.

Lewis, Michael & Hill, Jimmie (2009) *Practical Teaching Techniques For Language Teaching.* Beijing: Foreign Language Teaching and Research Press.

Munby, J. (1978) *Communicative Syllabus Design: A sociolinguistic model for defining the content of purpose-specific Language programmes.* Cambridge: Cambridge University Press.

National Standards in Foreign Language Education Project (1999) *Standards for Foreign Language Learning in the 21st Century.* lawrence, KS: Allen Press.

Savignon, S. (1972). Teaching for communicative competence: a research report. *Audio-Visual Language Journal* 10 (3), 153−162.

Schumann, J. & Stenson, N. (eds.) (1974) *New Frontiers in Second Language Learning.* Rowley, Mass.: Newberry House Publishers.

Selinker, L. (1969) Language transfer. *General Linguistics* 9 (2), 67−92.

Selinker, L. (1972) Interlanguage. International Review of Applied Linguistics V (10), 209−231.V (4), 161−170.

Widdowson, H. G. (1978) *Teaching Language as Communication.* Oxford: Oxford University Press.

Wilkins, D. (1976) *Notional Syllabuses.* Oxford: Oxford University Press.

后记

本书能够顺利完稿，心中自然是不平静的。半年多夜以继日的写作过程中，大凡涉及项目研发中的某个环节、某个细目，都会引出一连串的回忆，很多讨论、争辩、检讨都会历历在目，恍若昨日。"后记"是指写在书籍或文章之后的文字，主要记述的应该是写作过程中的一些感受。就我而言，写后记的此刻，充盈我心中的是浓浓的感激之情。要感谢的人实在太多了。

首先要感谢的是赵金铭老师。2018年4月开题的时候，赵老师已经将近80高龄了，他却不辞辛苦，亲临杭州师范大学，担任国家社科基金重大项目开题报告会专家组组长，对课题的研发作出高屋建瓴的指导，我在本书的前言里有所提及。2023年课题结项时的鉴定会，由于大家都知道的原因，改为远程网上举行，我怕给赵老师增添麻烦，就没有邀请他参加。其实，赵老师对项目的指导和影响，在项目的最后成果中都有体现。多年来，赵老师一直对我关心爱护有加，我在工作岗位上作出的一点成绩，我在学术科研上取得的一点进步，大都得到过赵老师的提携、鼓励和帮助。这本书赵老师又惠赠序言，对我褒奖多多，让我汗颜。在此由衷地祝愿赵老师身体康健。

其次要感谢的是张旺熹老师。我和旺熹相识也已经很多年了，我和他两人一直是"亦师亦友"的关系。这次他慨然允准为这本书作序，我为此高兴。他思考对外汉语教学语法体系建构的问题已有多年，也已经发表了多篇论文，是一位在学界有影响的专家。2017年申报课题时我邀请他参加课题组，是子课题的负责人，率领在北京工作的一批学者，出色地完成了项目的许多研究任务。他是项目研究的引导者，也是项目研究的参与者，有他作序，应该会对这本书作出更真实的评价。旺熹近些年在工作、身体健康上遇到过麻烦，但他以良好的心态面对这些变动，"不以物喜，不以己悲"，在旺熹身上有所体现，是值得我学习的。

再次我很感谢商务印书馆的戴军明编辑。我们两人认识已经有二十多年。他对语言学专业的由衷热爱，对编辑业务的较真负责，乃至他在做人上的真诚，做事上的崇实，我都相当熟悉。今年上半年他跟我联系，要我考虑是否写一本这样的"名师小书"，并跟我介绍了"名师小书"的编辑背景，我提交了份提纲，给他的答复是"让我考虑考虑"。当时我初到国外生活，什么都不安定，能否写好这本书心里没底。但他以他的工作效率和真诚态度感动了我，让我后来也没有理由推辞。没有军明做编辑，也就断然不会有这本书的出版。他现在还担任上海师范大学对外汉语学院主办的学术集刊《对外汉语研究》的责任编辑，我作为这本学术集刊的主编，很欢迎很享受我们之间的合作。

当然我还要感谢整个团队，特别是胡建锋、李铁范、张小峰、邵洪亮、唐依力、蔡瑱、范伟诸位，这里自然也有旺熹。他们在长达五年多的研制过程中，身先士卒，用力甚勤。他们不但做了许多研究工作，还帮助我做了许多团队的管理工作。率领这支多达五十多人的研究队伍，按时完成如此繁重的研究任务是不容易的，没有上述诸位和其他各位的奉献精神，项目不可能结项，这本书的出版更是不可能。我们项目组有互相帮助的好传统，记得北京语言大学出版社的唐琪佳老师曾给我来信，要求我表扬某位成员，这位成员承担了本不应该由他负责的工作。但我没有说任何表扬的话，因为这样的事情在课题组司空见惯。课题组的大多数成员都是我的学生和我的朋友，感谢大家在五年多时间里的付出和奉献，感谢各位从不同角度为这本书一些章节的撰写提供观点、材料乃至整段的文字。

这个项目是2017年在杭州师范大学申请的。不知不觉，我在杭州师范大学工作了七年，从2016年11月开始，到2023年10月结束，相当于就读一个本科生和一个硕士研究生的年限。当初项目申报下来，研究目标宏大，研究经费严重不足，是当时的校长杜卫教授力排众议，拍板按1∶1比例给项目以配套经费。可以这么说，没有学校的这些配套经费，持续五年的项目是难以维持的；项目能顺利结项，有杜校长的功劳。另外还要感谢杭州师范大学前后几任科研处长章鹏飞、张杭君等的支持，是他们帮助我解决了许多经费使用上的困难。

感谢杭州师范大学人文学院对我的关心、帮助和支持。我是2020年11月从杭州师范大学国际教育学院转到人文学院工作的，自此可以心无旁骛地专心于项目研制，这样的工作环境是项目得以按期完成的重要保障。学院领导洪治纲、诸英等人的关怀帮助，使我这个单枪匹马在杭州师范大学做重大项目研究的人有了依靠。记得2022年年底时分，我不幸染病，是两位领导的关心和照顾让我感到温暖。还有人文学院负责科研的副院长刘正平教授对我的关照，让我克服了在人文学院上班时的孤独、陌生和寂寞，他的谦恭、勤勉、尽职深深地感染了我，影响了我。

杭州师范大学人文学院语言学专业的同仁，徐越、史光辉、孙宜志、钟小勇、曹沸、单宝顺、那日松、张薇、王文香诸位老师，也给了我很多帮助，很多支持。这些老师大多数以前就认识，但熟识起来是在人文学院工作期间。这些老师在工作中、生活上对我都有关照，没有他们，项目的顺利结项会遇到很多困难。

2016年11月到2020年10月，我在杭州师范大学国际教育学院工作。当时我还担任一定的行政职务，科研时间往往得不到保障，心中未免着急。学院的朱淑霞、李雯静两位老师适时地帮我排忧解难，在生活上给了我许许多多的照料，甚至把两位的先生都动员出来，跟我聊天，让我驱除了生活工作上带来的不快或委屈，帮助我迅速恢复到做科研的状态；和王文胜教授、李建校教授一起工作的年限不是太多，但在国际教育学院缺乏科研氛围的环境里，是他们的鼓励和帮助，让我克服困难，走出了项目刚开始一段时间的困顿阶段。

我在杭州师范大学最后两届的硕士研究生韩天姿、汪梦薇，以及听过我的课的其他导师的一些研究生如程朝、钱伟暖、贾梦茹等人，做过课题组的秘书，帮我做了大量的跟课题研发相关的诸如邮寄、文印、报销、排版、联系、编写会议手册、编写工作简报等等杂事，不计报酬、倾力相助，至今我还对她们的无私奉献感到钦佩，感到骄傲。她们中有的已经工作，有的还在深造，但愿她们每个人都有一个美好的青春、美好的未来。

长达五年多的项目研制是很艰苦的，艰苦的原因来自两方面。一方面是因为研制的很多时间是处在研究人员不能互相见面的状态下，学术会议经常停摆，要商量个事情都只能依靠网络，增添了研究的不确定性。另一方面是因为杭州师范大学的语言学研究力量过于薄弱，项目的中坚力量依然是还在上海师范大学工作的老师，或者是曾经在上海师范大学读过书、现在各高校工作的校友。重大项目的承担单位是杭州师范大学，完成的人却大多是上海师范大学的，不能不说这是上海师范大学给予我这个退休教师最大的恩惠。那些年只要从杭州回上海,我都会和上海师范大学的老同事见面,吴颖、杜轶、姚占龙、张巍、张汶静、江莉、尤素梅、肖农等人,虽然不是课题组的成员,但也十分关心研究的进展,见了面总会询问,这是漫长研究进程中的一段美好回忆。

最后感谢的是我的家人,他们给了我最宝贵的财富,就是时间和自由,让我在短短的半年时间里顺利地完成这本书的写作。女儿女婿的工作都很忙,他们坚持自力更生,不让我操劳他们的家事,连外孙女上幼儿园的接送我也很少参与。妻子承担了做饭这个最为烦人的家务,让我在安心地写作之后,又能按时地坐在饭桌旁。因为疫情,我和妻女天各一方,2023年2月好不容易请了探亲假,可到了美国之后,什么忙都没有帮上,却接了个写书的活儿,反而让她们来照料自己,现在想来还时时感到惭愧,感到内疚。

还要说上一句的是,本书的完稿也是对孙德金教授遗愿的一个交代。书稿中多次提到的2015年12月中旬北京语言大学主办的教学语法高层论坛,就是在孙德金教授倡议、主持下召开的。他时任北京语言大学对外汉语研究中心的主任,先前还担任过北京语言大学汉语水平考试中心的主任,一直对修订、完善对外汉语教学语法体系有极大的兴趣,同时也有一种责任担当。我和德金也是"亦师亦友"的关系,他是2003年到上海师范大学跟我读博士学位的。2015年12月这个高层论坛我有事缺席了,但会前会后跟德金都有联系,在电话里、在邮件里交换了很多意见和想法。没想到的是2016年夏天,德金在澳大利亚出差时不幸罹难,从此跟我阴阳两隔,至今想起还深感痛心。2017年我申请国家社科重大项目前,还有不少人跟我说,这个项目德金做是最合适的,如今他没做完的事情,你要继续做。五年多来,项目做得很艰辛,但总算完成了。我想,这应该也是德金在冥冥之中的一种庇佑,一种扶持吧。

军明给我的信中，嘱我"后记"写得短一点。但说一些感谢的话，就写了上面长长一串。因为这个课题就是在多人努力之下完成的，这本书就是我和多人一起讨论一起思考的结果。牵涉太多人、太多事。唯一想做的就是，在"后记"结束前把"前言"里的话再重复一遍：是学科成就了我，是学生成就了我。谢谢大家。

齐沪扬
2023年11月4日于美国波士顿